生态视阈下大学英语课堂与教学模式研究

时亚辉　郭　丽　谭　丽◎著

吉林文史出版社

图书在版编目（CIP）数据

生态视阈下大学英语课堂与教学模式研究/时亚辉，郭丽，谭丽著. --长春:吉林文史出版社， 2021.6

ISBN 978-7-5472-7813-0

I. ①生.. II. ①时..②郭③谭.. II. ①英语-课堂教学一教学研究-高等学校 IV.①H319.3

中国版本图书馆 CIP 数据核字(2021)第 122996 号

SHENGTAI SHIYU XIA DAXUE YINGYU KETANG YU JIAOXUE MOSHI YANJIU

书　　名 生态视阈下大学英语课堂与教学模式研究
作　　者 时亚辉　郭　丽　谭　丽
责任编辑 王丽媛
封面设计 徐芳芳
出版发行 吉林文史出版社有限责任公司
地　　址 长春市福祉大路 5788 号
网　　址 www.jlws.com.cn
印　　刷 北京四海锦诚印刷技术有限公司
开　　本 185mm×260mm　16 开
印　　张 11
字　　数 248 千字
版　　次 2023年 6 月第 1 版　2023年 6 月第 1 次印刷
定　　价 52.00 元
书　　号 ISBN 978-7-5472-7813-0

前 言

随着现代科技的进步和现代生活的发展，生态观念深入人心，不仅影响环境、文明、伦理和食品等诸多领域，生态思想更是延伸到大学英语教学中。从生态学的角度而言，生态教学模式更加符合学生的心理发展特征，同时与学生的学习习性和学习形态相契合，使得学生与课堂环境相互影响、相辅相成，构建出和谐共生的生态系统，实现了教师与学生、学生与学生、学生和环境之间的和谐共生，提高学生的自主创新能力，为学生的成长提供更为良好的环境。

鉴于此，笔者撰写了《生态视阈下大学英语课堂与教学模式研究》一书，在内容编排上共设置七章，分别是：大学英语生态教学与研究现状、大学英语课堂的生态性论证及失衡对策、大学英语生态课堂与生态教学的构建策略、大学英语生态课堂的重构路径与培养模式、微课融入大学英语生态课堂教学研究、翻转课堂融入大学英语生态课堂教学研究、生态课堂融入大学英语课堂教学研究。

本书结构严谨，内容翔实，通俗易懂，理论结构合理，以大学英语教学的基本理论为切入点，从生态学视角分析大学英语课堂的生态失衡现状以及课堂生态对英语教学的影响，探讨建构生态化课堂遵循的原则与策略，为建立和谐共进的课堂生态系统，促进大学英语教学奠定基础。

笔者在撰写本书的过程中，得到了许多专家学者的帮助和指导，在此表示诚挚的谢意。由于笔者水平有限，加之时间仓促，书中所涉及的内容难免有疏漏之处，希望各位读者多提宝贵意见，以便笔者进一步修改，使之更加完善。

作 者

2021 年 1 月

目　　录

第一章 大学英语生态教学与研究现状

第一节 生态教学认知

一、教学的内涵

教学既可以指日常语言中所使用的普通名词，又可以指作为专业术语使用的科学概念。关于“教学”的概念主要有以下观点：在英语世界，涉及教学所对应的单词有 teach（教、教导）、learn（学、学习）和 instruct（教导）。teach 与 learn 最早表达的是同样的意思，可以通用。关于 teach 和 instruct 这两个词的释义，teach 多与教师的行为相联系，作为一种活动；instruct 多与教学的情境有关，作为一种过程。但绝大多数学者还是把它们当作同义词，可以互相替代。

（一）教学的传统定义

美国教育学家史密斯（B. O. Smith）在他所著的 *The International Encyclopedia of Teaching and Teacher Education* 中把英语国家对教学（teaching）含义的讨论做了整理，并把它们归为五类。

（1）描述式定义。描述式定义即传统意义上的教学。由于词义本身就有一个发展的过程，随着时间的推进，人们对它观察、认识、体验的不断深入，它的外延、内涵都会发生或多或少的变化。如早期的教与学是同义的；15 世纪时教学指的是提供信息，向某人演示如何做某件事情，就某一问题授课；今天，传统意义上的教学并不是与此截然不同，教学的描述性定义可做如下表述：教学是传授知识或技能。

（2）成功式定义。成功式定义即将教学作为成功，表明教必须包含学这样一种思想。在大量的英语教学文献中，可以发现“教—学”（teaching-learning）这一表达方式，寓示这两者之间的联系，表明教与学是相互牵连、不可分割的。再从上述的词源分析来看，教与学也是不可分割地联系在一起的。“I will learn you typewriting.” 这句话意思涵盖：如果我教你的话，你将会知道如何打字。这正是教学的成功概念的要旨所在——教必须保证学。依据这一观点，教学可定义为 X 学习 Y 所教的内容的一种活动。如果 X 没有学会，则 Y 没有教。杜成曾用一个公式将教学的这一概念简洁地表示出来：教与学犹如卖与买。既然没有人买，也就无所谓卖。当没有人学会时，也就无所谓教。“教学”意味着不仅要发生某种相互关系，它还要求学习者掌握所教的内容。

（3）意向式定义。意向式定义即将教学作为一种意向活动。它表明，尽管教学在逻辑上可以不包含学，但人们可以期望教导致学。一个教师可能并不成功，但人们期望他尽力争取教学成功。尽力争取搞好教学，并不仅仅是从事这一活动，还要注意眼前所发生的事情，做出判断以及改变自己的行为。尽力争取做好某件事情，在一定程度上就是有意向地做这件事情：从这个意义上说，教学是一种有意向的行为，其目的在于诱导学生学习。教师的行为表现是受他们的意向所左右的，而他们的意向是以教师自身的信念体系和思维方式为基础的。

（4）规范式定义。规范式定义即将教学作为规范性行为。教学的活动符合特定的道德条件，换言之，只要符合一定道德规范的一系列活动都是教学。这种道德条件主要是使教学得以进行的活动中理智的数量——事实根据与推理运用的数量。据此判断，在教学及其活动中，训练、教导居于教学内涵的中心地区，是教学的最基本活动；灌输和条件反射则居于教学内涵的边缘地带，与教学密切相关。训练与条件反射由养成行为和培养技能的活动构成，教导和灌输则由发展知识与形成信念的活动组成。而恐吓与生理威胁则完全不是教学。因为恐吓与生理威胁伤害了受教育者的身心，是一种反教育的行为，更谈不上是教学。

（5）科学式定义。尽管前面所分析的各种教学的定义在一定程度上阐明了“教学”一词在用于论述教育问题时的各种含义，但还没有精确到在运用这些概念时，每个人都有一致的看法。关于教学的这个专门性定义将由“和”“或”“含义为”等词连接起来的一组句子构成。即以 $a=df$（b，c，…）来表示的命题组合定义，其中 a 表示“教学是有效的”，（b，c，…）表示“教师做出反馈”“教师说明定义规则并举出正反两方面的实例”等命题的组合，df 表示随着命题之间的微小变化，a 将发生变化。

如何给“教学”下一个规定性定义，这是一件并非容易但又是非做不可的事情。因为，只有弄清教学的概念，才能对教学理论做进一步探讨，才能明了在实践中采取恰当的策略履行教学职责。在讨论教学理论之前，有必要弄清“教学”的定义。

（二）教学的规定性意义

规定主要依据约定俗成的用法与讨论便利的需要，而且是在理性思维层面上的，它不

是对教学实践活动的规定。

（1）教、教学经常是通用的。从汉字来看，这两词的词义是不同的，或者严格地说，它们有着各自所指称的东西，有着两种不一样的定义，但是我国教育话语系统中的约定俗成，所谓的“教学理论”实质上就是“教的理论”。教、教学是可以通用的。

（2）教与学在理性思维中是可分的。教学实践确实是由教和学两种活动所构成，没有教师和学生的参与就无所谓教学了，但是出于理性思维的需要，从局部和片面出发，以便更深入地认识统一的、整体的客观对象，正如人们把一个完整的人分解成身、心两部分，并据此才有生理学和心理学一样，然后再按二分法，把人的心理分成认识与情感两部分，才有认知心理学与情感心理学。实践中的教学活动必须至少从教与学两个方面来认识与研究，否则就无法深入地分析，并抽象地升华为理性认识，因此教与学不仅是可分的，而且必须分。于是就有了两种理论形式，即关于教的理论与关于学的理论。

（3）“教的行为”是教学理论的中心问题。每一种理论都包含着它自己固有的研究对象与中心问题。当把教学分成教师的教与学生的学两部分之后，教师教的活动就是教学理论所研究的对象。在教的活动中，教师教的行为就是教学理论的中心问题，围绕这一中心问题展开有这样两大问题：一是“教是怎样影响学的”，二是“怎样的教才是有效的”。这是两个教学理论无法回避、必须回答的问题。

（4）教学（教）就是教师引起、维持与促进学生学习的所有行为。教学理论关注的主要是教师行为，而不是学生行为。教师的教的行为比较广泛，大体上，按教学活动的展开，可以分为教学前（准备）、教学中（实施）与教学后（评价）这样三个阶段，而且每一阶段都有很多种具体的行为方式。教师的所有努力是为了学生进步，教学的效能主要体现在学生进步上，而不是体现在教师有无完成具体的教学任务上，然而“学生进步”可以从三方面来体现：一是注重结果的可量化的、可操作的预期目标；二是注重体验的过程性目标；三是注重创造的表现性目标。后两种目标都是无法完全清楚鉴定的东西。因此，我们把“教学”规定为“教师引起、维持或促进学生学习的所有行为”。这也是一种意向——成功式的定义。

（5）教学行为即探究行为。教学本质上就是一种探究。因为教师从事教学专业的工作对象是活生生的人，而不是相对静止的物，这是教学专业与其他专业的区别所在。这种专业特性，决定教师的专业工作生活方式必须面对教育情境中的不确定性。教师每时每刻面对的情境都具有即时性，都有不同的一些方面，需要教师来面对、来处理，换言之，需要教师去解决、去探究。例如，从理论上说，上课之前的备课或者说计划是不可缺少的，然而，这并不是说实施就是贯彻执行计划，而是要根据课堂情境进行调整。研究表明，计划充分的教师对学生反倒不敏感，较少鼓励学生谈自己的看法和进行讨论。另外，计划详尽的教师所教的学生比计划简略的教师所教的学生，在学习态度上的分数要低。这就说明，如果教师不随机应变，计划有可能起副作用。计划毕竟是带有主观性的设计蓝图，实施时的灵活性非常重要，新教师与熟练教师的差别往往就在于此。因此，教学即探究，教师即研究者。

（三）教学活动的逻辑必要条件

教学活动的逻辑必要条件是指应该具备怎样的逻辑必要条件。一般而言，判别一种活动是不是教学活动，主要依据下述三点：

（1）引起学生学习的意向。尽管具体的教学活动不存在一种使人容易识别的“教学”标记，但不管怎么说，一个共同的特征还是明显的。因为在所有教学活动的背后，都存在着引起学习意向的问题。教学已经不再是那种通常为大多数人所公认的用法：即教学是指人们必须学习某种东西。相反，教学意味着教师有目的地引起学习。

把教学看成仅仅是由有目的的活动所组成的，无论这些活动可能采取哪些特定的形式，这对于我们从“把教学当作传授知识或演示技能”这种传统观点中解放出来，可能是很重要的。因为我们要学生学习的各种事情在性质上是极不相同的，如概念、信仰、技能、习惯、态度等等，学习过程也各不相同，所以旨在引起如此众多学习形式的教学活动必然也是多种多样的。再者，在某些场合，我们所要求的学习，最好由学生自己来完成。给学生以自行决定活动程序的机会，或给他们先自己发现问题，然后再加以条理化的机会。这样的活动，如果不是全部的话，至少也是教学的一部分。因为假如这种活动的意向只是学习，没有其他的，那么这种活动完全符合“教学”这个术语的本意。

（2）明释学生所学的内容。这里的“明释”是指教师的说明与解释。教学除了要有引起学习的意向之外，至少还有两个特征，这两个特征是同学习的两个特征相联系的。教学活动是学生学习某种特定事物的活动，这始终是也必然是事实，教学过程在某种意义上包括学生自身的经验，这同样也是事实。在考虑教学时，必然也会考虑怎样把某些东西教给别人。如果有个人并没有通过某种手段确切地呈现要学习的内容，却说自己正在教学，这将是令人费解的。事实上，无论有人教游泳的意向多么坚定，但如果他把对英语语法结构的分析当作是在教游泳，那是荒唐可笑的。教学的意向需要有相应的、以目标为定向的内容与方法来实现，否则，意向就成了空想。因此，为了实现教学的意向性，教师必须向学生说明、演示、描述、解释学习内容，如果不是公开地这样做，至少也要有一定的暗示。对于教学来说，最重要的是以目标或内容为定向的行为，即教师在教学中呈示学生学习的各种内容、采用问答的方法、设计教学卡片、组织安排发现的情境、指导学生的活动等多种形式。我们把这些行为称为主要教学行为，简称主教行为。

其实，教学过程还有另一类行为，即以学生或情境为定向的行为，我们称之为辅助教学行为，简称助教行为。尽管这类行为没有主教行为那样直接、有计划性，但却是任何教学过程不可缺少的，也是很有价值的行为。例如，教师在教英语时，必须采用某种方式向学生描述语言的各个方面，如设置情境、讲故事、角色扮演等，激发学生对学习的兴趣与参与程度。同时，给成功的学生以祝贺、微笑或其他方式的积极强化等。

（3）采用学生易于理解的方式。即使上述两个条件都符合，人们所做的努力还有可能不是教学。因为这些努力不能证明学生能够学会所学的内容。正如特定的教学活动必须说明特定的内容一样，教学活动还必须用学生易于接受的方法，也就是适合学生发展水平的方式给学生讲解所学的内容。坚持采用学生不易于接受的方式就不是教学，这种主张已越来越强烈。比较“传统”的方法一直明显地倾向于只考虑清楚地表达要学习的内容，而对学生认知状态的情况采取想当然的做法。

二、生态系统的认知

教育生态学在理论上既可以归入生态学的“泛义生态学”，也可以作为教育学科下的一门新兴分支学科。因此，根据教育生态学，课堂生态研究是借用生态学的原理和方法研究教育学中的课堂问题。

（一）生态系统的功能

生态学是研究生物体与其周围环境相互关系的科学。作为生态学的最基本的功能单位，生态系统是指在自然界的一定空间内，生物与环境构成的统一整体，其强调这个统一体中的各个组成成分的相互影响、相互作用、相互制约以及彼此依存，在一定时期内处于相对稳定的动态平衡状态。生态系统包括生产者、消费者、分解者和非生物环境四种基本成分。

生态系统的基本功能是能量流动、物质循环和信息传递。在生态系统中，生物与环境，生物与生物间的密切联系，可以通过这三大功能来实现。换言之，生态系统的运行是通过这三大功能才得以实现的。

（1）能量流动。能量流动是一切生命生存、活动、繁殖的基础。作为一个开放的系统，生态系统为了维系自身的稳定，需要不断输入能量。环境和生物之间能够形成能量流动是生态系统中各个组成成分相互依存、相互制约的根本原因。换言之，正是因为生产者、消费者和分解者这三大生物成分对空气、光、温度、水等非生物环境提供的能量进行吸收和传递，生态系统中的各个成分才得以相互联系，形成生态系统。太阳辐射能是生态系统中生命活动的基本能量源泉。

（2）物质循环。能量流动推动着各种基础物质在生物与环境之间不断循环。在生态系统中，所有的物质循环都是沿着特定的途径从环境到生物体，又从生物体再回到环境。

（3）信息传递。生态系统中各个生命之间的信息传递对于维持生命活动的正常进行、生物种群的繁衍、调节生物的种间关系，以维持生态系统的稳定，起到十分重要的作用。生态系统的信息被分为物理信息、化学信息、行为信息和营养信息。

（二）课堂生态系统分析

相对于自然生态系统，课堂生态系统中的生物成分指的是教师和学生，教室环境构成非生物成分。因此，课堂生态系统中各个成分的相互关系指的是教师和学生与教室环境的关系以及师生之间、生生之间的关系。对于翻转后的课堂生态系统而言，较之传统的课堂生态系统，非生物成分除了涉及教室环境，还包括学生自行进行微课学习的一切环境。

（1）从能量流动的角度对课堂生态系统进行分析。在课堂生态系统中，非生物成分——教室不产生任何能量，只是为教与学提供特定的活动空间。生物成分——教师与学生是提供能量的唯一源泉。以教师和学生为主体的课堂生态系统属于社会系统，而“社会系统是靠人的大脑生产和输出的智能信息流来维持和推动的”。正是教师和学生之间、学生与学生之间通过各种教与学的活动产生信息流的传递和吸收，才形成了课堂生态系统。

（2）从物质循环的角度对课堂生态系统进行分析。在课堂生态系统中，基础物质指的是教学用具（包括教学设备、实验设备、教学模型、标本等）、学习资料等各种用于教与学的资源。教学资源、教师、学生三者之间不断地循环流动，构成了课堂生态系统中的物质循环。

（3）从信息传递的角度对课堂生态系统进行分析。在课堂生态系统中，师生之间、生生之间以及师生与教学环境之间存在着信息的传递。信息传递对于课堂生态系统的可持续发展有着极其重要的作用。来源于生物成分——教师和学生，以及非生物成分——教室环境的光线、温度、湿度、声音等构成了师生可以感受到的物理信息。例如，教师授课时的声音大小、语速快慢、抑扬顿挫直接影响到学生的听课效率。而学生们的窃窃私语声则又会直接影响教师的授课情绪，进而影响教学过程的顺利进行。教师和学生在教与学的活动中发生的各种动作属于行为信息。例如学生在上课的时候看手机或课外书籍、不参与教师组织的课堂活动等行为使得师生之间的行为信息只是单项传递，教学效果无法保证。化学信息则指的是教师与学生之间产生的情感以及课堂上教与学的氛围。活跃融洽的课堂氛围、良好的师生情感不仅可以消除学生的焦虑、增强学习自信心，进而敢于去发现、探索，还可以激发师生教与学的热情，提高课堂的教学效果。营养信息涉及学生的知识构建、学习能力以及教师的知识结构、职业素养和执教能力。营养信息的双向有效传递可以真正地保证教学质量，且实现教学相长。

三、教学的生态本质与生态功能

（一）教学的生态本质

教学有广义和狭义之分，广义的教学是指教的人指导学的人进行学习活动，是教和学相结合或相统一的活动。人们一般所说的是狭义的教学，即学校的教学活动，指的是在学校范围内，根据教学要求，教师有目的、有计划地对学生进行教学，让学生获得知识技能，培养学生的情感态度价值观，使学生身心得到全面发展。不管是从广义的教学或是狭义的教学来看，教学都包含了很多复杂的因素，既包括人（教师和学生及相关人员）的因素，又包括物的因素，如教学内容、教学设备、教学环境等。由此可见，教学本质上既是一个包含多种因素的、复杂多样的、千变万化的系统，又是充满生机和活力的活动过程。

追溯“生态”这个词的历史，其意义是在其运用中逐步扩展的。“生态”这一术语出现得比较晚，“生态学”最早是由博物学家索罗（H. D. Thoreau）于 1858 年提出来的。1865 年，德国动物学家雷特儿（Reiter）将希腊文词根“Oikos”（原意“住所”或“栖息地”）和“Logos”（原意“讨论”或“研究”）结合而成“Dekologie”，意味着，生态学就是对“住所的研究”。1866 年，德国动物学家海卡尔（Haeckel）为生态学下了一个明确的定义，即“生态学是研究有机体同周围环境之间相互关系的科学”。显而易见，当时学者对“生态”的理解是“有机体同周围环境的相互关系”。而今天我们对“生态”的理解不再停留于此，“生态”的意义已经被延伸、扩展了。从字面上理解，“生”表示活着的、有生命的，表示可以发育的物体在一定的条件下发展、长大；“态”是指姿态、情况、形状和样子。生态即生命体或可以发育的物体在一定条件下或活动环境中发展、成长的情况、样子。就本质而言，生态揭示了生命体之间以及生命体与无机世界之间存在着的一种极其复杂的相互关联。现在，“生态”被更多地赋予了“生态环境”“良性生态系统”“可持续发展生态系统”等正面含义，它更多地代表了“平衡”“舒适”“生命”“生机”“活力”等积极的概念。

由此，从生态世界观和方法论的角度来看，教学活动系统最本质的特征是生态性，或生命性，它不是僵死的物质系统而是具有生命活力的生态系统。教学的生态性是教学内在的特质，通过教学的生态特征具体体现出来，正是教学自身存在的生态性促使了教学朝生态化发展的可能。

（二）教学的生态功能

教学的生态功能与教学的生态特征是紧密联系的。教学有着丰富的生态特性，这些特性都是通过教学的生态功能得以表现和发挥出来，教学的生态功能维持和发展了教学，使教学活动井然有序、持续发展，更促进了人和自然、社会的和谐发展。这里围绕教学的生态特性，提出教学的三大生态功能，即可持续的育人功能、系统规范功能和动力促进功能。

1. 教学的育人功能

“育”就是养育、培育、教育。这个“育”字精确概括了教育教学对人的功能，表达了三层意思：一是人的身体发育、成长；二是人的智力发展以及审美能力等其他多方面能力的发展；三是道德教育的加强。毋庸置疑，育人是教育教学的最大、最根本的功能，教育教学就是要促进学生身心健康、全面的发展。这里说可持续的育人功能，要说明的是当我们用历史眼光和视角来观察整个教学，教学的育人功能是持续的、无限的，是全方位地、持久地发挥作用的一个过程。

第一，教学本来就是一个过程，具有迟效性，因此它不可能一蹴而就。其一，从整个教学过程看，教学是紧密联系的、不能割裂的系统；从学生个体而言，其身心发展也是一个分阶段、可持续的过程。其二，教学不仅仅是让学生“学会”，而且要让学生会学、活学，把知识学活，使学生能够举一反三，教给学生终生学习的能力，即可持续发展的能力，这对学生来讲是终生受益的。从这种意义上理解，教学的育人功能应该是持续的、无限发展的。

第二，教学在发掘学生的潜力、培养学生的创造力方面的作用是无限的。其一，学生的潜力和创造力是教学的重要资源，对于学生自己的发展也有相当重要的作用，但这种潜力和创造力是无形的，不会自己表现出来，它只能靠教师通过长期敏锐的教学观察，利用正确的教学方法逐步去发现、去挖掘，让它慢慢转化为学生外显的能力，从而促进学生的发展。学生的潜力和创造力是无限的，教学发掘学生的潜力也是无限的。其二，课程教材是教学的重要资源，课程又有显课程和潜课程之分，显课程是在课程和教材中明确陈述的，并要在考试、测验中考核的正规教学内容和教育、教学目标；而潜课程则指的是那些难以预期的、伴随着正规教学内容而随机出现的、对学生起到潜移默化式教育影响的那部分内容，通常包括渗透在课程、教材、教学活动、班级气氛、人际关系、校园文化和家庭、社会环境中的文化价值、态度、习惯、礼仪、信仰等。因此，对于潜课程，学校、教师应该引起重视，并加以正确的引导，尽可能将潜课程纳入有计划的教学内容之中，使显课程和潜课程互相补充、互相促进，发挥潜课程积极的教育影响，排除可能出现的消极影响。从潜课程这个角度理解，教学在发掘学生的潜力、培养学生的创造力的作用也是无限的、可持续的。

2. 教学的系统规范功能

自然生态系统中，各种不同的生物是由生物链将其联系起来的，物竞天择、适者生存的自然规律无形地规范着整个生态，使得各种生物能共生共荣、繁衍生息，整个自然能够在动态平衡中生存、发展。

同自然生态系统相似，教学作为一个系统，由各种复杂的因素组成，并且这些因素不是杂乱无章的，而是有一种整体的、系统的规范无形地影响着教学的开展，使教学活动能够有秩序地进行，保证教学质量的提高。可见，在教学中无非有两种规范：一种是有形的制度规范；另一种是无形的教学规律的规范。

制度规范是一种有形的规范，是通过制定一些教学制度来约束或保证教学的进行。一般而言，制度规范是硬性的规范，是明确的条款，直接控制着教学。教学制度主要指的是教学管理制度，早在两千多年前，教育专著《学记》在对教学管理的论述上就有这样的考核规定："比年入学，中年考校。一年视离经辨志；三年视敬业乐群；五年视博习亲师；七年视论学取友，谓之小成；九年知类通达，强力而不反，谓之大成。"通过学籍管理和成绩考核，达到"足以化民易俗，近者说服而远者怀之"的教学管理目标。当然，现代的教学管理有了相当大的发展，从它的定义就可以看出具有现代化的色彩，其内涵更加深刻，在内容和形式上也更加丰富了。现代的教学管理明确定义为以教学的全过程为对象，遵循教学活动的客观规律，运用现代科学管理的理念、原则和方法，对教学工作进行决策、计划、组织、实施、检查、指导、总结、提高，最大限度地调动教师和学生的积极性，以保证教育教学目标实现的活动。它对教学目的、教学过程、教学内容、教学方法、教学组织形式和教学评价，以及由这些因素而形成的教学质量等进行全面管理，比如对于教学评价的管理，它可以通过对评价主体的确定、评价形式的确认、评价标准的核实、评价手段的适当等进行基本的管理，以促使评价的效度和信度更高。由此可见，制度上的明确规范，对于教学保证教学目标的达成和教学质量的提高都有相当重要的作用，只有实现教学管理的科学化，教学才能取得最佳的效果。

教学规律是教学内在的、本质的、必然的联系，它是通过对长期的教学经验的总结，形成的对教学活动中必然的、稳定的教学关系的共识，这些共识对教学的性质、方向和结果具有决定作用。教学规律是一种无形的规范，扎根于教育工作者、教师和学生的心中，成为教学的一根准绳，并不需要明确提出，但教学却总是遵循着它，而不会去违背它，一旦违背了教学规律，教学不仅不会取得好的效果，而且会适得其反。规律是可以利用的，但是不能改变的和改造的，教学规律也一样，它可以为我们充分利用，以促进教学发展。一般认为教学规律有四条：一是教学的目的、任务和内容受制约于社会需要；二是教学与发展（学生的身心发展）相互制约与促进；三是教师的教和学生的学相互影响和作用；四是教学效果取决于教学诸要素构成的合力。这些规律是必然存在的，只要我们有正确的认识，就可以利用它为教学服务。

3. 教学的动力促进功能

动力促进是教学本身的基本功能，教学自身就是一个动力系统，是促进教师和学生发展的动力系统，在李森教授所著的《教学动力论》一书中，利用矛盾论作为方法论武器，从教与学的矛盾、教学系统内部其他构成要素所形成的矛盾和教学过程与社会过程的矛盾等维度，对教学动力进行了系统研究。这里就不再赘述教学系统各要素在对立统一中求得发展的过程，而要从学生的学习动机入手来看教学的动力促进功能。动机是一个心理学术语，是指学生学习的内驱力，有了这种内驱力，学生才会积极、主动、全身心地投入到学习活动中去，进而学习质量和教学效果才能提高。当然，这些学习动机不会凭空产生、孤立存在，它以学生的兴趣、态度、意志等为基础，与学生的理想、信念、世界观、人生观紧密相连，因此，在教学过程中，要顺利完成各项教学任务，促进学生更良好的发展，以及教学质量的提高，教师作为执教者应该多了解学生的学习兴趣、观察学生的日常生活，把握时机激发和培养学生的学习动机。第一，培养学生的学习动机，要引导他们有积极、进取的生活态度，有远大的理想和抱负，这也是教学的重要任务；第二，培养学生的学习动机，教师的榜样作用也是很重要的，教师不仅应该有内在的学问作为资本，而且应该有积极的教学态度和热情，懂得用自己的人格魅力来影响学生，这样才不失为一个好的教师，才能给学生做出一个好的榜样；第三，培养学生的学习动机，教师要多与学生沟通，了解学生的兴趣、需要，采用灵活的教学方法、教学艺术，将书本知识与学生的生活联系起来，直接激发学生的学习兴趣，学生才会积极参与到教学中来，将学习当作自己的事情。

当然，教学动力不只是关注学生的兴趣、积极性，在教学中，教学动力是师生动机的联合，它根源于师生的个性，其生成和发展主要依存于教学活动。如果教学活动尊重人的个性，满足人的需要，教学过程具有科学性和艺术性，教学结果圆满成功，那么，教学活动就会生成、巩固、发展教学动力；反之，则削弱、动摇乃至泯灭教学动力。教学动力发动、维持、调节教学活动的进行，为教学提供牵引力、推动力，没有教学动力，教学就没法持续地进行下去。可见，动力促进教学本身的内在的功能，既是教学自我激励的方式，又是激励学生积极学习的手段。

综上所述，从生态观来看，教学的本真是具有生态特性和生态功能的，即教学本身就是一种持续的生命活动，它是整体的、动态的、开放的、在平衡中求发展的系统。从教学的纯真年代起步，伴随着人类的发展历程，教学已经历了几千年的磨砺，受各种各样的因素影响，它经历了无数次的异化，近乎走到了教学的边缘；又经历了无数次力图使它回到教学的家园、回归教学的本真意义的变革。实质上，这种意义的变革就是要使教学的生态性得以敞亮，进而得以发展和升华。可见，我们一直在为教学的生态化而努力，教学正逐步走向生态化。

第二节 大学英语教学的理论基础

大学英语教学是高等教育的一个有机组成部分，大学英语课程是大学生的一门必修的基础课程。大学英语是以外语教学理论为指导，以英语语言知识与应用技能、跨文化交际和学习策略为主要内容，并集多种教学模式和教学手段为一体的教学体系。

大学英语的教学目标是培养学生的英语综合应用能力，特别是听说能力，使他们在今后学习、工作和社会交往中能用英语有效地进行口头和书面的信息交流，同时增强其自主学习能力，提高综合文化素养，以适应我国社会发展和国际交流的需要。

一、大学英语教学的特征

（一）工具性特征

英语的工具性，从个人而言，英语是问题思考、感情表达的工具；就人际关系而言，英语是思想交流、人际交往的工具；就人类的生存而言，英语是人类文化传递、知识传承的工具。人类认识世界和改造世界的过程和结果，需要通过语言体现出来，利用语言进行交流和传递；人类要生存、要发展，就必须掌握语言工具。英语工具性的提出，解决了使用语言文字工具的问题，明确英语教学的基本任务是培养学生听、说、读、写能力。英语课程的“工具性”主要是指英语用于思想表达、人际交流、文化传承等具有维持社会联系的实用功能和中介作用。因此，英语是个人和社会都离不开的重要工具。

（二）人文性特征

“人文性”是当今社会比较流行的词，比如环境讲人文性，教育也讲人文性。“人文性”在《辞海》中的解释是，“人文”指“人类社会的各种文化现象，语出《易·贲》：‘文明以止，人文也。观乎天文，以察时变；观乎人文，以化成天下。’”“人文”是相对“天文”而言的，人文是教化天下的。凡是人类的各种文化都可以用“人文”涵盖。简而言之，人文就是人与文化，包含着情感、意志和思想观念的内容，它不同于自然之物。就人文性而言，英语课程承担着提高学生综合人文素养的任务，即学生通过英语课程能够开阔视野，丰富生活经历，形成跨文化意识，增强爱国主义精神，发展创新能力，形成良好的品格和正确的人生观与价值观。

（三）跨文化性特征

通常而言，同文化背景下交际者的言语表达模式和认知思维模式按洪堡特的观点和萨丕尔沃尔夫假设所陈述的语言—文化—思维的一致关系应该是同质的，而在跨文化的交流中则呈一种混合交叉的异质现象。这种混合交叉现象往往以违反其中一种文化的（交际）行为模式，甚至两种文化常规都违反的形式出现，这样的现象也就被称之为具有跨文化性。有些跨文化交际的研究者，如德国的研究者，认为跨文化性作为两种文化之间的联系只有通过交际才会产生，而且总是产生于代表不同文化的交际者之间。

语言和文化是密不可分的，任何一种语言都有它独特的文化。英语作为国际交流思想的工具，本身承载着丰富的文化内涵，学习英语就应该了解英语国家的相关文化。中国文化和英美文化差异较大，在英语教学中，要培养学生的文化意识，让学生了解英语国家人们的生活方式、思维方式，因此就必须培养学生的跨文化意识。跨文化性虽然也像其他概念定义一样存在多种可能性，但这些理解都基于突破了以往局限于艺术或教育范围的、扩展了的广义文化概念，即文化被概括为一个民族或人类群体的常规化的价值观念、思维方式和行为规范。而价值观念在三者之中起主导作用。因此，跨文化性可理解为英语文化和汉语文化相遇所具有的特殊性，而且由于多种参数的介入使这种特殊性的体现方式，成为一种异态复形体，以至到目前为止还很难总结出固定的规律。

二、大学英语教学要求

我国幅员辽阔，各地区、各高校之间情况差异较大。大学英语教学应贯彻分类指导、因材施教的原则，以适应个性化教学的实际需要。大学阶段的英语教学要求分为三个层次，即一般要求、较高要求和更高要求。这是我国高等学校非英语专业本科生经过大学阶段的英语学习与实践应当选择达到的标准。一般要求是高等学校非英语专业本科毕业生应达到的基本要求，较高要求或更高要求是为有条件的学校根据自己的办学定位、类型和人才培养目标所选择的标准而推荐的。各高等学校应根据各自的实际情况确定教学目标，并创造条件使那些英语起点水平较高、学有余力的学生能够达到较高要求或更高要求。三个层次的英语能力要求如下：

（一）大学英语教学的一般要求

（1）听力理解能力。能听懂英语授课，能听懂日常英语谈话和一般性题材的讲座，能听懂语速较慢（每分钟 130~150 词）的英语广播和电视节目，能掌握其中心大意、抓住要点；能运用基本的听力技巧。

（2）口语表达能力。能在学习过程中用英语交流，并能就某一主题进行讨论，能就日常话题用英语进行交谈，能经准备后就所熟悉的话题进行简短发言，表达比较清楚，语音、语调基本正确；能在交谈中使用基本的会话策略。

（3）阅读理解能力。能基本读懂一般性题材的英文文章，阅读速度达到每分钟 70 词；在快速阅读篇幅较长、难度略低的材料时，阅读速度达到每分钟 100 词；能就阅读材料进行略读和寻读；能借助词典阅读本专业的英语教材和题材熟悉的英文报刊文章，掌握中心大意，理解主要事实和有关细节；能读懂工作、生活中常见的应用文体的材料；能在阅读中使用有效的阅读方法。

（4）书面表达能力。能完成一般性写作任务，能描述个人经历、观感、情感和经历的事件等，能写常见的应用文；能在半小时内就一般性话题或提纲写出不少于 120 词的短文，内容基本完整，中心思想明确，用词恰当，语意连贯；能掌握基本的写作技能。

（5）翻译能力。能借助词典对题材熟悉的文章进行英汉互译，英汉译速为每小时约 300 个英语单词，汉英译速为每小时约 250 个汉字；译文基本准确，无重大的理解和语言表达错误。

（6）推荐词汇量。掌握的词汇量应达到 4795 个单词和 700 个词组（含中学应掌握的词汇），其中约 2000 个单词为积极词汇，即要求学生能够在认知的基础上在口头和书面表达两个方面熟练运用的词汇。

（二）大学英语教学的较高要求

（1）听力理解能力。能听懂英语谈话和讲座，能基本听懂题材熟悉、篇幅较长的英语广播和电视节目，语速为每分钟 150~180 词，能掌握其中心大意，抓住要点和相关细节；能基本听懂用英语讲授的专业课程。

（2）口语表达能力。能用英语就一般性话题进行比较流利的会话，能基本表达个人意见、情感、观点等，能基本陈述事实、理由和描述事件，表达清楚，语音、语调基本正确。

（3）阅读理解能力。能基本读懂英语国家大众性报刊上一般性题材的文章，阅读速度为每分钟 70~90 词；在快速阅读篇幅较长、难度适中的材料时，阅读速度达到每分钟 120 词；能阅读所学专业的综述性文献，并能正确理解中心大意，抓住主要事实和有关细节。

（4）书面表达能力。能基本上就一般性的主题表达个人观点，能写所学专业论文的英语摘要，能写所学专业的英语小论文，能描述各种图标，能在半小时内写出不少于 160 词的短文，内容完整，观点明确，条理清楚，语句通顺。

（5）翻译能力。能摘译所学专业的英语文献资料，能借助词典翻译英语国家大众性报刊上题材熟悉的文章，英汉译速为每小时约350个英语单词，汉英译速为每小时约300个汉字；译文通顺达意，理解和语言表达错误较少；能使用适当的翻译技巧。

（6）推荐词汇量。掌握的词汇量应达到6395个单词和1200个词组（包括中学和一般要求应该掌握的词汇），其中约2200个单词（包括一般要求应该掌握的积极词汇）为积极词汇。

（三）大学英语教学的更高要求

（1）听力理解能力。能基本听懂英语国家的广播电视节目，掌握其中心大意，抓住要点；能听懂英语国家人士正常语速的谈话；能听懂用英语讲授的专业课程和英语讲座。

（2）口语表达能力。能较为流利、准确地就一般性或专业性话题进行对话或讨论，能用简练的语言概括篇幅较长、有一定语言难度的文本或讲话，能在国际会议和专业交流中宣读论文并参加讨论。

（3）阅读理解能力。能读懂有一定难度的文章，理解其主旨大意及细节，能阅读国外英语报刊上的文章，能比较顺利地阅读所学专业的英语文献和资料等。

（4）书面表达能力。能用英语撰写所学专业的简短的报告和论文，能以书面形式比较自如地表达个人的观点，能在半小时内写出不少于200词的说明文或议论文，思想表达清楚，内容丰富，文章结构清晰，逻辑性强。

（5）翻译能力。能借助词典翻译所学专业的文献资料和英语国家报刊上有一定难度的文章，能翻译介绍中国国情或文化的文章；英汉译速为每小时约400个英语单词，汉英译速为每小时约350个汉字；译文内容准确，基本无错（包括中学、一般要求和较高要求应该掌握的词汇，但不包括专业词汇），其中2360个单词为积极词汇（包括一般要求和较高要求应该掌握的积极词汇）。

上述三个要求是作为各高等学校在制订该校大学英语教学计划时的参照标准。各高等学校可以根据各自学校的实际情况，对三个要求中的听力、口语、阅读、写作、翻译以及词汇量的具体要求与指标进行适当的调整，但要特别重视对听说能力的培养和训练。

三、大学英语教学原则

大学英语教学会随着教学地点、对象等各方面因素的变化而发生变化，但只要是大学英语教学就会拥有一些共性。通过对这些共性的分析便可以总结出大学英语教学过程中普遍适用的原则。

（一）交际性原则

语言是交际的重要工具，人们学习语言的主要目的不是掌握语言的语法和词汇，而是利用这些语言进行交流和表达思想。交际是在特定语境中说话者和听话者、作者和读者之间的意义转换。

交际就是利用语言在不同的环境中进行得体的交流。大学阶段是学生将自己所学的英语知识系统化，并逐渐将理论知识转化为实践能力的重要时期。在此阶段，教师必须在教学中充分遵循交际性原则，使学生将自己所学的英语知识运用到各种交际实践中，进而锻炼交际能力，提高交际技能。想要达到这一目的，教师就要在教学中做到以下方面：

（1）认识课程本质。英语教学不仅是一门知识课程，还是一门重要的技能培养型课程，对于大学阶段而言，技能的培养显得尤为突出。教授、学习和使用是大学英语教学的基本过程，其中使用是大学英语教学的核心。大学英语教学的核心不是学生能够掌握多少知识，而是看其是否能够利用交际工具培养自身的交际技能。大学英语的学习与学习游泳、打篮球类似，只有通过不断实践才能得到质的提升。只有认清了大学英语教学的这一重要本质才能更好地学习英语，培养英语技能。

（2）设计情境。英语交际必须要在一定的语言环境中进行，在交际性原则下必须要为学习者创造适当的情境。情境的设计必须包括时间、地点、参与者（身份、年龄等）以及交际方式（口头形式还是书面形式）、谈论的主题等。以上这些因素都对交际产生重要影响，而交际双方的身份、年龄、教育背景等会对交际内容产生影响。一个具有较高社会地位的人在交际中的语言比较礼貌、正式，而中下阶层的人的话语则比较口语化。例如，"Can you tell me the time?" 这句话可能是向别人询问时间，也可能是因为迟到而受到责备。此时不同的情境对于感情和思想的表达具有重要影响。因此，在大学英语教学过程中应以交际性为原则，为学生设计一些情境，并且这些情境的设计应尽可能地与学生的实际生活相联系，使学生在英语学习中有一种身临其境之感。为学生创造情境不仅可以提高学生的学习兴趣，还可以很好地帮助他们学以致用。

（3）精讲多练。大学英语教学主要就是教师的讲和学生的练，在大学阶段，学生已经具备了一定的英语基础知识，因此教师在讲解时可以选择一些重点内容，突出讲解重点知识。英语作为一种培养型技能，对其的掌握必须要经过大量实践。因此，教师的讲解应该以简明扼要且重点突出为宜，讲解的目的是为了更好地指导学生进行实践。学生要在教师讲解的重要知识的指导下开展实践，只有通过不断的练习实践，学生才能提高英语交际能力。教师理论性知识点的讲解要以指导学生实践为原则，而学生的实践活动应尽量多样化。

（二）兴趣性原则

我国儒家的经典著作《论语》中有“知之者不如好之者，好之者不如乐之者”论断。我国古代的教育家孔子将学习分为三个境界，即知学、好学、乐学，肯定了兴趣在学习中的重要性。对于学习而言，兴趣是最好的教师。学习兴趣可以推动学生去探索世界，追求真理。学习兴趣是学习动机的一个重要组成部分，它可以促使学生对所学的内容抱有一种积极主动的态度。鉴于兴趣对大学英语教学的影响，教师应充分激发和培养学生的英语学习兴趣。为有效地帮助教师培养学生的学习兴趣，教师应从以下几方面着手：

（1）尊重并了解学生。学生是学习的主体，是整个学习活动的重要参与者。到了大学阶段，学生已经形成了自己的人生观、价值观。在教学活动中，教师应充分尊重学生的心理，从学生的需求出发去安排教学内容，而不以自己的经验为准绳，为学生规定一些强制学习的内容和任务。大学阶段是英语学习的高级阶段。在初级阶段，学生的自制能力较差，需要在教师的监督和指导下才能顺利完成学习任务。而大学阶段的学习具有一定的自我管理能力，学生能够对自己的学习负责，因此教师在教学中应尽量放开，不要过多地干涉学生的学习，尊重并了解学生的兴趣、爱好以及学习心理。

（2）防止死记硬背。交际实践是英语学习的高级阶段，在英语学习的高级阶段，学习仍然需要牢记一些语法知识以及词汇等内容，而这些知识的学习具有一定的规律。教师应该在教学活动中为学生介绍一些有效的英语学习策略，以便于学生对知识的记忆和理解。教师应科学地设计教学过程，在教学过程中尽量创设真实的情境，使学生在真实的情境中习得并内化知识。

（3）增强交流。在大学班级中，学生都来自不同的地区，学生的性格、习惯等都有所差异，教师作为教学活动的主要组织者应对学生一视同仁。教师应通过各种不同的活动来增进与学生的交流，了解学生，与学生建立良好的关系。实践表明，学生对于课程的喜爱程度与教师存在着密切的关系。性格活泼且富有幽默感的教师使学生愿意接近，学生也会因为喜欢某个教师而喜欢上其教的课程。换言之，学生对英语的态度在很大程度上受到其对英语教师态度的影响。

（三）以学生为中心原则

学生是教学活动的主体和内在因素，教师要想充分激发学生的主观能动性、提高教学质量，就必须要以学生为中心。所谓的以学生为中心，是指在教学过程中从学生的实际情况出发设计和组织教学活动，进而培养学生的交际能力。

在英语教学中，教师的指导作用不容忽视，但是充分调动学生的积极性才是教学质量有效提高的保证。以学生为中心需要教师在教学中为学生的学习创造条件。教师的“教”必须建立在学生“学”的基础上，教师的“教”要以学生的“学”为依据。教师在教学中的所有活动都必须考虑学生的心理和需要，根据学生的反应来调节自己的教学活动。要做到以学生为中心，教师应在以下方面突出学生的中心地位：

（1）教材分析。在对教材进行分析时，教师要充分理解和把握教学内容，并利用自己的教学经验对教材进行筛选，选出一些适合大学生实际情况的学习目标和学习任务。教师可以对教材内容进行最优化处理，使其更加符合叙事的学习经验和心理诉求。

（2）备课。备课是教师教学的重要环节，教师可以通过备课了解学生。教师可以通过学生在课堂上的表现、测试成绩等了解其学习状况，这些情况的了解有利于教师根据学生的学习水平、接受能力、学习风格以及学习态度等来设计教学实践活动。教师在备课中应尽量设计一些开放性较强的任务，这样可以促使所有学生都参与进来，使学生真正成为学习的主体。

（3）教学活动。教师要根据学生的特点、知识结构、学习兴趣等进行形式多样的活动设计。学生的性格不同，性格开朗外向的学生往往善于表现自己，因此其对教学活动的参与度较高。而那些性格比较内向的学生不善言谈，羞于表达自己，因此对于教学活动的参与度较低。这就要求教师在尊重学生差异性的基础上设计一些能够使所有学生都可以参与的教学活动。教学活动设计必须要能够激发学生的参与积极性，并且能够保证学生的全面参与。

（4）教学方法和教学手段。教师的教学方法和教学手段必须多元化。不同的教学手段具有不同的效果和作用，教师应合理利用这些教学手段，使其作用最优化。直观的教具可以刺激学生的感官，使学生通过视觉、听觉等来加强对知识的记忆。形象化的教学手段，如幻灯片、投影、模型等都可以将知识直观地展示出来，使学生在一种轻松愉快的氛围中学习语言。除此之外，教师还应对学生在学习过程中的表现做出适当且及时的评价，使学生能够改正自己的缺点，弥补自己的不足。

（四）输入优先原则

输入是指学生通过听和读来获得语言材料。而相对于输入，输出则是指学生通过说和写来表达自己的思想。心理语言学研究表明，输入是输出的基础，只有足够的输入才能产生输出能力。语言输入的量越大，学生的语言输出能力也就越强。

美国语言学家克拉申（Krashen）在其语言监控假说中指出，有效的语言输入一般具有以下特点：可理解性、恰当性、足够的输入量。根据克拉申对输入特点的分析可以将输入分为以下五种类型：

（1）可理解性输入和不可理解性输入。可理解性输入是指以学习者现有的知识水平可以理解的知识输入，这些知识材料的难度应略高于学习者现有的知识水平，通常用 i+1 表示，其中 i 表示语言学习者现有的知识水平，而 1 则表示略高于现有水平。不可理解性输入是指在学习者现有的知识水平下无法理解的语言材料。可理解性输入可以促进学习者知识的习得，而不可理解性输入对语言知识的习得无益，有时还会对知识的习得产生干扰。

（2）粗调输入和精调输入。粗调输入是指比较原始的、没有经过任何处理的语言材料，而精调输入是指经过调整后的语言输入。

（3）自然输入和非自然输入。自然输入是指学习者通过听和读所得到的语言材料，而非自然输入是指单词、词组和句型的背诵和记忆。

（4）外部输入和内部输入。外部输入是指学校和社会为学生提供的语言输入，而内部输入是指学习者自身语言练习或利用语言进行交流的活动。

（5）反馈输入和非反馈输入。反馈输入是指教师对学生的某一学习行为或举动所做出的反应，而非反馈输入是指除反馈输入以外的语言输入。

根据以上对语言输入的分析，教师在教学中应尽量为学生创造接触英语的机会，课本上的教学内容是无法满足学生的知识需求的，教师应为学生提供尽可能多的课外知识。除此之外，学生在日常生活中可以接触到的英语很多，学生应注意观察，自主丰富自己的语言输入内容和形式。

四、大学英语学习的方法

（一）改变学习观念

1. 从心理上克服轻视与畏难

对于一部分英语基础较好的学生而言，由于大学英语学习中不再出现新的语法现象，课本在一开始的时候也并不难，便容易有“大学英语没有什么可学的”的想法，只简单地应付课堂学习，课下不再花费时间。这种做法的后果是这些中学里英语成绩不错的同学在经过一年、两年的学习之后，英语水平几乎没有提高。另有一些同学课上听不懂教师的英文讲解，也不愿主动参与课堂活动，同时新单词越积越多，一直都处在很被动的学习中，时间一长兴趣大减，而英语成绩也就可想而知了。这两种现象的出现都是由于没有很好地认识到大学英语的学习特点。

2. 积极转变学习重点

在经过中学六年的基础学习之后，大学英语的学习要在继续进行基本语言技能训练的同时，一步一步将其转化为应用语言的能力。亦即不能总是局限于“点”：一个单词，一个语言点，一种语法现象，只见树木，不见森林；而是要广泛地阅读，接触丰富的语言材料，学习地道的表达方式，拓宽知识面，丰富自己的思想。同时，一定的输入量（阅读、听力）后必须有一定的输出量（写作、口语），将学到的表达方式加以应用。

3. 培养自主学习能力

大学期间有充足的时间、充分的空间寻求个人发展，一定要做好独立的自我规划和自我管理（self-management）。英语学习本身是一项完整的心理活动，是智力因素和非智力因素的协调活动，需要各种因素充分发挥积极作用。智力因素，如想象，在日常生活中缺乏语言环境时可以通过想象来弥补，如练口语时的自言自语需要想象自己在一个特定的环境中跟别人对话，单词记忆有时想象也起着很大的作用。非智力因素，如意志，对于一个人的学习和今后的工作生活都起着至关重要的作用。意志的约束会形成一种习惯，之后会产生兴趣，这样就形成了好的学习心理机制。另外，同学之间的合作与帮助至关重要，有困难与问题应主动与教师交流，寻求建议。新的个性化、自主式的学习模式，需要学生充分调动自身的积极性，确立学生在学习过程中的主体地位。学习成功的一个重要前提是学生个性化学习方法的形成和自主式学习能力的培养。英语学习从高中向大学的转变主要体现在以教师为中心、单纯传授语言知识和技能的教学模式向以学生为中心，既传授一般的语言知识与技能、更注重培养语言运用能力和自主学习能力的教学模式的转变。

4. 良好的生活习惯

良好的生活习惯也会对英语学习起一定的作用，过于不拘小节，笔记、资料随手丢的习惯一定要改掉。从一开始就准备一个记事本，准备几个夹子，把学习资料收放好；准备一些卡片，随时随处都可以记下所看到的英语习惯表达方式，英语学习不应拘泥于时间地点的限制。

（二）完善学习方法

1. 制订合适的学习计划

学习计划可分为长期和短期两种：长期可设定本科四年英语所要达到的程度；短期则可给自己规定每个学期、每月、每周或每天应学习的内容。长期计划是给自己树立一个学习目标，而短期计划则会提醒自己每天都在朝着这个目标迈进。这里必须注意的是，制订计划一定要根据自己的实际情况，简单而又切实可行；另外，在学习过程中可以对计划进行适当的调整，以适应变化了的情况。

2. 创造语言学习的环境

良好的环境对于语言学习起着非常重要的作用。课上的时间毕竟有限，仅靠课内的时间是远远不够的，我们应该自己创造课外学习的环境，使自己始终置身于英语世界中。例如，坚持与同学用英语进行交流，积极参加各种英语竞赛，坚持听英语广播、英语讲座，看英文电影、录像，经常去英语角，同外国人谈话，看英语书报、杂志，等等，置身于英语的海洋中，慢慢习惯用英语思维。

3. 充分利用教材知识

教材在大学里依然是进行系统的英语学习的工具，其中的课文绝大部分摘自原文，语言材料丰富多样，出现的词汇也比较常用，其后的练习经专家审定，又经多次试用、反复修改，认真学习教材无疑对于整个英语的学习大有裨益。学好教材要注意三点：认真完成课前预习，充分利用课堂时间，及时做好课下复习。

总而言之，在目标方面，大学英语的教学更注重学生实际英语综合运用能力，尤其是听说能力的培养，而不是为了某次考试。因此，在教学中，教师会强调语言应用能力的培养，要求大家在“用中学，学中用”，把课本上的知识，通过课堂这个模拟的现实环境进行学习的基础上，在教师的指导下、在同学们的相互帮助下加以应用，在应用中发现问题、解决问题，从而得到提高。

而在学习方法上，大学教师不可能、也不会把课本里的每一点嚼烂后再喂给学生，手把手地做“贴身保镖”。大学教师不再全是知识的传授者，而更多的是学生学习的组织者和指导者，给学生介绍方法、指出方向，引导学生思考，组织学生讨论，在思考中学习，在讨论中提高。“授人以渔，而非授人以鱼。”因此，大学的英语学习，在方法上更加提倡个人的自我管理能力和自主学习能力。一方面要认真完成教师布置的学习任务，其次，要根据自己的具体情况，制订详细的短期、中期和长期的英语学习目标和计划，并严格执行。最后，要改变过去“等、靠、要”的依赖心理，主动、充分地利用一切可利用的学习资源进行自主学习，如图书馆和大学英语部的网上资源库等。黄主任指出，在大学这个阶段，自觉与不自觉的同学、自我管理能力强的与自我管理能力弱的同学，其学习效果将产生天壤之别。

4. 其他考试

（1）GRE。GRE（Graduate Record Examination）是申请美国研究生的一项重要入学考试，由美国教育考试服务处（ETS）主办。美国大学研究生院规定：申请攻读硕士和博士级学位的人员必须参加这项考试。GRE 考试不仅是美国研究生院选拔培养高级研究人才的重要依据，同时也是各大学研究生院决定是否向申请人提供奖学金资助的重要参考条件之一。

（2）雅思。国际英语水平测试（IELTS）是一种得到广泛承认的深造继续教育和高等教育课程的语言测试系统。英国、澳大利亚、新西兰、北美以及许多母语不是英语，但许多专业课程用英语教学的国家的众多院校均采用这一语言测试系统。许多负责培训为项目主要内容的国际机构借助国际英语水平测试做出培训方面的决策。同时，移民局和公司将国际英语水平测试作为衡量语言能力的工具。由于国际英语水平测试分为学术考试和普通考试模式单元，因此，它既可以衡量一个人在某一项特殊工作或行为方面的水平，又可以从整体上衡量其对整个语言的掌握程度。

（3）托福。托福（Test of English as a Foreign Language，TOEFL）由美国教育测验服务社（Educational Tesring Service，ETS）在全世界举办，是一种针对母语非英语的人进行的英语水平的考试。TOEFL 成绩与奖学金的成功率是相关的。一般而言，如果我国考生的 TOEFL 成绩能达到 580 分，则很有可能被美国普通大学的研究生院录取；如果能考到 620 分左右，则申请奖学金的机会就更大了。国外许多政府部门，私人或机构奖学金计划，执照证明机构等也是依据 TOEFL 成绩来评审接受人的英文程度。在国内，TOEFL 亦是英语水平的一种证明，有一些单位（特别是三资企业）采用它衡量应聘者的英语水平。

第三节 大学英语教学的研究现状

一、大学英语教学的现状

《国家中长期教育改革和发展规划纲要（2010—2020 年）》（以下简称《纲要》）的颁布标志着我国的教育又迈上了一个新的历史起点。这一重要的历史性文件为我国今后教育的改革与发展指明了方向。如何根据《纲要》的要求，确立我国大学英语教学的指导思想，促进外语教育的改革，使它能够更好地满足我国经济和社会发展对于人才外语水平的要求，是一个非常值得大学英语界考虑的问题。就我国大学英语教学研究的现状、内容和原则进行简要的讨论。《纲要》指出我国教育改革与发展要“完善中国特色社会主义现代教育体系”。在此总体目标之下，大学英语教学研究的目标应该在于建立具有中国特色的外语教育理论与实践体系，而目前我国的大学英语教学研究距离这一目标还存在着很大的距离。

尽管目前各个高校都把科研作为评价教师和职务晋升的重要依据，但是对于大多数教师而言，他们仍然缺乏从事科研工作的积极性，许多人都是出于“被科研”的状况，他们申报课题、写作论文并不是真正要探究大学英语教学与学习的规律，而是出于晋升职称等的现实压力。在此情况之下，课题被批下来之后，许多人并没有真正认真地去开展相关的研究工作；许多论文也并没有真正考虑它们的理论和实践意义。教学与科研是大学英语教师的两个基本任务。对于教学，每个教师都认为是天经地义的，但是对于科研却有很多人认为没有必要。

其实，科研和教学具有密切的关系，科研可以有效地帮助教师改进教学，提高教学的效率，因为对于大学英语教师来说，科研就是在教学过程之中发现问题、研究问题和解决问题的过程。另外，从事科研工作也有利于消除大学英语教师的职业倦怠感。所谓职业倦怠是指一个人长期从事某种职业，在日复一日重复机械的作业中，渐渐会产生一种疲惫、困乏的心理，在工作中难以提起兴致。而科学研究是一种探究性的工作，可以给我们不断带来新的发现，给工作带来新的活力，从而使我们能够一直保持一种旺盛的工作热情。科研意识的较低与许多教师的科研能力不强有很大关系。科研能力主要包括理论基础、科研方法和论文写作三个方面。

随着我国研究生教育的普及，我国大学英语教师的学历结构也在不断改善，他们的科研能力也在不断提高，但是，仍有许多人的理论基础薄弱，对于相关领域的前沿动态不够了解，他们在应付日常的教学工作之外，很少有人能抽出时间去阅读一些新的学术著作和研究论文。英语教学是一个系统工程，现代的外语教育从原来的单学科支持转向最近多学科、交叉学科的支持。从前的英语教师有一本词典和一本语法书就可以对付教学。现在的英语教师需要对心理语言学、社会语言学、应用语言学、语言测试理论等都有所了解。

教师的理论素质具有两个方面的作用：一方面使教师自己理解和认识语言的本质，提高自己的语言素养和语言使用能力；另一方面使教师能够在语言教学活动中，自觉地遵守语言习得和发展的规律，选择和使用符合语言使用规律的教学方法。目前，国内外语言教学研究的成果非常丰富，教师一定要考虑各种方法、流派以及他们隐含的理论基础，还要考虑各种教学实践所依据的哲学基础。只有准确地把握各种理论、模式以及规则，教师才能逐渐地建立起自己的理论，从而对自己的教学做出正确的评价。

我们应该充分地意识到理论的重要性以及它们对于教学实践的指导意义，并且提高科研能力。另外，科研意识与科研能力是相互影响的两个方面，有了很强的科研意识，教师们就会不断地开展科研工作，并且在实践之中吸取经验教训，不断提高科研能力。而科研能力的提高会使教师从中获得成功的乐趣，还有助于消除因为长期从事一项单调的工作而造成的职业倦怠，提高对于大学英语教学事业的热爱，进一步强化科研的意识。

二、大学英语教学研究的内容

（一）从学校实际出发

第一，研究要植根于学校教育教学的实际。学校教育教学实践是教育科研课题产生的温床，是新的教育思想、新的教育实践产生的土壤，要从教育实践中提取有价值的问题进行研究，不要脱离实际。

第二，课题要根植于学校教师的实际，要为教师认可和理解。校本教育研究触角可以深入学校的方方面面，教师面临的各方面的问题都可以成为研究对象。

第三，研究要从小课题做起，由低至高，步步攀登。学校教育实践与教师水平，决定了教师的研究无法一步到位，要从解决具体的实际问题入手，由小及大，逐步深化。

（二）保证学校长远发展

校本教育研究是以学校具体问题为研究起点，以微观研究为主，但是研究又不能只局限于具体问题的解决，而是要考虑学校的可持续发展。

第一，研究要着眼于学校整体改革与规划，要从未来社会的要求上立意，从素质教育的要求上立论，从学校整体发展着眼，从局部入手，确定某一方面作为突破口，以此带动学校整体改革与发展。

第二，研究要以主导课题为主攻方向，用主导课题来统领其他具体课题。主导课题对学校改革与发展起定性、定向、定位的作用。校本教育研究根据学校实际问题，从学校优势与特色的发挥，从学校弊端的革除，或从理论的构想等方面切入，来确定主导课题，并用它去统领其他各种研究，使研究环环相扣，直通学校发展总目标，为学校可持续发展提供切实可行的指导。

（三）以课堂教学为核心

教学是实现学生全面发展的基本途径，是学校各项工作的中心，学校工作要以教学为主。校本教育研究的重心必须向教学倾斜，特别是向课堂教学倾斜。课堂教学、课堂管理等一系列课堂教学中发生的问题，要成为教师主要研究对象。要借助课堂教学研究，来探索、验证某种教学思想、教学理念的正确性。研究要深入课堂教学的方方面面，以促进课堂教学质量的提高。

1. 以教师为核心

教师是教育研究的主体力量，拥有丰富的实践经验与对实践的深刻体会是教师参与教育教学研究的优势，研究要重视优势的发挥。同时，开展校本教育研究要切合教师的实际，对教师提出的研究要求要和教师自身的特点相协调。教师又是研究的受益者，研究要成为教师成长与教师素质提高的有效途径。

（1）研究要考虑教师实际

第一，发挥教师的个性特长，形成教学与研究风格。每个教师都要参加研究活动，每个教师的兴趣爱好、专业水平、研究能力是不一样的，只有把握教师实际，研究才能顺利开展。校本教育研究的开展，要尊重教师的个性，帮助教师认识自己的长处，在研究课题的承担、研究目标的确定、研究方法的选择等方面，教师要注意扬长避短，逐步使研究风格化、个性化。从而使教师的研究获得成功，增强研究的兴趣。

第二，引导教师合作攻关。对于每一名教师，都应当有较高的能力要求和研究要求，但不能要求每位教师都达到“专家”的研究水平。不能要求他们都能进行任何研究。对此，校本教育研究要采用协同研究、共同攻关的研究策略，让不同专业、年龄、能力、知识水平的教师结合起来，形成优势互补的科研群体，围绕一个课题合力攻关。可采用“分工研究，共同发表”，即采取由教师分工研究有关课题，共同发表研究成果的方式组织研究活动。通过合作攻关，促进全体教师参与科研，共同得到提高，并使教育实践中的问题得到较全面的解决。

（2）研究要考虑教师成长的特点

教师的成长大致经历起步、发展、成熟三个阶段。校本教育研究要考虑教师的成长特点，根据教师发展的不同阶段，确定不同的研究方向，采用不同的研究方式。研究要能够促进教师的成长，具体如下：

第一，在教师成长的起步阶段，教师对学校教育教学工作不熟悉，对教育研究心中无数。这个阶段的教师，主要以为今后深入、有效开展研究打下坚实基础的学习为主，他们要学教材、学教育理论，这一阶段开展的研究主要是研究教学大纲、教材、研究学生的心理，研究如何把所学知识与实践结合，使自己尽快适应、熟悉教育教学工作。

第二，在教师成长的发展阶段，教师基本适应了教育教学工作，积累了一定的教育教学经验，初步形成了自己的教学风格。对教育科研开始产生浓厚的兴趣，初步具有参与科研的能力。这个阶段，教师的研究方向，是不断反思自己的教育教学，积极改进课堂教学，扬优抑劣，形成自己的教学风格，使自己脱颖而出，走向成熟。

第三，在成熟阶段的教师，一般具有良好的认知结构和较深厚的教学功底，形成独特的教学风格，具备了较强的科研能力。这个阶段，教师的研究方向是不断总结与升华自己的成功经验，积极探索教育教学的新模式，形成与创立自己的教育教学思想，并使其在教育教学实践中推广应用，力求使自己成为一名教育专家。

2. 以学生为核心

学生是教育培养的对象，一切的教育活动都是为学生服务的。校本教育研究的目的是为了促进学生的发展。所以，在研究过程中，教师要了解学生、认识学生、尊重学生、依靠学生，研究必须以不损害学生的利益为前提，必须处处考虑学生的长远利益。

（1）校本教育研究要以认识学生心理发展的基本规律为前提。校本教育研究不是从学校外部因素入手探讨教育问题，而是强调学校内在因素的研究，主张研究要深入到学生的内心世界，寻找学生发展的内部力量。其一，辩证、发展地研究学生。学生是发展中的人，具有与成人不同的身心特点，他们正从不完善走向完善，从不成熟走向成熟，其可塑性大，具有诸多的发展的潜能。教育研究要充分认识到学生正处于发展变化阶段的身心特点。其二，要重视学生主观能动性的调动和激励。在教育过程中，学生是具有主观能动性的人，他们原有的兴趣、需要、知识经验、性格、能力等因素会对教育产生影响。如果教育过程中没有学生的积极主动地参与，即使有优越的教育条件、优秀的教师，教育的效能仍然很差。其三，要重视学生个性特点。学生是独特的人，由于他们所具有的遗传、环境、教育等条件的不一致，其身心发展水平必然有所不同，具有个性差异。学生独特的个性是教育的资源，教师要研究如何创造条件，使学生能有充分展现自身独特个性的时空。

（2）研究要以促进学生的可持续发展为目的。校本教育研究虽然是以解决学校现实问题为起点，但是研究的最终目的是让全体学生获得持续发展的能力，所以，它不仅关注学生的现时变化，更注重学生将来的发展。“为学生的可持续发展而研究”要成为教师的教育理念和研究理念。其一，关注学生全面和谐发展的研究。促进学生的全面和谐发展，校本教育研究要解决好以下问题：知识如何有效传递和接受，如何建构“活化”的知识结构；在知识的传授过程中，如何发展学生的智力因素和非智力因素；教育教学如何培养学生良好的思想道德品质；如何促进智力因素和非智力因素结合，促进个性发展。其二，关注学生作为学习主人的主体性研究。主体性是人之所以为人的根本特性，它包括人的能动性、自主性、创造性，其中，创造性是主体性的核心。教育教学过程中，如何弘扬人的主体性，应是当前学校教育研究的一个中心内容。其三，关注学生学会学习的研究。现代社会，学生要获得持续发展，就要学会学习，具备终身学习能力。使学生学会学习是教学改革的主旋律，也应是校本教育研究的中心内容。校本教育研究要研究学生正确的学习态度、学习习惯、学习方法、学习以及元学习能力的培养。

第四节 大学英语教学生态环境分析及其优化

一、大学英语教学生态环境分析

在《辞海》中，生态是指自然环境系统中各个生物之间、生物和生存环境之间互相作用下建立的一种动态平衡关系。在 21 世纪，生态学的应用领域从自然科学逐渐扩展延伸到社会科学、教育领域。有学者提出了“教育生态学”理念，即应用生态学原理研究教育中出现的各种现象，从而进一步把握教育发展规律。基于生态学角度的教育是对原有教育思维的一种创新，能够解决教育发展的本质问题。基于生态学研究教育发展，最终会落实到教育面向课堂教学的实践上。创设大学英语生态教学环境是大学英语教学实践和生态学理论结合的结果，教学上的实践与生态学方面的理论相结合，能够进一步分析大学英语教学发展现象和发展规律，从而深度优化大学英语教学环境，使大学生英语教学效率得以提高。

基于教育生态学视阈下的大学英语教学，要结合实际打造生态结构最优化的大学英语教学环境，以适应社会经济发展要求为发展目标，从而最大限度激发学生学习英语的积极性，提高学生社交能力以及学生的英语交际能力和英语综合素养。生态化大学英语教学环境的构建是适应21世纪《大学英语课程教学要求》而产生的一种教学思维模式，主要目标是培养大学生综合应用英语的能力，从而为学生之后的就业和社会交往提供重要支持。

生态化大学英语教学环境中，学生、教师和各种教育环境要素之间是一个开放化、动态化的整体，彼此之间存在密切的关联，学生、教师和各种教育要素中一旦有一个要素发生变化，其他的生态因子也会发生相应的变化，导致大学英语教学环境失衡，制约了大学英语教学效果的实现。

大学英语教学基于生态学视阈需要遵循的原则主要有以下方面：

（1）可持续发展原则。大学英语教学生态系统是一个可持续发展的系统，应该以培养学生全面可持续发展为目标，要注重提升学生终身学习能力。基于生态学视阈的大学英语教学要遵循可持续发展的原则，具体要求大学英语教学不仅要包括对知识、技能的传授，而且还需要注重学生身心健康发展，要着重分析影响学生全面发展的各种因素。

（2）生态系统整体性原则。生态系统的整体性是指生态系统内部各要素之间的相互联系、相互制约关系，生态系统的整体性不是各个要素的简单相加，而是需要保证各个要素整合的顺序和效果实现。大学英语生态系统由教师、学生和各个环境因素互相影响和作用，在彼此的相互影响下形成一个有秩序的特定教育功能。在这个整体的生态系统中，各个要素不是独立存在，而是互相牵连的。

（3）生态系统开放性的原则。首先，大学英语教学中师生彼此都拥有各自独特的思维方式，生态系统的开放性是对每个师生个性特点的一种开放；其次，师生之间关于英语学习的不断交流和互动，不仅进一步促进了英语知识的传递，而且也加强了生态主体之间的情感交流。但是师生彼此都拥有不同的社会属性，在交流的时候会受各自社会属性的影响，因而大学英语生态化教学需要遵循生态系统开放的原则。

二、大学英语教学生态环境的优化

（1）优化大学英语生态教学物理环境。首先，改变原有英语课堂教学固定行列的座位

编排。大学英语课堂教学座位的安排可以参照国外大学的做法，在教室中安排灵活的活动桌椅，教师结合课堂教学需要任意组合桌椅，编排不同的座位形式。比如教师在讲授新课的时候可以采用行列座位编排模式；在组织学生讨论的时候可以采用圆形、椭圆形或马蹄形的座位编排方式。其次，缩小班级规模。大班教学存在很多弊端比如课堂纪律差、多媒体课件作用发挥局限等。为此，大学英语课堂教学可以适当地缩小班级规模，发展小班型授课模式，通过小班授课增进师生之间的感情。再次，美化教室，营造轻松的大学英语教学环境。基于浅色能够缓解学生学习疲劳的特性，在大学教室中，教师可以将墙壁粉刷成蓝色、绿色，并挂放绿色的窗帘，为学生的英语学习打造一个轻松愉悦、舒适的环境。最后，完善传统大学英语教学模式和课程设置，将学生的英语学习安置在一个开放化的生态系统中，加强英语课堂教学和课外实践之间的关联，借助多媒体课件、网络等现代信息技术延伸大学英语课程内容，从而全面提升学生的英语综合素养。

（2）优化大学英语生态教学情感环境。在大学生英语生态教学中，教师和学生之间应该是平等互助的关系，通过和谐的师生关系维护大学生英语生态教学的平衡，提高大学英语课堂教学效率。一方面，大学英语生态教学需要打破原有的教师垄断地位；另一方面，还需要在开展大学英语生态教学的同时，充分尊重学生的英语学习个性和学习能力差异，满足学生英语学习的个性化发展需要。教师在英语课堂教学中要避免长时间固定在讲台上，而是应该多到学生中间，和学生进行互动，扩大自己的教学活跃区范围，从而拉近和学生之间的心灵距离，增强学生对教师、对英语课堂学习的喜爱。在课后，教师还可以通过微信、微博等平台和学生进行交流互动，增强自身亲切感，减少和学生的距离感，将学生对教师的喜爱逐渐转变为学生学习英语的动力。

（3）优化大学英语生态教学生理环境。第一，改进大学英语生态教学方式，在大学英语教学的过程中体现教育的公平。在大学英语生态教学中，教师要改变传统单一的教学方式，结合学生的英语学习特点和接受习惯综合应用多种英语教学方法，比如互动对话法、自主学习体验教学法等。通过多种教学方法的应用组织和鼓励学生更好地参与到英语教学活动中。在实际的课堂教学中，教师要多给予学生鼓励性语言，激发学生不断进行英语学习的热情。第二，教师还需要有效管理大学英语课堂纪律，为学生的英语学习营造良好的氛围。

（4）优化大学英语生态教学评价环境。优化大学英语生态教学评价环境是大学生英语生态环境优化的重要环节。大学英语生态教学评价体系的建立充分体现在尊重学生的个体性差异上，教师对学生要进行个体差异化的评价和激励性评价，激发学生努力学习英语的积极性。大学英语生态教学评价要实现终结性评价和形成性评价相结合，其中，终结性评价则是对学生某一段时间英语学习成效的检验，包括期中考试和期末考试。形成性评价则主要指的是对学生英语学习过程的指导、监督和综合评估，注重的是学生阶段性英语学习，而通过多元化的大学英语生态教学评价能够进一步增强学生和教师的自我发展能力，提高大学英语课堂教学效果。

（5）优化大学英语生态教学现代信息技术环境。第一，创设生态化的网络预警，推进大学英语教学理念本质变革。信息网络的发展对大学英语生态教学提供了新的方向支持。信息网络教学能够应用多种技术手段模拟实际教学情况，为学生的英语学习打造真实的学习环境，引导学生结合模拟实际更好地理解英语抽象知识。第二，实现现代教育技术和网络的融合，打造新型英语生态教学环境。在英语现代化的深化发展下，以学生为主体的英语教育理念得到了越来越多人的认可。在开展大学英语生态教学的时候，教师可以借助多媒体技术、微课程、语音教室等为学生的英语学习提供更多的自主学习环境，实现多种英语学习方式的交融。利用微课程视频能够让学生随时随地听教师授课，通过这种灵活的教学方式提高大学英语教学的效果。

综上所述，实现大学英语生态化教学，需要有关教育人员充分协调影响大学英语教育的各种因素，结合大学英语生态教学实际，采取多种方式实现学生英语学习和教师英语教学的协调发展，打破传统英语教学对学生学习英语的束缚。实现大学英语生态教学是一项长远性、系统性、整体性的工作，需要大学英语教育工作者在充分了解学生英语学习差异和需求的基础上，从教学理念、教学手段、教学内容、教学方法等多个角度开展生态化教学，协调大学英语教学系统各要素之间的关联，从而更好地促进大学英语教学发展。

第二章 大学英语课堂的生态性论证及失衡对策

第一节 大学英语课程设置与评估

一、大学英语的课程设置

各高等学校应根据实际情况，按照《大学英语课程教学要求》（以下简称《课程教学要求》）和各自学校的大学英语教学目标设计出各自的大学英语课程体系，将综合英语类、语言技能类、语言应用类、语言文化类和专业英语类等必修课程和选修课程有机结合，确保不同层次的学生在英语应用能力方面得到充分的训练和提高。

大学英语课程的设计应充分考虑听说能力培养的要求，并给予足够的学时和学分；应大量使用先进的信息技术，开发和建设各种基于计算机和网络的课程，为学生提供良好的语言学习环境与条件。

大学英语课程不仅是一门语言基础课程，也是拓宽知识、了解世界文化的素质教育课程，兼具工具性和人文性。因此，设计大学英语课程时也应当充分考虑对学生的文化素质培养和国际文化知识的传授。

无论是主要基于计算机的课程，还是主要基于课堂教学的课程，其设置都要充分体现个性化，考虑不同起点的学生，既要照顾起点较低的学生，又要为基础较好的学生创造发展的空间；既能帮助学生打下扎实的语言基础，又能培养他们较强的实际应用能力，尤其是听说能力；既要保证学生在整个大学期间的英语语言水平稳步提高，又要有利于学生个性化的学习，以满足他们各自不同专业的发展需要。

二、大学英语的教学评估

教学评估是大学英语课程教学的一个重要环节。全面、客观、科学、准确的评估体系对于实现教学目标至关重要。教学评估既是教师获取教学反馈信息、改进教学管理、保证教学质量的重要依据，又是学生调整学习策略、改进学习方法、提高学习效率和取得良好学习成果的有效手段。对学生学习的评估分为形成性评估和终结性评估两种。

第一，形成性评估是教学过程中进行的过程性和发展性评估，即根据教学目标，采用多种评估手段和形式，跟踪教学过程，反馈教学信息，促进学生全面发展。形成性评估特别有利于对学生自主学习的过程进行有效监控，在实施基于计算机和课堂的教学模式中尤为重要。形成性评估包括学生自我评估、学生相互间的评估、教师对学生的评估、教务部门对学生的评估等。形成性评估可以采用课堂活动和课外活动记录、网上自学记录、学习档案记录、访谈和座谈等多种形式，以便对学生学习过程进行观察、评价和监督，促进学生有效地学习。

第二，终结性评估是在一个教学阶段结束时进行的总结性评估。终结性评估主要包括期末课程考试和水平考试。这种考试应以评价学生的英语综合应用能力为主，不仅要对学生的读、写、译能力进行考核，而且还要加强对学生听说能力的考核。

在完成《课程教学要求》中一般要求、较高要求或更高要求层次的教学后，学校可以单独命题组织考试，或参加校际联考、地区联考、全国统一考试，以对教学进行终结性评估。无论采用何种形式，都要充分考核学生实际使用英语进行交际的能力，尤其是听说能力。教学评估还包括对教师的评估，即对其教学过程和教学效果的评估。对教师的评估不能仅仅依据学生的考试成绩，而应全面考核教师的教学态度、教学手段、教学方法、教学内容、教学组织和教学效果等。各级教育行政部门和各高等学校应将大学英语课程教学评估作为学校本科教学工作水平评估的一项重要内容。

第二节　大学英语课堂生态结构与功能

一、大学英语课堂生态结构

结构的“结”是表示结合、联系之意，“构”是表示结构、框架之意，结合起来，结构就是指若干组成部分按照一定的关系结合而成的一种架构，常用来表示事物的存在状态。结构主要包括两层含义：组分和关系，即由什么构成，以怎样的关系存在。

生态系统结构包括两种：形态结构和营养结构。形态结构指生态系统在内部和外部的配置、质地与色彩。营养结构指以营养为纽带，把生物和非生物紧密结合起来，构成以生产者、消费者、分解者为中心的抽象结构。形态结构包括内部基本构造和外部呈现形态。一个生态系统的基本构造是比较清楚的，由生物（按功能可细分为生产者、消费者、分解者）和非生物环境（可分为无机物质、有机化合物和气候因素）构成，它们之间相互利用。如果具体到特定的生态系统，则生物的类别和个体、环境的构成均有所不同，而且会受到营养结构的影响而出现不同的外部呈现形态，因此不便用统一的图形来表示，但内部的基本构造仍然可以抽象出来。营养结构中的生产者、消费者、分解者是依据它们的生态系统中的功能而划分的，而与分类类群无关，所以又成为生态系统的三大功能类群。来自太阳的能量通过生产者的光合作用进入生态系统，逐级流动，形成生态系统三大功能类群的营养结构。

将课堂生态类比为自然生态，其基本的内部构造和营养结构。课堂的基本构造可以简化为人（课堂生态主体）和环境（课堂生态环境）两个维度，“人”相当于自然生态系统中的生物，课堂环境相当于自然生态系统中的非生物环境。其中“人”可以细分为教师和学生，课堂环境可以细分为教材、教学手段、课堂布置、教学氛围、师生关系、规章制度等。课堂生态系统中的这些生态因子相互作用、相互影响、相互依赖，共同构成一个生态整体。课堂生态中的基本营养结构是：教师是生态系统里的生产者，将来自外部世界和自我经历的信息（知识）消化转换，以学生能够吸收的方式通过课堂环境传授给学生，学生消化分解这些信息（知识），再通过课堂环境给教师一定的反馈。

但是，课堂生态作为一种社会生态，又有与自然生态不同的地方。随着教育生态学的不断发展，人们对课堂教学本质的认识不断生态化，对课堂生态系统中的各生态因子以及这些组分之间的关系也有了更深的认识，促进了课堂生态的形态结构和营养结构不断进化。另外，对于课堂生态结构的研究需要确立两个方法论的前提：①运用结构观点，以关系思维而非实体思维，把握课堂生态要素之间的关系；②运用过程观点，揭示课堂生态要素之间的互动，以动态的观点来把握课堂生态。

传统的课堂结构观认为，课堂教学就是一个教师将知识通过一定的方式和手段传授给学生的过程，这个过程涉及很多教学要素，如教师、教材、教学观念、教学方法、教学手段、学生、环境等，传授知识的过程基本是单线流动的，方式以教师讲授为主，教学的目的是帮助学生成长。现代生态学的核心思想是追求和谐与共生，和谐指关系维度的和谐，共生指生物的共同生长。生态教学观认为：课堂是一个复杂的生态系统，系统的分组（教师、学生、课堂环境）之间相互作用、相互依赖，甚至相互交融和转换，形成各种关系，各种关系需要和谐，以实现师生的共同成长。在课堂生态系统中，教师是系统内部信息（知识）的主要生产者，但不再是唯一的生产者，课堂环境中的某些因素（如计算机网络多媒体等）也可以成为信息之源。同样，某些学生也可以成为信息之源、知识之源。学生主要是学习者，是信息的消费者和分解者，但部分学生在一定情况下也可以成为系统中的生产者，提供知识，在一定意义上履行教师的职责。在现代课堂生态中，教师也不再是单纯的生产者，他也同时成为系统里的消费者和分解者，在一定程度上吸收来自学生，以及环境的知识。这样，教师和学生都同时具备三种功能身份，是系统里信息的生产者、消费者和分解者，不过有主次之分，教师主要是生产者，学生主要是消费者。教师、学生、环境之间通过课堂交互活动，实现能量流动和信息流通。

关于课堂环境，传统结构观认为主要指课堂气氛和教师环境。现代生态教学观还没有形成统一的观点。瓦伯格和安德森（Walberg & Anderson）把课堂环境分为结构维度和情感维度；穆斯把课堂环境分为关系维度、个人发展维度和系统保持与系统改变维度；艾利逊（Ellison）、博依金（Boykin）等把课堂环境分为社会或心理关系、教学的核心技术、物理结构及组织程序、纪律和课堂管理、态度观念及期望五个维度；李森等学者将课堂环境划分为自然物质环境、制度文化环境以及心理精神环境。以上分类方法视角不同，各有侧重。还有一种分类方法比较流行，就是将课堂生态环境分为客体性客体生态环境、派生性课堂生态环境和客体性课堂生态主体三类。客体性课堂生态环境指那些独立于课堂生态主体的主观意识而客观存在的课堂生态环境因素，主要指物理因素，如教室的布置、仪器设备等。派生性课堂生态环境指那些由课堂生态主体派生而形成的课堂生态环境因素，如教材、教学方法与手段、班级学风、管理制度等，是社会环境和规范环境的组合。客体性课堂生态主体指作为客体性环境因素而存在的课堂生态主体，主要是就教师个人因素和学生个人因素而言的，包括教师专业素质、师生个性倾向等。这种分类方法也有难以理解之处，首先是“客体性课堂生态主体”作为一种课堂环境的名称容易引起歧义；另外，派生性课堂生态环境中的教学方法似乎也应该属于客体性课堂主体的范畴。

研究认为，课堂环境应该考虑三个维度：①结构维度，即课堂环境由哪些生态因子构成。心理学认为，环境泛指生物有机体周围各种条件的总和，是某一特定生物体或生物群体以外的空间，以及直接或间接影响该生物群体生活与发展的各种因素。在这个意义上，课堂环境应包括课堂设施和布局、现代信息技术和教材等教学媒介、教师的教学理念和方法、学生的学习态度等。需要特别指出的是，社会生态中的环境也包括人，因此教师、学生在一定的条件和情况下也起着课堂环境的作用。②关系维度，即课堂生态系统中各生态因子之间的交互关系，主要是教师的情感态度、学生的情感态度、师生之间的关系、师生与环境的关系等。③文化维度，即维持和改进课堂生态系统运行的各种课堂文化（荣誉班级、学习氛围等）和规章制度。以上三个维度的看法，为了理解上的便利，可以从时空维度进一步理解，第一个维度是课堂教学之前就确定了的客观情况，不妨称为课前生成的环境；第二个维度是通过课堂教学中的交互现场形成的情况，不妨称为课中生成的环境；第三个维度是通过课堂上的各种反馈而形成的学风或相应制定的制度等，不妨称为课后生成的环境。这三种环境是一种动态的概念，它们之间会随着时间的推移而相互转换。换言之，这次课堂过程中的交互关系语境，比如学生对教师的看法和态度，如果固化下来，就成了下次课的课前生成环境；比如这次课堂上形成了一个良好的互动氛围，如果固化下来，形成了班风，则成了下次课的课后生成环境。

从结构、关系和文化三个维度理解，课堂环境既影响着教师和学生的教与学，同时也受教师和学生的影响而变化。教师、学生、课堂环境之间以及他们的个体之间实现着交互甚至交融，形成了网络状课堂生态结构。课堂生态的结构关系主要表现为交叉结构，其实质是教师和学生以课堂环境为中介的互动和发展，教师和学生在课堂环境中进行各种交互活动，同时给课堂环境带来新的变化，从而不断呈现出新的课堂形态结构。

例如，我们在说“课堂生态”时，就是指课堂生态系统或课堂这个生态系统所表现出来的状态，它是通过课堂中各属性间的相互关系来表现的。课堂生态强调的是一个实然状态，具有客观存在性，即课堂“看上去”是怎样的，因此，所有的课堂都必然会具有生态。生态课堂是个不同的概念，这里的“生态”是作为形容词使用的，意思是“生态的”或“生态化的”，词语的感情色彩趋于褒义。准确一点说，生态课堂是用生态主义的观点来理解课堂、建构课堂，是一种理想化的课堂，是一个教学效益最佳的课堂。生态课堂强调的是一个应然状态，即应该是一个怎样的课堂，具有主观人为性。

生态课堂的内涵包括课堂中和谐平衡的环境生态、文化生态、行为生态、心理生态、关系生态等。生态课堂本质上是内外关系和谐的、利于师生共同成长的课堂生态。课堂生态和生态课堂的联系在于，前者是后者的内容和基础，后者是前者的方向和目标。构建生态课堂，可以立足于对现有课堂的生态进行考察、分析，使低层次、欠和谐的课堂生态系统发展为高层次、和谐的课堂生态系统。这也正是研究的基本思路。

课堂生态结构不是一成不变的，它是动态的，会随着各个生态因子的变化而发生演变，甚至突变。教师的责任心、学生的学习态度、信息技术的应用、教室环境的布置等都会影响系统内能量流动和信息流通的方式和路径，形成不同的教学模式。英国教育专家查理斯·华特金（Chris Watkins）把复杂的课堂系统活动提炼为六个要素：目标、任务、社会结构、角色、资源以及时间和步调，并推演出三种教学方法，体现了三种不同的教学关系和课堂生态：讲授式课堂生态、建构式课堂生态和共建式课堂生态。讲授式课堂生态是以教师为中心的传统教学法，课堂生态的能量流动和信息流通主要由教师控制。建构式课堂生态是基于建构主义理论的、以学生为中心的新型教学法，课堂生态的能量流动和信息流通主要由学生控制，教师的角色转变为助学者。共建式课堂生态是一种理想的课堂生态，是基于生态理论中的共生原则，摆脱了一元主体，体现了主体间性，教师和学生都是课堂生态中的学习主体和创造主体，通过探索和发现实现共同成长。这三种基于过程的课堂生态是一种动态的关系结构和营养结构，在具体的课堂教学中有可能交叉出现。三种课堂生态各有利弊，但是以建构主义观点和生态教学理论来看，建构式课堂生态和共建式课堂生态更是生态课堂的追求。

二、大学英语课堂生态功能

“功”表示“功效、作用”，“能”表示“能力”，结合起来，功能指有特定结构的事物或系统在内部和外部的联系和关系中表现出来的特性和能力。凡是系统都具有功能，系统的功能指由系统行为引起的、有利于系统所处的环境中某些事物或整个环境发展和存续的作用。这里所说的系统行为指系统相对于它所处的环境表现出来的变化。生态系统有三大功能：能量流动、物质循环和信息传递，它们共同维持着生态系统的正常运转。课堂生态是教育领域里的一个微观生态系统，因此也具有生态系统的一般功能。具体而言，课堂生态的功能就是指课堂生态系统内部各生态因子之间的相互作用，或系统与外部环境之间的相互作用给系统内、外带来的积极作用，这种作用只能在系统与环境的相互作用过程中才会表现出来。结构和环境决定系统的功能。

课堂生态在形态结构上表现为教师、学生、课堂环境相互作用而形成的整体，在营养结构上表现为系统与外部环境的物质、能量、信息交换与传递，以及师生依靠教学活动完成系统内物质循环、能量流动和信息流通，维持系统的正常运行。结合课堂生态的性能和生态课堂的表征，从系统对内部结构、内部关系、系统整体以及社会所产生的作用，可以归纳出课堂生态的四大功能：

（一）优化结构功能

课堂生态的基本结构是相对稳定的，由课堂生态主体和课堂生态环境组合而成。课堂生态的营养结构也是比较清楚的，教师生产知识，学生消费知识，环境在过程中起着媒介的作用，在这点上教材扮演着重要角色，学生通过对教材的学习增强自己的知识，提升自己的能力。但是，随着人们生态理念的加强，许多固有的格局被打破，比如，教材不再是知识的唯一载体，网络和多媒体成为重要的知识载体。教师不再是知识的唯一提供者，学生可以互相学习，环境本身也具有一定的教育功能。学生不再是知识的被动吸收者，而是知识的体验者、探究者、发现者和创造者。在这些生态理念的推动下，课堂生态因子之间的互动随之发生变化，课堂生态逐渐由传统型向建构型、共建型等新的生态结构演化，在此过程中课堂生态系统得到不断优化。

（二）调谐关系功能

教师和学生是课堂生态里面的生态主体，他们之间的关系是课堂生态的重要构成和主要关切。师生关系是流动的、互为依存的，通过课堂教学活动不断调整变化。生态视野下的课堂追求师生之间更多的交互，提倡学生更多的课堂参与。这些教学活动给系统输入新的动能，促成一种新型的互相尊重的和谐师生关系的诞生。此外，生态视野下的课堂打破传统课堂中教师和学生二元对立的模式，重视主体间性，强调学生与教师之间、学生与学生之间、教师与教师之间的多元互通。师生交互的过程中，必然伴随着情感的交流，情感信息在各种生态因子之间发生流动，形成情感交流的动态网络。学生的情感态度会影响教师的教学，教师的情感态度会影响学生的学习，师生在教学生态中不断通过反馈自我调整情感，有利于师生关系的和谐。同时，课堂生态中主体与客体的关系也通过系统的反馈不断优化，关系趋向更加和谐。

（三）促进演化功能

生态系统的正常运行必须依靠系统与外部环境的物质、能量和信息交换以及在内部的流通，这是系统动力的源泉。课堂生态是一个社会生态，系统的能量并非来自太阳，而是来自师生的课堂交互活动以及系统外部环境的影响。良好的师生关系、好的教学方法、好的学习资源、正面的社会期待等都能对教学产生促进作用。系统的信息主要来自教师对外部学习资源的转化以及自身的生产创造。伴随着能量和知识的输入，系统内产生了驱动力、信息流和智能流，它们在系统内流通，促进了师生的成长和环境的优化，促进了系统的运行和自然演化。最初来自外部环境的知识和智能，最终通过学生的消化吸收，以自己对社会的贡献等方式返回到社会大生态中。

（四）生态育人功能

生态系统的最根本功能是提升生产力，课堂生态的根本功能是培育人才。这里的生态育人包含三层意思：①生态主体的共同成长。人是教育的核心元素，育人是教育的根本任务，所以课堂生态的功能归根结底是育人的功能。和谐与共生是生态课堂的根本属性，教师和学生的共同成长是生态课堂的最终目标。传统课堂主要关注学生的发展，生态课堂尊重生命的光彩，包括教师和学生。而且，教师的成长和发展又会反过来促进学生的成长和发展，生命的共同成长进入良性循环。②生态主体的均衡发展和可持续发展。传统课堂主要关注学业成绩，把学生当作产品批量生产，学生的能力提升和情感体验被忽略。现代课堂生态更加关注人的全面自由个性发展，提倡多样性共存。可持续发展指对学生的培养更加放眼长远，注重自主学习能力的培养和终身学习理念的传输，最终通过人的可持续发展促进社会的可持续发展。可持续发展是现代生态学研究的重要领域和重要思想。③育人方式更加生态、更加科学。传统课堂认为，学生是教出来的，没有教不好的学生。现代课堂生态更加重视学生的主观能动性，认为知识是靠自己参与活动体验出来的，是靠自己探究发现出来的，不应迷信教师的权威，要发展自己的判断能力和自主学习的能力。因此灌输式教学不是生态课堂的追求，建构式和共建式课堂是现代课堂生态的主要形态。

需要说明的是，系统的功能是由结构和环境共同决定的。系统的基本结构具有稳定性，但是系统的外部环境会发生变化，变化了的外部环境会对系统产生扰动，系统与外部的物质、能量、信息交换就会随之改变，系统与环境相互作用的过程和效果就会受到影响，最终导致系统功能异变。所以说，系统功能比系统结构具有更大的可变性。大学英语课堂生态具有一般课堂生态的特征，结构和功能相对稳定。但是，当信息化大学英语教学改革实施后，大学英语教学环境发生巨大变化，大学英语课堂生态被牵引到一个远离平衡区，系统的某些功能也就相应发生了改变，大学英语课堂生态出现了一定程度的失衡。

第三节　大学英语课堂生态失衡现象与对策分析

一、大学英语课堂生态失衡现象

大学英语教学的信息化是我国教育信息化的重要组成部分。在信息化进程中，现代信息技术与大学英语课程不断整合，部分走在改革前沿的高校英语课堂生态正逐渐从无序走向有序，从不稳定走向稳定。但是由于地域的差异和校情的不同，全国各个高校大学英语教学的信息化进程并不是呈平行发展状态，而是处在不同的发展阶段和不同的发展水平，教学中依然存在很多问题。如果从生态学的角度审视这些问题，可以得出结论：大学英语课堂生态总体上还处在不同程度的失衡状态。这个论断来自课堂观察，求证于进一步的课堂观察、访谈和文献研究。

一般而言，要说明一个教育生态系统正处于失衡状态，或处于疑似失衡状态，该系统必须至少出现三种状况之一：①生态系统中的各要素得不到到良好发展，其功能难以发挥；②生态系统中的各要素关系失谐，相互矛盾，信息流通不畅；③生态系统的整体功能难以发挥，满足不了人们对教育的期待。本节将用描述性研究的方法，从生态学和系统科学的视界考察大学英语课堂生态的失衡现象，为解释性研究打好基础。

（一）大学英语课堂生态在功能上的失调

凡是系统皆有结构，世界上没有无结构的系统，也没有无系统的结构。结构合理就会组成稳定的系统，结构不合理就会组成不稳定的系统，结构从总体上反映着元素之间的有序性和组织性，它是系统协调或失调的内在根据，是系统能否实现其功能的根本前提。系统内各生态因子（教学要素）经过长期教学实践的磨合，已经处于比较好的兼容状态，系统相对比较稳定，但同时也开始显露出一种惰性，课堂生产力开始降衰。大学英语信息化教学改革以来，由于现代信息技术的强势介入，课堂生态的环境因子发生剧烈改变，各生态因子之间的结构关系也随之发生变化。具体而言，这些变化主要体现在以下三个方面：

1. 大学英语课堂生态在系统组分构成比重失调

课堂生态由课堂生态主体和课堂生态环境相互作用而构成。课堂生态主体的概念比较容易把握，指系统中的生物成分——教师和学生，但是课堂生态环境的概念比较复杂，对一个特定学习者而言，课堂生态系统中的主体有时也会演化为对其产生重要影响的环境。总体来说，倾向于从结构维度、关系维度和文化维度来理解课堂生态环境，主要包括课前生成的环境，如教室的自然物理环境、教师的教学水平、学生的基础、师生信息素养、教材和网络多媒体环境等，课中生成的环境，如师生关系、生生关系、师生对课堂环境的情感态度等，以及课后生成的环境，如班级学习风气、课堂教学规章制度等。

从量变的视角审视课堂生态系统中各个组分所占比重的变化情况，这里的“量变”主要指在程度上的逐渐变化，是相对于根本性的质变来说的。课堂生态作为一个系统，内部的因子是互相作用、互相制约的，因此现代信息技术的使用必然会给其他生态因子带来新的要求。换言之，如果其他生态因子拒绝与信息技术因子同步协变，那么大学英语课堂生态系统中的各个组分在构成比重上就会出现失调。形象地说，传统的大学英语课堂教学宛如一个处于平衡态的天平，当装有“现代信息技术”的那个托盘突然加大砝码，天平必然会失去平衡。若想使天平继续维持在平衡态，就必须让天平的另一个托盘里装载的元素在比重上发生相应变化，才能保持天平两端的平衡。课堂生态系统也一样，它的结构不应该是静止的，系统的演化需要结构进行适当调整，这种调整首先反映在各个组分的连锁量变上。改革以来，课堂环境中的巨大变化来自信息技术的大量使用，造成信息技术与其他生态因子之间比重的严重失调，最突出的表现是，其他生态因子在量变上缺乏与信息技术的同步和协调，很多生态因子的调整变化显得滞后，联动效应迟缓。

基于计算机网络和课堂的大学英语教学改革于 2016 年在全国推广以后，各个学校都以现代信息技术的应用为改革突破口，试图将传统的讲授式课堂教学转变为基于信息化的建构式和共建式课堂教学，以提高大学英语的教学效果。现代信息技术的大量使用使课堂生态系统中的环境因子发生显著变化，这时，为了保证系统的稳定，其他课堂生态因子必须做出相应的变化，但是遗憾的是，在这个过程中，很多教师没有及时转变教学观念，提高信息素养，也没有在课堂教学中调整课堂角色和制定信息化课堂管理规章制度等，学生也没能及时改变传统的学习方式，接受新的教学理念，适应新的学习环境，等等。由于这些课堂生态因子没有同步做出相应变化，课堂出现了现代信息技术的大量使用与教师教学理念更新缓慢、学生学习习惯变化缓慢、教师信息水平提高不快、学生信息素养提高不快、教学方法转变缓慢、学生学习自主性不高、课堂气氛依然沉闷、课堂教学依然以教师为中心等情况的不协调。这些不协调的状况严重阻碍了现代信息技术发挥自身应有的功能。现代信息技术犹如一匹良驹，但是指望这一匹好马拉动那么多的元素一起前进，很难形成一股同向合力，自然难以跑出理想的速度，因此出现了教学实践与改革预期之间的落差。

2. 系统组分间交互关系的失谐

现代信息技术在课堂教学中的使用，不但造成课堂生态系统中各组分的构成比重出现失调，而且还造成各组分之间的交互关系出现失谐。各组分之间的相互关系是纵横交错的，是一个网状结构。考虑到信息技术在课堂生态环境中所占的主导地位，也为了叙述上的方便，本书在阐述生态主体之间的失谐之后，将以现代信息技术为主要立足点，阐述系统组分之间的失谐现象，具体包括以下方面：

（1）生态主体间的失谐。在大学英语课堂生态中，生态主体呈网状交互，包括教师生态群体与学生生态群体、教师生态个体与学生生态群体、教师生态个体之间、学生生态个体之间、学生生态个体与教师生态群体之间的交互关系，其中师生群体之间的交互关系最为重要。

在生态课堂中，和谐的师生交互关系主要体现为目标与理念的一致、交流和交互的通畅、关系和谐和师生共生。然而，在信息化进程中，这些和谐的表征并不理想，师生之间存在失谐现象，体现在师生的目标与理念不太一致，存在交错现象。由于改革是自上而下推行的，教师的目的是先改革，大量使用计算机网络等现代信息技术，开展网络教学，在改革中发现问题和解决问题；而对学生来说，他们的愿望就是高效迅速地学好英语，师生目标不完全一致。反映在教学中，教师采用新的建构式教学理念，强调以学生为中心，注重学生的课堂参与，着重培养学生的自主学习能力，但对这些教学模式和教学方法上的改变，部分学生并不理解和接受，他们认为教师的课堂讲解是一种最快最有效的传授知识的方式。

在信息化改革进程中，由于大量使用网络教学，加之有些教学系统的师生交互功能并不健全，而且有一定的滞后性，同步交流比较困难，因此师生交流不够流畅，包括信息交流和情感交流。信息语境下的教学缺乏情感的交互。现代信息技术不仅是用来传输知识的，也可以用来传达情感，实现师生之间的情感交互。但是目前，网络教学中普遍存在认知与情感的失谐。网络教学把“以学生为中心”和“学生自主”视为宗旨，将培养高智商人才作为自己的教育目标，关注如何向学生传授知识与技能，但却忽视了如何进行情感的交流。网络学习的情感培育很重要，但没有得到重视。有些教师很少甚至从不上网查看学生的学习情况，从不针对学生的网络学习情况给予反馈，从不给予在线答疑解惑。这样，学生学习就会产生孤独感。还有一些教师对网络教学的理解存在误区，导致师生之间的交互大幅减少。这种交流和交互的减少不但影响了学生的学业成就，而且引起了第三个方面的失谐，即师生关系的失谐。

师生之间存在目标上的差异、理念上的不同、交互上的不足、交流上的不畅、师生比例上的失调、师生地位的落差等情况，影响了师生之间的和谐度。下面谈谈师生比问题。大学英语属于基础课，教师的主要任务是教学，因此绝大部分教师每周都要承担 10 节以上的教学课时，这也就意味着每个教师要同时面对几个班级，要认识和了解的学生数量须以百计，不利于发展更加亲密和谐的师生关系。在师生地位方面，明显存在课堂生态主体地位不平衡现象，原因主要有两个方面：①传统型教学的课堂依然存在，课堂主体单一，教师主宰课堂，学生处于被动服从的地位；②中国传统教育的长期影响，导致学生习惯于沉默，习惯于听课，习惯于安静思考，所以即使教师布置了一些课堂互动活动，也常常为如何调动学生的积极性而伤透脑筋。这种权威与服从的关系很难演变为一种更加平衡、和谐的师生关系。在这样的失谐环境中，教师和学生也较难实现共同成长。我们常说，学生是教师培养出来的，同时教师也是学生培养出来的，此所谓教学相长。在生态课堂中，教师的教学工作服务于学生的成长，同时，教师在教学过程中也获取养料，拓展自身职业发展的空间。教师得到更好发展后，又能为学生提供更好的教学服务，这种良性循环就构成了良好的课堂生态。但是在信息化进程中，从教学管理角度讲，对教师的职业素养培训关注不够，难以与广泛应用的现代信息技术保持同步发展，难以实现师生共生。

教师与教师之间、学生与学生之间也存在一定的失谐，这主要是由于不同教师个体和不同学生个体对大学英语教学的信息化持有不同的看法和解读，反映出不同的态度和不同的教与学行为，形成了积极支持并投入教学改革的一端和消极抵抗变革并且投入不足的一端，两端人员互相影响和牵制，阻碍了信息化课堂生态的演化。

（2）教师与信息技术的失谐。教师在课堂生态中的主要身份是知识的转化者和生产者，主要职责是将知识作为信息传输给学生，将自己的智能传送给学生。在这个传输过程中，信息技术起着媒介的作用，尽力减少信息流和智能流在传输过程中的流逝和衰减，帮助教师完成知识传授和能力培养的使命。这样，教师和信息技术就构成了良好的和谐的互动关系。但在目前的教学实践中，对一部分教师而言，这种健康和谐的关系并未建立起来，主要表现在以下三个方面：

第一，现代信息技术的课堂应用与教师信息水平不高之间存在矛盾。基于信息化的大学英语教学改革是一场自上而下的改革，绝大部分高校的主管人员都非常重视，一般都会迅速组织资金购买计算机等网络多媒体教学设施。教育部调研数据显示，到 2018 年，我国高等学校已经全部建成了校园网络，多媒体教室比例达到 44.4%，师生人均拥有个人计算机 0.628 台。目前，绝大多数高校已经建立了教学资源库，包含多媒体素材库、多媒体课件库、电子教案库、题库等多种类型的教学资源，部分高校建立了全校统一的教学资源管理平台。现代信息技术的广泛使用对教师的信息水平提出了挑战，尤其是一些年长的教师，往往主观上不太愿意通过学习来提高自身的信息水平，“上级要求”与“客观现实”形成了一组矛盾。

第二，生态课堂的教学理念与教师传统教学理念的矛盾。现代课堂生态重视以学生为中心，重视师生互动以及师生与课堂环境的互动，重视学生的课堂参与和探索发现。然而，在现实课堂中，有不少教师观念滞后，仍然坚持以教师为中心，以课堂讲授为主，没有充分利用网络和多媒体技术的优势，组织学生开展各种语言实践活动和探索活动，将讲授型课堂改变为基于信息化的建构型课堂和共建型课堂。

第三，对网络多媒体教学的错误解读，主要表现为对网络教学的过分依赖或对网络教学的不信任。任何事物都有两面性，网络教学也一样，既有优势，也有劣势。观察发现，有些教师只看到网络教学的优势，认为网络教学能够解决一切问题，学习完全是学生自己的事，因此将一切交给了网络，缺少和学生的网络互动；还有些教师过分依赖多媒体课件，英语课成了课件展示课，课堂教学中课件一页页地翻个不停，总以为这样教学信息量更大，能教给学生更多的知识，完全没有考虑到学生的消化吸收速度和接受能力；还有教师已经离开课件就上不了课了。这些都过分夸大了网络和多媒体的作用，忽视了教师作为课堂生态主体的重要引导作用。相反，也有一些教师，始终认为网络教学耗时大、收效微，对网络教学持不信任态度，因此产生抵触情绪，拒绝在课堂教学中使用现代信息技术。这些比较偏颇的做法，造成了教师与现代信息技术之间的失谐。

（3）学生与信息技术的失谐。学生在课堂生态中的主要身份是知识的消费者和分解者，他们接受来自教师和其他信源的信息，消化吸收，最终以社会做功的方式将能量和智能返还社会。在课堂生态系统中，信息技术起着媒介的作用，帮助信息和能量实现最大限度的传输，并以此与学生建立和谐的关系。在目前的大学英语课堂教学中，依然存在学生与信息技术不和谐的状况，主要表现在以下两个方面：

首先，现代信息技术的广泛使用与部分学生信息能力及素养不高之间存在矛盾。大学英语课程为全国大学英语教学改革示范点和国家精品课程，应该属于走在改革前列的高校，但是多年的观察发现，仍然有那么一部分学生因为功课太多、英语学习动机较弱、自控力差等原因，消极应对网络学习，使用各种手段在网络学习记录上创造虚假的形成性记录，严重干扰了教师对学生网络自主学习的形成性评价。对这些学生来说，现代信息技术就没有起到任何助学的作用，课堂生态主体与课堂生态环境之间缺少了良性互动，导致系统出现失衡情况。

其次，现代信息技术的广泛使用与学生学习观念和方法陈旧之间存在矛盾。现代教育理念特别注重能力的培养，鼓励学生通过参与、体验和实践去探索发现知识，主动建构自己的知识体系，按照个人的意愿自由发展。在这方面，网络因其丰富的学习资源和快捷的传输能力而独具优势。但是在现实的外语教学中，总有那么一些学生消极地应对网络学习，原因并非其信息素养不够，而是因为他们坚信中学养成的学习习惯和摸索出的学习方法的有效性，所以拒绝与网络多媒体等现代信息技术形成互动。

（4）教材与信息技术的失谐。教材和信息技术同属课堂生态中的信息媒介，其任务是帮助教师完成知识的传输，二者在课堂生态系统中的职责相同，因此形成竞争的关系。为了避开恶性竞争，两者就要利用各自的优势进行错位发展，在竞争的前提下形成互补关系，方能形成良好的对立统一关系，共同打造课堂生态系统中的立体化教材环境。但实际情况是，有些出版社设计的网络学习平台，里面的内容就是网络版的教材，没有做很好的拓展和延伸。而且，有些光盘版和网络版教材还没有完成与现代信息技术的磨合，在设计上还存在不少问题。例如，路金金等针对《新视野大学英语视听说教程》提出了很多问题：①教材中听过的部分不能重复练习；②每一单元的内容太少，形式太单一；③在自主中心学习，口语练习机会太少；④自主学习平台软件里发音部分设计过严，刚进校的同学难以通关等。教材光盘化和教材网络化都是较低层次的信息技术应用。陈坚林认为，信息技术和教材的结合，远未达到预期的效果，计算机网络等现代信息技术的超强功能没能得到充分的开发和利用。信息技术对教材开发也存在很大的制约，最重要的体现是，教材网络化需要大量的资金成本和时间成本，出于利益的考虑，很多出版社刻意减慢了开发新教材的节奏，很多高校为了管理的方便，一般不会选择太多的教材，影响了教材的多样性和教师的自主性。这些都意味着教材和信息技术之间还存在失谐现象。

另外，有些教师和学生一直把教材当成唯一的媒介，习惯于照本宣科，教材成了学生获取输入的唯一渠道。在这种以教材为中心的英语课堂里，教学内容封闭，教学行为僵化，现代信息技术形同虚设。以上情况导致教材和信息技术之间或同位恶性竞争，或貌合神离，或形同陌路，导致它们之间的关系失谐。

（5）教学模式与信息技术的失谐。教学模式指符合特定的教学理论逻辑的、为特定教学目标服务的、相对稳定的教学活动结构。它是教学方法、程序和路径的综合体，一般都体现了一定的教学理念，能帮助教师根据一定程式设计课程，安排教学材料，指导课堂教学等。在课堂生态系统里，教学模式属于环境因子，对教与学活动产生重要影响。现代信息技术应用于大学英语教学以后，因为计算机网络等信息技术可以帮助学习者反复进行语言训练，尤其是听说训练，同时还能生动形象地提供大量真实的外语学习资料，包括音频和视频材料，所以基于计算机网络的建构式教学模式备受关注。但是，当前的大学英语课堂教学生态中仍然存在着教学模式与信息技术的失谐问题，主要有以下两点原因：

第一，在现代信息技术的语境下使用了传统的教学模式。有些学校认识到了计算机网络的教学优势，购置了先进的计算机，建立了漂亮的自主学习中心，创建了良好的网络学习环境，但是没有真正执行现代课堂生态所推崇的建构式教学模式，没有真正放手让学生在网络环境下自我计划、自我管控、自我探索、自我完成外语学习任务，而只是通过传统作业的形式让学生在自主学习中心通过计算机学习光盘版的教材，现代信息技术的生态功能没能充分发挥出来。这种做法只是新瓶装旧酒，没有实质的变化，在没有计算机、没有网络的前提下同样能够采用这种教学模式进行课堂教学。这种教学模式是虚假的信息化教学模式，自然不能与现代信息技术形成良好交互。

第二，在真正的信息化教学模式下，信息技术的优势因为某些原因而没能充分发挥。首先，学生网络学习的能力和自主性如果不够，就会严重影响教学模式与信息技术的良性互动，影响学习效果；其次，教师的教学方法如果不妥，没有给予适当的指导，没有合适的网上监控，没有恰当的课堂检查，没有必要的师生感情交互，则很难保证计算机网络学习的效率。还有一点就是，任何信息化教学模式都有一定的局限性。这是一个必须基于计算机才能完成的教学模式，也被绝大多数高校参照采用，但是这个教学模式并没有充分体现网络的作用，只考虑到了计算机自主学习与课堂教学的互补，没有考虑课堂教学与网络教学的衔接，结果将课堂教学与现代信息技术割裂开来，导致两者之间的交互中断。另外，该模式仍然带有很强的行为主义色彩，没有充分体现现代建构主义的学习观。

（6）教学内容与信息技术的失谐。在课堂生态系统里，教学内容就是系统要传输的主要信息，信息通过教材、网络多媒体等媒介，在教与学活动所赋予的能量的推动下，实现了在系统内各生态因子尤其是生态主体之间的流通，同时起到了连接系统内各生态因子的纽带作用。在这个过程中，教学内容就相当于要运送的货物，教师相当于发货人，学生相当于收货人，信息技术相当于拉货的卡车（教材就相当于拉货的板车），教学活动相当于货车的能源，网络相当于高速公路，这些因素共同作用，一起完成了货物运输的任务。在货物运输的过程中，货物最好不要减少，要是沿途能再增加点，收货人会更加高兴，要是连同货物一起，还能捎来货主的问候信，那送货人和收货人的感情会更加和谐。当前，信息化进程中的大学英语课堂生态依然存在教学内容与信息技术的失谐现象，主要体现为信息技术条件下教学内容的适切性不够。

传统的教材，在信息承载方面具有一定的局限性，而现代信息技术宛如高铁一般，其功能更加强大，能以更快的速度和更生动形象直观的方式，传输更多信息。因此，在信息化课堂生态中，教师应该根据信息技术的特点，适当调整所要传输的信息的量和类，适当布置网络自主学习的任务。但在实际教学中，有一部分教师仍然把教材作为唯一的知识来源，紧抱书本不放，把书本上的知识当作所有教学内容。殊不知，合理的教学内容应该来自师生对课程内容、教材内容、网络多媒体教学内容以及具体教学实际的综合加工。师生一方面需要合理地使用教材进行传授式教学；另一方面，师生可以对教材内容进行选择、取舍、加工，合理地组织教学过程。在各种教学活动中，要有意识地培养学生的自主学习能力和可持续发展能力，培养学生自我发现和自我判断的能力，培养学生发展学习策略、创造新知识的能力。但现实不容乐观，在当前的课堂教学中，有些教师依然没有能够充分发挥现代信息技术在信息传输和学生能力培养上的优势和作用，教学内容过于单一。

（7）教室布局与信息技术的失谐。教室布局是指教室的物理环境，包括灯光设计、座位布局、黑板位置、墙壁颜色等。这些因素和同属环境因素的信息技术之间同样具有相互作用和相互依赖的关系。例如，现在多媒体教室里基本都有投影机，当投影机将连通网络的电脑桌面内容投影到屏幕上时，首先需要幕布颜色的配合，然后需要教室灯光的配合，否则学生是看不清投影内容的。如果要播放网络上的一段视频，教室里还须配备音箱。可见，信息技术也需和教室布局保持和谐的交互，才能充分发挥其功能。

关于座位的安排、学生对座位的选择、学生选坐的位置等因素对学生课堂表现的影响，一度在 20 世纪 60—80 年代的西方形成了一股研究的热潮。当代生态外语课堂教学观认为，外语学习是一个学习者的知识和经验与外界环境互动的过程，在这个互动过程中，现代信息技术要与其他环境因子一起，为师生课堂活动提供便利。当前，外语教学非常重视丰富多彩的课堂活动，尤其是在口语教学中，教师经常会先利用现代信息技术播放一段视频，然后班级分组讨论。这时候，传统的教室座位布局就与现代信息技术之间形成了不和谐的状况，难以提供舒适的小组讨论环境，支持学生围绕视频内容自由讨论。当学生在自主学习中心通过网络学习时，比如说口语，就要考虑座位的布局是否合理，学生彼此间的练习是否会相互干扰。由于当前国内的座椅都按传统的纵横排列法排列，很少有教室能够根据需要将座位呈环形、马蹄形、矩形等变化排列，固定化的座椅不利于课堂开展信息化条件下的各种口语练习活动，影响了现代信息技术的功能发挥。

（8）教学管理与信息技术的失谐。教学管理指为了实现教学目标，按照教学规律和特点，对教学过程进行的全面管理。教学管理可以分为各种不同的层次，这里所说的教学管理主要指两个层次的管理：①对课堂教学中的教学进行管理，属于系统内部的管理；②对课堂教学的管理，属于系统外部对课堂生态系统的管理。在信息化大学英语课堂生态中，教学管理与信息技术的和谐互动应该表现为两个方面：①教学管理有助于信息技术在课堂生态系统中充分发挥其功能。②信息技术有助于提高教学管理工作的效率，两者属于互相促进的关系；相反，如果两者不能相互促进，甚至互相影响彼此功能的实现，则谓之失谐。

在大学英语教学信息化进程中，这种失谐现象确实存在，而且对改革形成了较大的阻力。首先，现行的教学管理还不能很好地推动信息技术在课堂教学中的广泛应用。以工作量计算为例，通过访谈获悉，很多高校至今没有出台如何承认网络教学工作量的相关管理办法，多年来，很多教师花在网络教学管理上的时间和精力没能得到合理承认，严重打击了教师参加信息化教学改革的积极性。对于学生而言，很多学校和教师没有及时制定关于学生网络学习的规章制度，包括上网学习的时间要求、纪律要求、奖惩措施，网络学习在评估中的比率，等等。还有一些学校有了制度，但执行力不够，最终导致有些学生的网络学习仅仅流于形式，没有取得预期的效果。其次，信息技术在教学管理方面的应用水平还有待提高。另外，英语教学管理是将现代管理的计划、组织、指挥、协调、控制五大要素科学地运用于英语教学，融会贯通于英语教学的各个环节中。但是目前，信息技术还没有全面涉入管理的各个环节，而是集中应用于大学英语学习系统之中。虽然在管理系统之中也有应用，但很多功能还不健全，影响了教师使用的积极性。

（9）教学评估与信息技术的失谐。教学评估是大学英语课堂教学的一个重要环节，科学、合理、有效的评估能够为师生提供大量的反馈信息，帮助师生及时调整教与学的行为。基于信息化的大学英语课堂生态为多元评价创造了良好的条件，但在现实教学中，很多学校都未能利用现代信息技术的牵引构建多元评价体系，因此出现了现代信息技术的运用与单一的传统评价方式之间的失谐。

计算机网络等现代信息技术能够解决传统语境中一些解决不了的问题，尤其是学习的过程性记录问题。在传统的课堂教学中，教师对学生学习的过程性记录主要是对学生出勤情况和作业完成情况的登记，这些信息的登记涉及较大的工作量，所以有些责任心不强的教师干脆免除了自己的这份辛劳，不再登记了，导致大学英语教学过程中对学生的形成性评价未能得到足够重视，学生在学习过程中的表现不能得到全面准确的反映。如今，现代信息技术能够轻松自如地解决这些问题，对学生网络学习的过程性情况，网络软件可以全程自动记录下来，浏览了哪些网页，停留了多长时间，答题的准确率，等等。教师只要调看这些数据，就能轻松得到很多有价值的反馈信息，就能及时调整教学设计和合理指导学生。学生也可以利用网络评估平台对教师、同学甚至自己进行评估，这样就形成了多元评价机制。令人遗憾的是，很多学校虽然建立了学生评教机制，但利用信息技术开展学生自评和互评的学校尚不多见。仅就教师对学生的评估来说，由于有些教学系统设计还不够完善，以及教师固有习惯的惯性作用，各个学校真正开展形成性评价的情况也各不相同，部分学校和教师依然以终结性评价为主，这与现代信息技术的强大功能形成了反差，在大学英语课堂生态中构成了一组失谐的关系。

3. 系统内部营养结构的失衡

从营养结构的视角看，在传统的课堂生态中，教师是课堂生态系统里的生产者，其主要职责是将来自外部世界的能量和信息进行转换、消化和吸收，并结合自身的经历和智力生产和创造知识，再通过作为信息载体的教材和讲授式课堂教学活动，把这些知识传授给学生。学生是课堂生态系统中的消费者和分解者，他们消化知识、吸收知识并将知识转化为新的智能服务于社会。在能量和信息的流通过程中，课堂生态环境一直发挥着重要作用。随着现代信息技术在英语教学中的广泛应用，教师和教材并不是学生获取知识的唯一渠道，在现代课堂生态中，计算机网络多媒体等技术环境不但构建了一条信息快速运输通道，而且本身还自带了大量的信息，成为学生学习的又一个重要知识来源。由于现代课堂重视生态系统中的多元交互，在教师与学生、教帅与教师、学生与学生的交互中，教师也可能成为知识的消费者，学生也可以成为知识的生产者。从这个意义上讲，现代生态课堂中的师生都身兼三职：生产者、消费者和分解者。

在大学英语教学信息化进程中，系统内部营养结构的失衡首先表现为部分师生的生态角色异位，具体而言，就是有些教师作为课堂主讲者的传统生态角色没有弱化，作为消费者和分解者的生态角色没有得到加强，教师的自身成长长期被忽视，从长远角度而言，这对学生和教师两种生态主体都会产生消极影响。信息化进程中，系统内部营养结构的失衡其次表现为输入与输出的失调：

（1）输入与输出的方式失调。在现实教学中“单条单向高速公路”和生态课堂要求的“多条双向高速公路”就是方式上的失调之一，方式上的失调之二是教学媒体的泛化。在课堂教学中，一些教师在使用多媒体等技术时，没有从服务于内容需要的角度出发，一些本不需要使用现代教学媒体的教学内容也使用了媒体，大量快速直观的音像剥夺了学生思考的时间和想象的空间，不利于知识的建构和能力的培养。实际上，教学媒体的选择与使用并不能随性为之，更不是多多益善。

（2）输入与输出的内容失调。在当前的大学英语课堂中，尤其是在一些普通高校的英语课堂上，教学内容异化为考试内容。教师仍然坚持以考试为指挥棒，一切以考试尤其是以大学英语四级考试为中心，课堂教学常常演化为模拟试卷的讲解和考试技巧的介绍。对学生而言，每天输入的就是死记硬背的单词和语法等，没有大量的语言实践活动，导致英语实际应用能力很不乐观。从语言技能上看，内容上的失调还体现在对输入性技能的投入明显高于对输出性技能的培养。从知识和情感来看，当前课堂中知识的输入远比情感的输入更受关注，但后者却深深地影响着师生关系、学生的学习动机和态度、课堂教学气氛等重要因素。

（二）大学英语课堂生态在功能上的失调

凡是系统皆有功能，系统就是由一些元素通过相互作用、相互关联、相互制约而组成的具有一定功能的整体。结合课堂生态的性能和生态课堂的特征，从系统对内部结构、内部关系、系统整体以及外部环境（社会）所产生的作用，归纳出四大功能，即优化结构的功能、调谐关系的功能、促进演化的功能和生态育人的教师现有的进修提高机会仍不能满足他们的实际需求。

1. 结构优化功能的衰减

系统不同于集合，集合只是一些分散的人或物聚集到一起，系统却是一些元素聚合到一起之后，各个元素之间产生相互作用、相互关联、相互制约的关系。正是这些元素间的相互作用力，牵引着各个元素不断进行自我调适，最终使各个元素达到一定的质和量，与其他系统组分和谐共处，使整个系统进入一种相对稳定、相对平衡的状态。在自然界中，各种生态系统都具有这种自组织能力，最终牵引着系统达到自然平衡的状态，但整个过程会非常缓慢。在社会生态系统中，因为生态主体具有很强的能动性，一般会使系统较快地调整到平衡态，反之，则证明系统的结构优化功能明显减弱。

信息化进程中的大学英语课堂生态出现了结构优化功能的减弱，这可以通过对系统结构的观察予以论证。信息化改革之前的大学英语课堂生态处于相对平衡的状态，对这种平衡态产生巨大扰动作用的，就是现代信息技术在外语教学中的大量使用。现代信息技术迅速演化为课堂环境因子中的主导因子，其产生的扰动作用超出了系统本身的自组织和自修复能力，其产生的作用力牵引着其他课堂生态主体和课堂环境因子进行自我调节自我改变。系统内各组分的构成比重仍然处于失谐状态，从系统动荡过程的时间跨度以及系统现在的结构状态加以判断，系统的结构优化功能减弱了，难以自行修复系统内的平衡。

2. 演化促进功能的减弱

系统的结构优化功能、关系协调功能和演化促进功能是相辅相成的，只有结构上得到优化，各种关系才会协调，系统才能完成逐渐的演化。从这个角度讲，结构优化和关系协调是系统演化的前提。从营养结构来说，系统的优化依赖于系统的三大营养功能：从营养结构看，生态系统具有物质循环、能量流动和信息交换三大功能。课堂生态系统作为一个微观生态系统，也同样具有以上三大营养功能。系统内交换的信息就是知识，系统内流动的能量就是师生通过教学活动所输入的能量，系统内循环的物质可以理解为信息交换过程中带来的智能流以及外部环境输入系统的物质，如教学装备等。

在现代信息技术的强力介入以后，大学英语课堂生态系统被迅速地带离到一个远离平衡区，如果系统通过自身的作用在这个区域重新建立平衡，就形成了耗散结构，系统也完成了一次演化。但是正如前文所分析的那样，经过多年的运行，大学英语课堂生态系统依然存在结构上和关系上的失谐，系统不具备达成平衡的前提条件，难以完成系统的演化。从系统的营养功能来分析，系统内各种关系的失谐影响了师生之间的交互，交互的减少导致输入系统的能量减少，系统内部难以产生足够的驱动力，带动由外部环境输入的大量物质流（如计算机网络等教学设施）在系统内同步流转，所以系统依然处于工作平衡态。要想加快系统的演化，就必须解决好系统的动力问题。

3. 关系调谐功能的减弱

大学英语课堂生态系统的关系调谐功能减弱，可以在目前课堂生态内部出现的各组失谐关系或各组矛盾中得到印证。以现代信息技术为立足点，描述了九组系统内各生态因子之间的失谐状况。换一个立足点，这些失谐关系也可描述为：①传统观点与改革理念上的失谐。有不少教师、学生和管理工作者坚持原有的教学观、学习观和价值观，不愿接受新的教学理念，如任务型教学、交互式教学、研究性学习等，导致了各种矛盾的出现，包括教师对学生、学生对教师、教师对课堂环境、学生对课堂环境等的不满。改革初期就曾出现学生对教师进行评估的结果集体下滑的局面，分析原因发现，学生对教师的很多做法不予认同，对改革初期的混乱局面难以容忍。②改革的大力度与现实能力之间的失谐。这次大学英语信息化教学改革决心大、力度大、面积广，对课堂生态主体提出了很高的信息素养要求，而现实中的部分教师和学生因为各种原因，信息素养不够，导致理想与现实之间出现很多矛盾，如学生的自主性与要求之间有很大的差距，教师的信息素养和积极性与要求之间有很大的差距，网络教学系统的设计与理想状态之间存在差距，教材的编写方式、内容选择与呈现方式与理想之间存在差距，教学管理的烦琐与原先的期待之间出现落差等。③输入与输出的失谐。对于教学系统来说，通过设备、软件的购置而输入系统的人力、物力和财力似乎与改革的成效不成比例。对于学生来说，通过课堂和网络系统的英语语言输入和学生实际能力的提高不成正比，过程中间存在大量能力的损耗，如学习各种教学系统和教学规章的时间投入，往返机房开机关机的时间损耗，等等。

需要说明的是，这些复杂的失谐关系并不是同时出现的，也不是同时发生在一个学校或一个课堂生态里，这些问题可能对某些学校来说已经是昨天的问题，但是对另外一些学校而言，可能是正在发生的问题。目前，这些关系仍然没有通过系统自身的纠偏功能予以修复，证明系统调谐关系的能力在失衡状态下严重减弱。

4. 生态育人功能发挥不够

作为一个生态系统，其最根本的功能应该是提升系统的生产力。对于课堂教学生态来说，其根本功能就是培育人才；对于大学英语课堂生态而言，其根本功能就是培育英语人才，包括英语师资的自身发展。基于信息化的大学英语教学改革，旨在建立一个信息化的生态英语课堂，最终培养出具有较强实际语言应用能力尤其是听说能力的英语人才。近年来，大学英语教学改革起到了重要的作用，但是课堂生态的育人功能还没有得到充分的发挥，证明系统还未演化到一个新的平衡状态。

综上所述，外语课堂生态的育人功能还没有得到充分体现，教学效果离社会的期待和学生自己的目标还有差距。这需要我们认真研究，找出课堂生态中的限制因子，采取适当的应对策略；找出生态和科学的育人方法，达到生态育人的目的。

二、大学英语课堂生态的失衡对策

（1）去除应试模式。去除应试模式方面是说淡化四、六级等英语考试的重要性。在当前情况下，许多学校和公司都把这当成一个硬性条件，这样就在一定程度上加重了这种考试的影响。想要真正构建一个平衡的大学英语课堂生态体系，我们应该更加注重在教学上的质量，这个当然需要教师和学生以及全社会的共同努力。对于教师来说，需要认识到学习英语的主要目的是用来交流。从这个方面出发来着手教学改革，进一步提高学生的兴趣。

（2）对教师角色准确定位。从教育生态学的角度来说，大学英语课堂生态体系不仅仅是一种单向的教学关系。教师们应该从绝对话语权的拥有者转变为一个学习的引导者，首先要找到自己的准确定位，也即是说教师应该把自己定位在一个教育者的层面上，不仅教学生知识，还要教学生信念等。再者，教师将自己看成是学生学习的引导者，积极引导学生参与到教学活动中，从而激发学生的兴趣。最后，教师还可以是学生的朋友，这样与学生能够进行更好的交流。

（3）丰富教学模式。对于上文提到的由于我们国家高校不断进行扩招导致学生人数激增的问题，以及对于学生人数与教学资源不对等的问题，我们需要从几个方面来进行着手解决。首先，学校可以尽量从根本上解决教学环境，争取达到小班教学的标准；其次，英语教师可以不断丰富教学模式，比如说分组讨论、角色扮演等方法来进一步提高学生的学习兴趣，同时这样可以很好地将学生分流，从而解决学生人数过多的问题；最后，可以开展选修课，每个学生根据自身的情况来进行相应的选择，进一步加强学生的学习兴趣。

第三章 大学英语生态课堂与生态教学的构建策略

第一节 大学英语生态课堂的本质与特征

一、大学英语生态课堂的本质分析

教育要以人为本，大学英语生态课堂同样要关注人的生命的发展。人的生命发展是多方面的，先是学生的个体发展。学生个体的发展主要表现为个体身心的和谐发展、保持有探究的好奇心、求知的欲望、增强在不同的环境中发现问题、解决问题的能力、与他人合作、交流的能力，以及对国家、社会、民族的责任感。学生个体的发展还包括批判性思维能力和创新能力的发展。但是，学生个体的发展不应以牺牲其他个体的发展作为某些个体发展的条件，因为教育要面向全体学生，要兼顾不同层次的学生生存能力的发展。因此，学生个体的发展是全体学生发展的前提，而全体学生的发展和可持续发展则是教育始终追求的目标，这一目标贯穿着教育对学生生命成长的关怀。因此，大学英语生态课堂的本质就是学生生命的成长过程，学生通过生态课堂吸取自身生命成长所需要的营养，同时又以物质、能量与信息交换的方式反哺生态课堂，为他人生命的成长创造条件。大学英语生态课堂这种物质、能量与信息交换的良性循环，为学生生命的成长和可持续发展提供了良好的生态坏境。因此，学生个体的发展、全体学生的发展和可持续发展是大学英语生态课堂关注的永恒主题。

二、大学英语生态课堂的特征表现

生态课堂是一个由教师、学生、教学内容、教学环境、教学方法等因子构成的一个小环境。在这个小环境中，作为生态主体的教师发挥着主导作用，而作为生态主体的学生发挥着主体作用。生态主体（师生、学生）之间、生态主体和其他环境因子之间相互联系、相互作用，使大学英语课堂形成一个不可分割的有机生态整体，共同完成大学英语教书育人的生态功能。大学英语生态课堂的基本特征主要表现在以下方面：

（一）整体性特征

所谓整体性，就是把大学英语课堂看作一个小环境，关注生态课堂的每一个因子及它们之间的相互联系和相互作用，最大限度地优化各种因子的生态位，减少限制因子的数量，降低限制因子的副作用，使大学英语课堂的生态功能得到充分发挥。根据生态学的整体观，大学英语课堂生态中的任何一个因子发生变化，都会引起连锁反应，继而打破课堂原有的生态平衡，破坏课堂的有序发展。例如，随着时代的发展，学生对语言除了有工具性方面的要求以外，尤其关注语言的人文性，因此，大学英语教学理应与时俱进，充分挖掘教学内容所蕴含的人文性信息，满足学生人文发展的要求。如果仍然停留在语言的工具性层面，势必妨碍学生的学习积极性，削弱大学英语教学教书育人的生态功能。

（二）多样性特征

所谓多样性，是指生态课堂因子的多样性，这些因子包括教师、学生、教学内容、教学环境、教学方法等。其次是指每个因子本身特征的多样性，例如，作为课堂生态主体的学生具有不同的性别、年龄、学习动机、学习策略、学习风格和自我效能感。多样性既是大学英语生态课堂的内在规定性，同时也是各个因子的内在规定性。大学英语课堂教学应遵循这些因子的内在规定性，不以强制的外在力量去约束学生，而是从学生生命成长的实际需求出发，通过精心的教学设计和合理的资源配置，因材施教，从而使每一个学生在生态课堂上绽放异彩。

（三）共生性特征

所谓共生性，是指大学英语生态课堂主体之间的相互联系和相互作用，共同生长。作为大学英语生态课堂主体的教师和学生，其共生性主要表现在三个方面：一是互利共生关系，即因子之间的相互联系和相互作用是积极的，能够促进彼此的生长，例如师生之间教学相长的关系以及学生之间的互助合作关系。二是偏利共生关系，即生态主体之间的相互作用只是对其中的一方有利，而对另一方没有任何影响。传统的以教师讲授为主的课堂最容易滋生偏利共生关系。三是无关共生关系，即生态主体之间的相互作用于彼此既没有好处，也没有坏处，产生这一现象的主要原因是师生之间、学生之间缺乏物质、信息与能量的交换。由于互利共生关系能够有效降低生态课堂的内耗，提高教学效率，因而备受大学英语生态课堂的青睐。

（四）开放性特征

所谓开放性，是指生态课堂及其因子不是封闭的和一成不变的，而是在不断地与外界进行物质、能量与信息的交换，探索适合自身发展的生态位。首先，外语教学需要打破课堂教学时空的局限性，把课堂延伸到社会，引导学生走出教室小课堂，走进社会大课堂，强化课内学习与课外运用的关联，注重课堂教学与外界社会的互动；其次，教学目标、教学内容、教学方法等因子也要与时俱进，只有这样才能满足学生生命成长的需求。长期以来，大学英语教学一味地强调语言的工具性功能，忽视了语言的人文性功能，致使大学英语教学裹足不前。新的课程教学要求对语言的工具性和人文性并重，在强调学生语言能力发展的同时，也强调学生人文素养的培养。可见，生态课堂的开放性给大学英语教学注入了新的活力。

（五）动态平衡性特征

所谓动态平衡性，是指大学英语生态课堂沿着平衡—不平衡—平衡的轨迹发展。动态平衡性是教育生态学的核心思想，也是大学英语生态课堂的核心理念。根据生态课堂的动态平衡性，大学英语生态课堂的平衡只是暂时的，随着因子之间的相互作用和此消彼长，生态课堂原有的平衡必然被打破，而一旦这种平衡被打破，就需要建立新的平衡。比如，当学生的语言输入达到一定的量以后就产生了语言输出的要求，那么教学活动也应该顺应这一要求。换言之，语言输入阶段的平衡被打破了，就需要在语言输出阶段建立新的平衡。这一过程实际上是一个由量变到质变的过程，也正是在这一过程中，学生的语言能力和人文素养得到提高，学生的生命得到发展。这种平衡—不平衡—平衡的发展过程也就是学生生命发展过程的真实写照。

生态课堂的本质是学生生命的成长过程，而学生生命的成长需要一个健康和谐的生态环境。大学英语生态课堂以学生生命的成长为出发点，积极协调生态课堂各因子之间的关系，努力营造一种互利共生的教学环境。生态课堂不再是一种封闭式的课堂教学，而是根据学生实际需要、教学目标、教学内容、教学方法，合理配置教学资源，最大限度地优化各个因子的生态位，使生态课堂这一环境的教书育人功能得以充分发挥。

第二节　大学英语中西方思维对比教学模式

思维方式是沟通文化与语言的桥梁。思维方式的差异本质上是文化差异的表现。长久生活在不同区域的人，具有不同的文化特征，因而也形成了不同的思维方式。从地理和文化的角度看，全世界可以分为东方和西方两大区域，东方以中国为代表，西方古代以希腊、罗马为代表，近代以西欧和北美为代表。东方和西方拥有不同的地理环境、生活方式、生产方式、行为方式、交往方式、历史背景、政治制度、经济制度、风俗习惯、语言文字以及不同的哲学观、伦理观、价值观、审美观、时空观、心理特征、表达方式等。从总体上看，东方和西方的思维方式具有不同的特征，如东方人偏重人文，注重伦理、道德，西方人偏重自然，注重科学、技术；东方人重悟性、直觉、意向，西方人重理性、逻辑、实证；东方人好静、内向、守旧，西方人好动、外向、开放；东方人求同、求稳，重和谐，西方人求异、求变，重竞争；等等。

一、中西方思维方式的对比

思维方式是一个复杂的系统，根据不同的角度、标准、特点和理解，思维方式可以分为不同的类型。下面将从四个方面对比中西方思维方式及语言结构特点。

（一）综合与分析方式

综合思维是指思想上将对象的各个部分联合为整体，将它的各种属性、方面、联系等结合起来；分析思维是指在思想上将一个完整的对象分解为各个组成部分，或者将它的各种属性、方面、联系等区分开来。中国人偏好综合，导致思维上整体优先，而英美人偏好分析，导致思维上部分优先的特点。

汉民族习惯于整体思维，这在汉语的形式上得到了充分的反映。在表达时间、地理位置、介绍人物身份等时，汉语常常先整体后局部，以从大到小的顺序排列。而具有解析式思维的英美民族的思维程序是从小到大，从局部到整体。例如，在时间方式的表达上，中国人是年—月—日—时—分—秒，而英美人特别是英国人恰恰相反，是秒—分—时—日—月—年。在写地址时，中国人是国家—省—市—区—路或街—门牌号码，而英美人则正好相反，门牌号码—路或街—区—市—州—邮政编码-国家。在社会关系的属性上，中国人的顺序是姓-名，如果有职务，顺序是姓—名—职务，而且，在交际中，为了提高对方的地位，如果职务是副职的话，还习惯上把“副”字省去。而英美人是名-姓，如果有职务，应该明确是正职，还是副职，不可模糊，正职的顺序是职务-姓-名。

（二）直觉与逻辑方式

中国传统思维注重实践经验，注重整体思考，因而借助直觉体悟，即通过静观、体感、灵感、顿悟的知觉，从总体上模糊而直接地把握认识对象的内在本质和规律。西方传统思维注重科学、理性、分析、实证，因而必然借助逻辑，在论证、推演中认识事物的本质和规律。例如：

原文：The isolation of the rural world because of distance and the lack of transport facilities is compounded by the paucity of information media.

译文：因为距离遥远，交通工具缺乏，农村与外界隔绝。这种隔绝又由于通信工具的不足而变得更加严重。

比较这两个句子，英文句中只有一个主语和一个谓语动词，其他都用名词和介词的形式将句子连成一体；而汉语句采用了数个动词按照事理推移的顺序，一件件事交代清楚。可见，英汉两种语言在句式结构上的最大区别在于英语重形合而汉语重意合，即英语句子以主谓结构为主干，控制句内各成分之间的关系，其他动词只能采用非限定形式，表示其与谓语动词的区别。英语句子虽然看起来烦琐累赘，但实际上则是通过严整的结构表达出一种中心明确、层次清楚的逻辑意念。而汉语句子主要是连动句和流水句，不是突出以说明主语的谓语动词为中心，而是按时间先后顺序的客观事理的推移。

（三）具象与抽象方式

从思维的结构分析，整体思维似乎偏爱具象的思维模式，即人们可能以经验为基础，通过由此及彼的类别联系，沟通人与人、人与物、人与社会，达到协同效应。而抽象思维是运用概念进行判断、推理和思维活动。从总体上看，传统中国文化思维具有较强的具象性，而西方文化具有较强的抽象性。

体现在语言上，汉语用词倾向以实的形式表达虚的概念，以具体的形象表达抽象的内容。例如：In line with latest trends in fashion，a few dress designers have been sacrificing elegance to audacity. 译文：有些服装设计师为了赶时髦，舍弃了优雅别致的式样，而一味追求袒胸露体的奇装异服。抽象名词 elegance 和 audacity，对于习惯抽象思维的英美读者来说，词义明确、措辞简练，但对于习惯于具体思维的中国读者来说，则必须将这些抽象名词所表达的抽象概念具体化，才符合汉语读者的思维习惯和汉语遣词造句的行文习惯。

而英语用词倾向于虚，大量使用抽象名词和介词。尤其在现代英语中，出现了介词代替动词、形容词，甚至是一些语法结构的现象，如要表达“这本书太难，我看不懂”，“The book is above/beyond me.” 比 “The book is too difficult for me to read.” 显得更简练、生动。

（四）归纳与演绎方式

由于受“关系”取向的影响，中国人在说话、写文章的时候往往把思想发出去还要收拢回来，落到原来的起点上，这就使话语或语篇结构呈圆形，或呈聚集式。在谈论某个问题时，我们不是采取直线式或直接切题的做法，总是一个由次要到主要、由背景到任务、从相关信息到话题的发展过程，往往把诸如对别人的要求和意见以及自己的看法等主要内容或关键问题保留到最后或含而不露，这是一种逐步达到高潮式。而演绎法不仅成为西方学者构建理论体系的一种手段，而且成了西方人比较习惯的一种思维方法。他们谈话、写文章习惯开门见山，把话题放在最前面，以引起听话人或读者的重视。

二、中西方思维方式对英语教学的重要启示

中西方人格既有冲突的一面，又有融合的一面。对于我们来说，认识思维的差异还不是最终的研究目的，寻找中西方文化思维的中介点，寻找整个人类范围的文化思维融合点，这才是最有意义的事情。作为外语教师，可以从以下方面进行探讨：

（一）中西方思维方式融合的优点

中西方思维方式的不同特征，如东方呈综合、直觉、具象、归纳式思维，西方呈分析、逻辑、抽象、演绎式思维，这只是总体性的比较，是相对的结论。换言之，对前者而言，中国人处于较强的状况，西方人处于较弱的状况；对后者而言，西方人处于较强的状况，中国人处于较弱的状况。强弱是相对的概念，不是有无的问题。因此，中国人和西方人的思维并不是水火不相容的，而是一开始就有共同的东西。在春秋战国时期，诸子百家中的墨子就有关于形式逻辑的一些初步论述；西方人在论述中也用比喻，也用历史典故。但我们应该知道中国传统思维的利弊，善于取西方思维之长，补中方思维之短。中国人在思维方式上的完善与进步，不仅有利于“跨文化人格”的发展，而且能促进中国文化的更加繁荣和辉煌。

（二）英语教学中创造的条件与机会

在课程设置方面，除了加大语言课程中文化内容的导入，学校可以考虑增设一些较为系统的文化、哲学、史学选修课程。在有条件的情况下，本科低年级可以考虑开设一些偏重交际文化、与语言教学密切结合的选修课，如“英语文化交际风俗”“英语与英美文化”“商务英语与文化”“商务礼仪”“外事接待英语”等社会文化课程。本科高年级可以开设以介绍知识性文化为主的选修课，如“世界文化”“欧美文化”“世界文学”“英美文学”等。另外，学校应增设国别概况和历史课程，如“英国历史”“英国概况”“美国历史”“美国概况”“希腊罗马神话”“欧洲文化入门”等。对外语专业的学生，学校应鼓励他们多选修一些按照西方思维方法编成的跨学科课程，这样有助于学生克服自己思维方式

中逻辑分析思维的不足。

英语教学不应只停留在语言的表层形式上，而是要清楚影响语言的各种文化因素是如何作用于语言结构的。因此，在传授语言知识和技能的同时，我们应该努力挖掘语言中隐含的价值意义和语言规定的思维角度；注重知识文化特别是价值观念系统的介绍，用语言文化的深层理解来解释许多表层现象；把握一个民族的总的思维方式和价值观念，就可以更深刻地理解人们的行为，而不仅仅是机械地去模仿这些行为。同时，这一层面的学习也会帮助学习者对文化信息进行高层次的加工和整合，在增加文化知识的同时提高文化素养和完善人格。

在教学英汉、汉英翻译时，教师应引导学生注意思维方式的转换过程，即按译出语思维方式组织的句子转化为用译入语思维方式组成的句子，打破原句结构，按照造句规律重新组合安排。

在阅读课的教学中，教师应先让学生只看题目，不看内容，让他们设想如果自己写这个题目该如何写，然后再阅读课文，看作者的处理与自己在思维方式、语篇结构以及修饰手法上有何差别，在讲内容时，教师应多采用启发提问式的讲课方式，不仅提出微观的、句子层面的问题，还要提出宏观的、有关篇章的问题，如作者的写作意图、反映的立场、素材的来源和可信度、篇章结构和语言特点等。不仅要讨论结论，更要讨论思维过程。

另外，在教学过程中，教师要创造轻松愉快的气氛，运用情景对话、角色模仿、案例研究、讨论等形式，有效地激发学生主动参与、主动探索、主动思考、主动实践的积极性，养成从多重视角，尤其善于站在对方立场上来观察、思考、分析问题的习惯。

第三节　大学英语生态课堂的优化探索

一、大学英语生态课堂优化的必要性

生态课堂是以生态学的视野关注课堂中的每一个生态因子，这些因子相互依赖、和谐共生形成教学氛围，具有整体性、协变性、共生性和动态平衡性等四方面的特点。然而，目前我国大学英语课堂普遍存在以下生态问题：

（1）课堂教学环境恒定不变。在大学英语教学中，教师也像其他课程教师一样，一般都安排在教室上课，教室及其环境鲜有变动，教室内行列式的座位编排形式过分突出教师的主导地位，学生的主体角色被弱化，双向交流难以开展，不利于调动其参与课堂活动的积极性。听说课教师基本坐在控制台前，与学生保持较远的物理距离，不利于缩短师生间

的心理距离。课堂环境的恒定不变对学生不能形成有效的心理应激，产生不了高昂的情绪、情感体验，很难形成强烈共鸣和教学高潮，这也是不少学生学习效率较低的主要原因。据调查，大多数学生并不是对英语课不感兴趣，很多学生非常喜欢上外教上的英语课，究其原因，外教上课的教学环境就相对多样化，带学生在室外上课，创设英语角和 office hour 等教学环境。

（2）教师作为单一的信息流来源的现象日益凸显。传统的课堂一般是教师讲学生听，因此只存在教师到学生的信息流，这种信息流是单向的，信息的反馈只能通过作业或考试的方式得出，学生只是被动地接受知识。在课堂生态系统中，作为生态主体之一的教师成了知识的唯一来源，生态风险是不言而喻的。虽然在大学英语教学改革中，针对信息流问题也进行了 ·些改革，比如教师会设置 prcscntation 环节，让学生课后准备一些资料，到课堂进行阐述，但由于学生的态度或表达原因，而且缺乏有效的监控，因此效果不佳。教师单一的信息流来源现象突出。

（3）评价机制单一且不科学。传统的英语教学评价主要采用一个学期一张试卷认定学生英语水平的评价方式，这无疑已经不能适应大学英语教学发展的需要。在轰轰烈烈的教学改革中，评价机制也不同程度上进行了改革，开始采用形成性评价和终结性评价相结合的方式，但是在形成性评价体系建构上还存在很大问题，比如课堂评价只是从学生到课率和作业方面进行评价，标准也存在不统一和不科学性。另外，大学英语四级考试通过率仍然是衡量教师教学效果的主要指标，教师只能为四级考试通过率而教。学生为了通过考试，把整个学习过程变成了记忆四级考试词汇的枯燥过程，而且虽然识记了很多单词，却不会使用，或者一用就错。而实际上，许多通过了四级考试的学生，同样不具备有效的英语交际能力。

由此可见，传统的大学英语教学已经不能适应当今社会迅速发展的需求，不能为社会培养高素质的具有较强的英语综合运用能力的人才。这就要求我们转变传统的教学模式，而要实现这种转变，引入生态化教育理念是行之有效的方法。

二、教育生态视阈下大学英语课堂的优化

无论是教师面授课堂还是自主式学习课堂，在教学生态视阈中，它们均具有生态性，是教育生态系统中的一种微观生态环境，它由课堂生态主体的教师、学生和客体性课堂三种生态因子所构成。它们在合作与共生中使课堂生态形成一个有机的、不可分割的生态共同体。如果一个因素被破坏，就会引起连锁反应，导致生态失衡。所以优化大学英语课堂，各生态因子的优化都需要考虑在内。

（1）课堂教学环境的优化。针对语言类课程的课堂教学，关于课堂教学环境的优化，

应向国外大学学习，采用可任意组合的移动式桌椅，根据不同教学活动情境编排不同座位。如讲解主要语言点知识时，座位编排可采取行列式，而组织讨论或辩论时可采用圆形、椭圆形或马蹄形排列，这种灵活多变的座位编排形式非常适合英语教学的特点。同时，不能仅仅拘泥于狭隘的面授的课堂教学，要把课堂教学环境扩大和延伸，建立新型的自主学习课堂，课堂环境优化的空间就无限了。

（2）教师角色和行为的正确定位。生态学理念的“课堂生态”就是在动态的、可持续发展的生态学教学理念下，变革教师的传统教学观念与教学行为。在生态化课堂教学中，教师已不再是权威者、控制者，而是引导者、咨询者、合作者、协调者、激发者。课堂教学由教师一言堂转为交往互动式课堂，从生态学角度讲，只有让学生在课堂学习中产生极大的满足感，才符合人的自然属性。要实现这一转变，就要求教师在课堂教学中实现角色的转换，充分调动学生的主观能动性和参与积极性，使学生愿意说、愿意参与。

（3）优化学生与学生之间的关系——竞争与合作并存。植物界中的“共生效应”认为，某种植物单独生长时有可能会枯萎死亡，而与另一种植物一起生长，则两者都会生机勃勃。运用到大学英语教学中，说明了合作学习的巨大威力。基于合作学习的大学英语课堂能够有效改善课堂内的社会心理气氛，鼓励小组内部各个成员的积极参与，提高班内各小组间的竞争意识。同时，合作学习能够顾及学生的认知和情感需要，增强组内成员间的合作意识，变被动的心理压力为个体参与的积极性，促进学生形成良好的非认知品质等。合作学习是一种非常有效的教学方法，能够促进学生学习成绩的提高，培养学生对学习的兴趣，同时对社会交往能力的发展也有积极作用。新型的大学英语课堂强调生生合作，同学之间通过合作探究，在交流、合作、探究中完成信息的传递和知识的构建。

（4）激活第二自主学习课堂。生态化教学强调主体参与性，这就要求学生要从根本上转变学习方式，要创设自主学习的氛围，激活第二自主学习课堂。英语第二课堂是面授课堂的有效延伸，使第二课堂活动服务于面授课堂教学，并将其纳入课程评估。随着面授课堂学时数的不断减少，将第二自主学习课堂和面授课堂有效结合的大教育观，应该是中国外语教学改革的方向。

（5）评价机制的优化。实行过程性评价和终结性评价相结合，突出发展性评价的教学评价弹性制，坚持非标准化的评价理念，注重各个环节的有效评价，坚持真实的过程性评价，评价要因人而异，促进个性充分发展，要允许打破常规，营造创新人才成长的环境和执行，帮助创新人才脱颖而出，真正实现评价服务于课堂教学的功能。

教育生态学作为一门新兴的边缘学科，为大学英语课堂教学的研究提供了一种崭新的思维方式。从生态学的角度看，只有以生命存在的自然状态和自然的方法去学习才能取得最佳效果。让课堂回归自然，构建一个开放的、民主的、健康和谐的课堂生态系统，才能使学生真正提高英语的实际运用能力，达到大学英语教学的最终目标。

第四节 大学英语生态教学模式的构建策略

教学模式是教师为实现特定的教学目标，依据教育教学规律，合力创造有利教学环境，提高学生学习效率和促进学生学习效果所采用的教学范型或教学过程。有时，为完成教学任务，广大教师在教育教学实践中依据教学理论所揭示的教学规律，通过教学系统设计，选择、创造和运用行之有效的教学模式，促进教学改革。英语生态教学模式就是针对我国英语教学的特殊活动设计的有效教学范型。任何教学模式的运行都离不开必要的实现条件，英语生态教学模式实现条件是指能使教学模式发挥效力的各种条件及其生态要素。大学英语生态教学模式的实现条件主要包括：英语教师、学生主体、英语语言、教学环境以及实现条件间的互动关系。

一、大学英语生态教学模式——英语教师

教师是教学实践的教授主体，是教学的实施者，教学活动的设计者、领导者和组织者。教师也是教学活动的原动力。作为认识活动的教学，教师把认识主体（学生）和认识对象（教学内容）联系起来，起着桥梁和中介作用。在教学中，教师要善于引导学生在生态化语言学习环境下选用适合自身的学习方式探索新知识，解决新问题，使生态化语言学习走向深入，收到实效。学生是教学活动的主体，教师教学的重点应是引导学生学会学习，引导的内容不仅包括学习方法和思维转向，同时也包括价值取向和人生观的形成；引导主要表现为对学生语言学习的启迪和激励。对学生的自主学习，教师应做如下引导：引导学生自主提出问题和解决问题；引导学生自主选择学习方式；引导学生自主选择学习目标；引导学生自主进行过程调控。总之，在英语生态教学模式中，作为有机组成部分之一的教师具有相当重要的作用，要实现生态化英语语言教学模式的转向，教师应该对自身语言知识文化观、教学角色意识和教学方式进行根本性的转变，以适应生态化英语语言教学的需要。

（一）教师语言知识文化观的转变

语言知识文化观是语言学和语言哲学的一个命题，语言知识文化观对形成正确的外语教学观有相当重要的作用，而语言观尤为重要，因此语言知识文化观通常被理解为语言观。语言观主要指人们对语言本质的根本看法，即回答“语言是什么”这一语言最基本的

问题。通常而言，教师的语言观对英语教学主要有以下三个方面的影响：

第一，语言观对教师外语课堂教学过程及组织具有较大的影响，其影响主要包括教学过程涉及的诸多问题，如教学大纲的设计、学生的学习反馈、课堂教学的组织等方面。当然，语言学知识不一定会被所有教师直接运用到英语教学中，或者教师掌握了一定的语言学知识就能为我们解决语言教学中遇到的所有问题。有效的解决语言教学的办法往往会来自相互联系但又不同的参照构架之间的交互作用。从表面看，教育学、心理学、语言学、英语教学等学科与课堂教学中遇到的具体问题的解决似乎没有必然的联系，甚至表面上还相互矛盾：事实上，这些学科成果是教师教学任务完成的基本前提。这些成果包括：英语学习和第二语言学习之间的异同；语法特征习得的顺序（即所谓自然顺序假设）；态度、动机等心理因素与第二语言能力水平之间的关系：英语学习是否有语言习得关键期以及关键期对二语习得到底有多大的作用；“学习”和“习得”之间是否存在本质区别的问题；规则变异性（这对容忍语法错误有重要意义）等。教师只有把这些语言学、教育学知识渗透在自己的外语教学当中，才可能促进教学收到良好的效果。

第二，教学的语言观也会影响教师对教学内容的选择。英语语言知识的范围相当广泛，教师的语言观会影响语言知识的选取。例如，如果教师认为语言学习是社会行为，他就会从学生的实用性出发选择学生在社会交往中所需要知道的材料，选择学生社会行为所需要掌握的全部常用语言表达。

第三，教师语言观中语言学关于语言的描写，将影响英语教师对自己所教语言性质的认识。例如，学生对如 pre-、un-、-ness 等前缀、后缀及其组词都了如指掌，但绝大多数学生在多年英语学习之后，却不知道“词素”是语言的最小单位，也不知道英语中的前缀、后缀属于黏附词素，是英语等语言最小的语义单位。因此符号论者就要求教师要介绍“词素”这一概念，学生在明白了词素概念以后就可以更好地帮助学生理解和记忆词汇，也使其所学知识更具有系统性。

古往今来，语言学家从不同视角对语言进行了不同的表述和阐释，其中比较有影响的包括工具论、文化论、符号论以及社会论。所谓工具论就是把语言作为人们交流情感、表达思想、讨论工作以及商议政事的交流手段，是人类社会交往的必要手段和人类生存与发展的必要工具。文化论则认为，文化是人类社会赖以生存和发展的基础，任何人都是在一定的文化氛围中成长和活动的，语言是构成社会文化大系统的主要因素之一。文化环境作为一种社会存在是一个巨大社会文化效应场，特别是其中的文化传统有着强大的辐射力和“遗传力”，它常常表现为一种内控的历史惯性运动，作用和影响着社会生活的各个方面，造成各种程度不同的社会效应。符号论主要是 20 世纪初期以来语言学的主流派系，认为语言是一个符号系统，作为符号系统的语言有其自身的结构和规律，人类语言也是用以记录人类语言行为活动的符号。社会语言学家认为语言是一种社会现象，语言是人类社会行为的结果，因此语言是人类赖以生存和发展的必要手段。

针对以上不同语言观，曾涌现过不同的语言教学理论，工具论者认为语言教学应该注重学生语言学习时的灵活运用，学生应该在交流中进行学习，其中有影响的教学方法包括交际教学法和任务型教学法。文化论者则强调语言教学重在文化传承，应在文化教学中学习语言，在语言学习中贯穿文化主线；中国古代语言教学就比较注重语言教学中的文化传承，其代表性的流派当属苏联心理学家提出的社会文化理论。符号论主要是西方现代语言学家强调语言是系统符号，因此语言教学就是教学生使用语言符号进行有效交流，因此重视词汇的教学。社会论者主要强调语言教学的社会性，因此认为语言教学应该贴近社会现实，学习语言就是学习社会文化与社会礼仪、规则，语言教学重在把学生培养为一个社会的人。

（二）教师的教学角色意识的转化

随着英语教学改革的不断深入，教学对教师的要求也越来越严格，因此广大教师在教师专业发展方面面临着前所未有的机遇，同时也面临着新的挑战。英语教师是我国英语教学改革是否能够成功的关键。教学目标、教学方法、教学模式、教学手段及教学内容的改革对广大英语教师提出新的要求，广大英语教师必须更新教育理念，从传统教师知识传道者的角色中走出来，转向更加多姿多彩的教学角色中；与此同时，还要进一步丰富自身的英语语言专业知识，更多地了解教育教学规律，能娴熟地使用多媒体和网络等现代教育技术手段来提高自己的教学水平，从而更好地开展英语教学工作，尽快适应新的教学模式。在新的形势下，教师要从传统教学方法中知识的传播者、灌输者转变为学生自主学习的引导者、促进者和帮助者。教师应必须进一步确立终身教育的学习观念和强化“学生角色”意识。

在传统教学中，教师主要扮演了组织者、教导者、控制者等权威角色；随着交际教学法和任务型教学法在我国外语课堂中的盛行，在现代外语教学中，教师的传统中“传道、授业、解惑”的作用逐渐淡却了，传统意义上的“知识传播者”已经不是教师的主要应该扮演的角色了，教师成了学生学习的促进者。交际性教学活动以学生为中心；但教师依然扮演着不可替代的作用，教师在心理上和知识上都需要帮助和支持学生；观察和分析学生的课堂学习活动，发现学生学习中的不足并加以弥补等。为了适应交际教学法教师的角色，教师应该提升自己的分析能力和观察能力，加强课堂教学的组织能力和对教学内容的临时整合能力的训练，这种组织能力在我国大班教学情况下显得尤为重要。

然而，英语生态教学模式下，教师的角色由单一的教师角色转变为集多重角色于一身的教学领导者、学业辅导员和学习陪伴者，具体而言，教师从教学的协助、示范、供给、开发、规划和评估等 6 种角色中发挥着 12 种不同的作用。

（1）课堂教学的规划者。如果希望呈现一堂好的英语课，教师课堂教学规划是必不可少的，教师需要在课前规划好课堂的导入、课堂的教授、教学的组织、课后的总结等教学各个环节；特别是课堂导入的规划尤为重要。另外，在课堂教学活动中，教师也是教学活动的策划者和实施者。教师应该对课堂教学内容了然于胸，对于教学重点和难点也了如指掌，根据教学内容及本班学生实际情况精心设计各种教学活动。课堂教学活动的成败在一定程度上取决于教师对课堂教学活动的策划。

（2）课堂教学的开发者。新一轮教学改革明确提出重建一种新的课程管理框架，即建构包涵国家、地方和学习三级课程管理模式。这就要求教师根据上级教育行政部门有关规定，结合本校、本班学生的实际情况，为实现学校的培养目标而进行课程设计、实施和评价的组织活动，即校本课程开发者。另外，教师除了开发校本课程以外，还应该一改传统观念，对教材进行二次加工处理，开发性地结合本班学生实际运用教材，因此教师又是教材的开发者。

（3）教学活动的供给者。教师在课堂教学活动中扮演着活动的信息供给者和信息反馈者双重角色。课堂教学活动由教师策划、组织，为了学生能明白课堂教学活动的规则，教师必须给学生提供必要的信息，以便学生根据课堂教学活动的要求开展小组活动和讨论；在学生参与课堂教学活动时，教师应该给予学生及时反馈，以引导学生朝教师预设的教学目标前进，因此教师又是教学活动信息反馈的供给者。

（4）教学过程中的示范者。教师作为教学示范者主要包括课堂教学示范和人格魅力示范。教师课堂教学示范相当于拜恩在教学过程中提出的 PPP 教学模式中的 presentation（呈现）阶段；拜恩首先要求教师呈现或描述语法结构或语言知识点，然后组织学生进行练习，使学生通过模仿练习、掌握了新句型和正确发音的基础上，再要求学生自己运用上下文关联的语言情景来学习巩固新学的语言知识。人格魅力示范主要是教师在教学中不仅要以自身学业在先的强权身份给学生传授知识，教师更应该有一种不同寻常的“超凡魅力”（Charismatic Authority）的感染力感染学生形成一种积极的世界观，它来自极端的个人献身精神，个人对救赎、对英雄业绩的信念，或其他一些个人领袖的素质。这种“超凡魅力型”的课堂教学示范力，由教师的人格魅力在学生中自主激发的，不依附于任何规章制度，也不受制于教师的强权压制。这种示范力更多的是教师幽默的风格、渊博的知识以及博大的胸怀对学生感染而成。教师这种人格示范将对学生一生产生深远的影响。

（5）教学发展的协助者。教师作为教学中的协助者主要表现在两个方面：导师指导和教学辅助。导师指导主要指教师在教学中指导学生学会学习，学会自主学习，学会与同学合作共同学习；另外，教师除了指导学生的知识掌握方面的学习，更应该指导学生在学习文化知识的基础上形成一种正确的人生价值观和世界观。教师的教学辅导主要指教师以辅导员的身份对学生的学习进行课内外针对性的辅导，如教师有针对性地给成绩优异生提高性学习辅导，针对成绩落后者，教师可以适当给予课外辅导或兴趣引导，以促进学生个体性发展。

（6）教师是评估者。教师在教育测试过程中是课堂教学活动的评价者和学生学业成绩的评估者，即教师是评估者。学生学习的最终目的与求功名、追求高学历和高的社会地位联系起来，而教学促进个体的发展几乎被忽视了。教学内容上也是以考试为导向，国家规定了统一的教学科目，教师则完全以此为标准，按照考试的要求来进行教学，以使学生获得高分数，提高升学率。教学评价形成了以考试为主要方式的终结性评价，“一考定终生”，分数的高低决定学生能否入大学以及入何种层次的大学，考试成为学生改变人生、追求高的社会地位的最有效途径。作为评估者，教师应该改变应试教育功利主义的教育价值观，构建符合素质教育要求的课程体系，建立理性的英语教学评价体系。

特别是要引入过程性评价，对学生参加的活动进行积极的评价；另外，学生学业成绩的评价也应该避免以分评人，摈弃传统的评价目标过度强调学科知识体系，忽视人文性，以测试为评价的唯一形式，注重对单纯的语言知识结构考察，重结果，重成绩，重甄别与淘汰。英语生态教学模式要求教师作为评估者，采用测试性与非测试性评价、形成性评价和终结性评价相结合的评估方式，把评估结果作为激励学生学习和促进学生能力发展的手段。

（三）教师语言教学方式的完善

课堂讲授法是教师通过向学生解释概念、描绘情况、叙述事实、论证原理和阐明规律的教学方法。长期以来，课堂讲授法一直以教师为中心，以单向的传授知识信息和观点为主要教学目的。课堂讲授法的具体方式有四种：讲读、讲述、讲解、讲演。其中讲述侧重于生动形象地描绘某些概念、现象和事物，讲演是教师就教材中的专题进行有理有据首尾连贯的论说从而从情绪上达到感染学生的效果，中间不插入或很少插入其他活动。课堂讲授法具有以下的优点：基本目标非常明确——传递知识信息，教学材料相对权威和全面，短时间内可以教给学生大量的内容，学生任务很简单——记忆教授的知识。因此，课堂讲授法可以使学生的思想得到组织化和结构化，从而有助于学生通过课堂教学的讲授迅速学会相关知识。讲授法经常可以分为导入——学习的准备阶段，讲述和小结——复习所学内容三个阶段。导入阶段主要是呈现或者告诉学生本堂课所要学习的内容及内容的重要性。小结阶段主要是整合学习的知识和经验，并向下一堂课或活动过渡。尽管课堂讲授法在大中小学课堂非常盛行，但是并非所有的教师都能有效地使用。

成功的讲授法的关键是有效地运用交流技巧，另外一个相关因素是教师的人格魅力和语言特色。一个语言教师如果希望运用讲授法成功地组织一堂优秀的课，他必须具有鼓动性，并能以组织化、令人信服的方式进行教学。要有效地进行讲授，教师必须慎重地选择一些能够有效地抓住学生的兴趣和注意力，激发学生思维活动的技巧。特别需要配合一些鼓动性行为和技巧：身体姿势、非言语行为、音调变化、课堂教学节奏和教学变式。一个优秀的讲授型教师必须以一种组织化的方式呈现教材，便于学生理解教学内容。

讲授法往往容易形成教师满堂灌，教师绝对主导课堂，学生成为被动学习的知识接收器。学生的学习积极性不容易调动，长时间的讲授教学容易形成学生对教师的依赖性，而不能培养自主学习习惯和自主学习能力。由此可见，讲授法的优点是在整个教学过程中由教师控制，教师可以娴熟地实施自己的教学内容，可以实现自己的教学目的。讲授法的局限是学生的注意和兴趣不容易被唤起，学生的思维和想象不能启发，因此讲授法成为教师忌用但又废而不止的注入式教学法。另外，讲授法也不能满足不同学业水平的学生，并且古德和布罗非（Good and Brophy）也强调，“系统地运用多种方法比单纯地依靠一种方法所产生的教学效果要好，哪怕这种方法实施得很好”。因此，英语生态教学模式就要求教师综合运用多种教学方法。除了坚持课堂讲授法以外，英语教学可以适当选用模拟角色扮演法、讨论法以及探究法等多种教学方法，以促进课堂中收到良好的教学效果。

模拟—角色扮演越来越受到英语教师的推崇。模拟是一种动力模型，它是用以对物理或社会系统进行解释的动力模型，是从现实生活中抽象出来，经过简化服务于教学目的的一种教学方式。角色是处于一定社会地位上的个体，依据社会客观期望，借助自己的主观能力适应社会环境所表现出的行为模式。学术界尚未对“角色扮演”的定义达成一致意见。有学者从狭义上定义，特别强调“角色扮演”和“戏剧表演”的区别；也有学者既强调角色扮演（role play）与游戏（game）、戏剧（drama）、模拟（simulation）等术语之间的联系，又强调它们之间的区别。有学者从广义上定义，认为学生通过扮演某种角色来进行学习的活动都可以称之为角色扮演。另外，角色扮演是学生在教学中理解教学内容的基础上，通过戏剧化手段将教学内容表演出来的一种教学方法。通过角色扮演，学生可以从他人的角度进行思考和解决问题，并走进面对问题情境的人的心灵。没有扮演角色的学生也可以通过观察和分析角色扮演者的言行间接地介入这一过程，从而更好地理解和学习教学内容。

模拟—角色扮演法容易达成建构主义理论相关的教学目标。建构主义强调鼓励学生在新观念与已有知识和经验所构成的网络之间建立联系。这部分地取决于学生是否有机会在真实任务和问题性情景中加工和运心学习的语言知识。应用情景越具有社会性，即学生之间就所教学习的内容进行相互作用，效果会越好，因为学生可以相互学习。模拟—角色扮演教学法的一个主要目的是鼓励学生积极参与到问题性情境中，问题情境是对所学知识的深入延伸及应用。而且，大多数模拟还需要学生在决策和努力解决问题的过程中，在小组情境中进行相互作用。模拟—角色扮演教学法是将建构主义取向的原则付诸实际操作的理想方法。英语生态教学模式中，教师和学生均是教学这个生态系统中的有机组成部分，因此通过植入其中的角色扮演有利于达成其预期的教学目标，有利于促成生态教学目标的达成。

除此之外，讨论法依然适用于生态语言教学模式。讨论法就是在教师指导下，学生以全班或小组为单位，围绕教材的中心问题，各抒己见，通过讨论或辩论活动，获得知识或巩固知识的一种教学方法。讨论式教学法有助于学生之间的互动，达成改变学生的态度和改善学生高级思维过程的教育性目标。并非所有师生交互活动都是讨论式教学方法，只要教师和学生享有平等的权利进行谈话、辩论或者争论的教学才能被归入讨论法。因此真正的讨论与民主的教育目的是一致的，因为它与民族的价值观相适应，比如表达自由、允许持有异议、尊重他人意见、关注理性与决策等。

讨论式教学法的基本形式是在学生之间进行“教育性、反思性、结构化的小组谈话”。在这个教学过程中，谈话是关键，它是熟悉的人们进行社会性交往的一种形式，是人们交换看法和感受的非正规形式。赋予这种谈话以教育性，突出了为实现教学目标而提供的目的和方向。反思性指的是鼓励学生在更高水平上进行批判性和创造性思维。结构化意味着这种谈话是在一个或者几个人领导下进行的。语言教学中，通过平等讨论，既能训练学生的语言表达能力，又能巩固学生语言知识，同时还可以根据交互话语，创建课堂学习共同体，以鼓励意义的社会建构和观念的理解。该教学法特别适合在生态化英语教学中推广使用。

当然，学无定法，教亦无定法。生态化语言教学模式更需要教师根据自身的优势，结合学生的实际情况和学校自身的教学环境开发和借用多种教学方式。除了本书提及的课堂讲授法、模拟—角色扮演教学法以及讨论式教学法以外，教师还可以根据教材内容运用探究法、问题教学法、辩证法、复述背诵法等。总之，教学方法是一种认识方法，是教师施教和学生学习知识、技能使身心发展而共同活动的方法，从教师创造性地指导学生通过探索，发现“新知”的意义上说，教学方法也是一种科学方法；只要能有效地促进学生身心发展，就是有效的教学方法，教师就可以尝试性地引入到课堂教学中来，并且应该综合运用多种教学法，激起学生学习的兴趣和动机。

二、大学英语生态教学模式——学生主体

（一）学习者的时空流变性

时空流变性建基于时空的三维性，通常而言我们不难理解空间的三个维度，即长、宽、高；其实时间也有三个维度，即是“现在”“过去”和“未来”。空间三维度是大家都非常了解和熟悉的，然而时间三维理解还没有引起我们足够的重视，因为我们常常以自然时间遮蔽了人文时间和心理时间的光芒。其实，从人文角度和心理视角都能观察和体验到“现在”“过去”和“未来”，也能确认“时间”这个概念三者之间的区别与联系。离开了时间的三个维度，就谈不上时间流程和时间观念；就人文时间中的历史时间而言，可以划分出古代（包括远古、中古和近古）、近代、现代和当代的时间间隔（虽然学界热衷于“后现代”，但认为后现代并非时间概念，而是价值取向问题）。人文社会科学不但涉足“过去”和“现在”，而且还论及“未来”。比如，历史学、人类学、社会学等学科都对历史、文化、社会的未来有所预期或进行预测，新兴学科“未来学”更是以预测时间坐标的“未来”为己任。就心理时间而言，“现在”经常与当下、目前、此时、此刻的观察感知活动和生成的印象等相联系；“过去”往往同回忆、回想、回顾、怀念或缅怀之类的心理状态或心理活动的意向性对象有关联；“未来”则和预测、期待、期望、企盼、展望、憧憬，甚至预知、先知等心理活动的意向性对象息息相关。

英语生态教学模式下的语言学习，实质就是学习者时空流变在大脑中的映射。生态语言教学观从时空观视角认为语言学习在时间上具有显著的流变性，如现时外语学习模式必定为先前母语学习模式的复制和改造，同时之前学习这些语言所形成思维和经验必将构建自身学习图式影响往后语言学习的经验和思维；依此类推，将来心智结构投射能力必将由现有经验和能力决定。因此，生态语言教学理论便结合语言自身的多维时空流变性提出语言学习，不仅是学生成长的社会文化环境流变的结果，更是学生成长经历及其母语学习经验的再现和改造过程；即语言习得是学习者语言学习时间和空间多维立体流变的结果。

（二）学习者语言学习历程的影响力

我国倡导任务型的教学模式，让学生在教师的指导下，通过感知、体验、实践、参与和合作等方式，实现任务的目标，感受成功。在学习过程中进行情感和策略调整，以形成积极的学习态度，促进语言实际运用能力的提高。建立能激励学生学习兴趣和自主学习能力发展的评价体系。该评价体系由形成性评价和终结性评价构成。在英语教学过程中应以形成性评价为主，注重培养和激发学生学习的积极性和自信心。终结性评价应着重检测学

生综合语言技能和语言应用能力。评价要有利于促进学生综合语言运用能力和健康人格的发展；促进教师不断提高教育教学水平；促进英语课程的不断发展与完善。英语课程要力求合理利用和积极开发课程资源，给学生提供贴近学生实际、贴近生活、贴近时代的内容健康和丰富的课程资源；要积极利用音像、电视、书报杂志、网络信息等丰富的教学资源，拓展学习和运用英语的渠道；积极鼓励和支持学生主动参与课程资源的开发和利用。

三、大学英语生态教学模式——英语语言

（一）英语语言与汉语语言的对比

（1）汉语重心多在后面，英语重心一般在前面。在表达逻辑思维时，汉语表达是由假设到推论、由原因到结果、由事实到结论，即重心多在句子的后面，英语则习惯把判断或结论等摆在前面，事实或描写等作为后面的说明，即重心在前。这就造成了汉语学生在听力练习时，总是抓不住重心，以汉语习惯慢慢进入状态，等句子最后的关键部分，而此时英语表达的重点已经过去了。例如：

原文：如果一个民族不能自由地决定其政治地位，不能自由地保证其经济、社会和文化的发展，要享受其基本权利，即使不是不可能，也是不容易的。这一论断几乎是无可置辩的了。

译文：The assertion that it was difficult, if not impossible, for a people to enjoy its basic rights unless it was able to determine freely its political status and to ensure freely its economic, social and cultural development was now scarcely contested.

（2）汉语习惯于补充说明，英语倾向于使用省略表达。因其文化的差异，英语为母语的说话者习惯于使用省略；并且英语省略的类型繁多，除了大家常见的名词的省略和动词的省略以外，还有情景省略、句法省略……在并列结构中，英语表达习惯于省略前面已经出现过的或者大家都明白所指物的词语。然而，汉语却习惯于在表达上重复英语省略了的词，并以补充说明的形式加以强调。英汉这点差异使得很多学生在做翻译时感觉特别难，因为汉语表达总是需要补充相应的成分。例如：

原文：调动人民积极性的最中心环节，还是发展生产力，提高人民的生活水平。生产力发展了，人民积极性调动起来了，社会主义国家的力量就增强了，社会主义制度就巩固了。

译文：The chief purpose of mobilizing the people's initiative is to develop the productive forces and raise living standards. This in turn will help increase the strength of our socialist country and consolidate the socialist system.

（3）汉语更倾向于使用短句，英语多数人习惯于使用长句。汉语语言博大精深，汉语文字延伸力和穿透力特别强，语义往往都可以通过字词句直接表达，说话者的不同的意蕴也可以轻松地通过不同的短句表达出来。英语许多层意思都是放在一个长句中表达。中国人在阅读英文原版文献最大的困难也是难以读懂英语的长句，因为中国人习惯以短小精悍的语句表达各种意思，而英国人则通过句法结构把所有的意思糅杂在一个长句中，这就需要我们对句子进行语法分析。正是这个原因，中国各类考试的英译汉试题中都要求把英语长而复杂的句子翻译成中文。例如：

原文：那是力争上游的一种树，笔直的干，笔直的枝。它的干呢，通常是丈把高，像是加以人工似的，一丈以内，绝无旁枝；它所有的丫枝呢，一律向上，而且紧紧靠拢，也像是加以人工似的，成为一束，绝无横斜逸出；它的宽大的叶子也是片片向上，几乎没有斜生的，更不用说倒垂了；它的皮，光滑而有银色的晕圈，微微泛出淡青色。

译文：It is an aspiring tree with a straight trunk and straight branches. The trunk is usually about few feet high as if man-made with mo lateral boughs for ten feet，and all its forked branches thrust upwards close together，as if man-made too. forming a cluster with none straying sideways of at an angles. All the broad leaves too rise upwards with hardly one slanting let alone drooping down. the bark is a glossy silver halo tinged with light green.

（4）汉语重语义，英语重结构。汉语表达喜欢用简单的叙述，句子之间的关系完全可以通过句子的语义自然表现出来，而英语的表达完全依赖于句子的结构。汉语表达重在意义的陈述，至于句子结构无关紧要；而英语表达完全依赖于语法结构，如果语法结构有问题，意义就无从表达。因此，很多外国人在学习汉语时总是觉得认识了很多汉字，也可以组合很多的句子，但是总是感觉自己的汉语没有长进，也没有办法理解中国人的语言，有时甚至感觉汉语语言有些杂乱无章。例如：

原文：儿童将与装有个性芯片的玩具娃娃玩耍，具有个性内置的计算机将被视为工作伙伴而不是工具，人们将在气味电视前休闲，到这时数字时代就来到了。

译文：Children will play with dolls equipped with personality chips，computers with inbuilt personalities will be regarded as workmates rather than tools. relaxation will be in front of smell television，and digital age will have arrived.

（5）汉语一般都使用主动句。英语更多地使用被动表达。汉语里虽然有“被”动句，也常常用“被”之类的词来表示动作是被动的，但汉语被动句远没有英语的被动语态那么常见，英语在很多情况下都会使用被动语态，特别是科技英语表达，被动语态尤为常见。汉语中的被动句使用往往蕴含了些许贬义。

我们在英语学习中，要习惯性地把英语中的被动理解为汉语中的主动表达。例如，常用被动句型的汉译：

It is imagined that... 人们认为……

It must be pointed out that... 必须指出……

It will be seen from this that... 由此可知……

这些常用被动句型在英语中属于习惯表达法，我们随时都可能在科技英语中看到这些表达，作为英语学习者不仅要熟悉这些句型和表达，在理解时，更要意识到许多英语中的被动表达习惯性的理解为汉语的主动。例如：

原文：譬如吧，我们之中的一个穷青年，因为祖上的积累，得了一所大房子，且不问他是骗来的、抢来的，或者合法继承的，或是做了女婿换来的。

译文：Suppose one of our poor youths thanks to the virtue of some ancestor（If I may be permitted to suppose such a thing），comes into possession of a large house，never mind whether obtained by trickery，force，lawful inheritance or marriage into a wealthy family.

（6）汉语使用分句频率较高，英语则常用从句。汉语喜欢用短句，汉语表达结构也相对松散，汉语松散的表达却能将意义严谨地表达出来；英语常常使用很长的修饰语使句子给人感觉非常难理解，同时英语还会用各种从句使句子变得复杂，而英语的从句引导词把主句或其他从句连接起来，使整个句子表面上看来错综复杂，但却可以通过语法分析来整体地理解句子。因此，传统英语教学习惯于让学生分析语法成分，然后通过语法来理解和翻译课文。正是基于此，英语教学进行必要的语法学习，在我国是比较切合实际的，应为汉语语言和英语语言毕竟在这方面有较大的差异。例如：

原文：总的来说，得出这样一个结论是有一定程度把握的，但是必须具备两个条件：能够假定这个孩子对测试的态度和与他相比的另一个孩子的态度相同；他也没有因缺乏别的孩子已掌握的有关知识而被扣分。

译文：On the whole，such a conclusion can be drawn with a certain degree of confidence，but only if the child can be assumed to have had the same attitude towards the test as the other with whom he is compared，and only if he was not punished by lack of relevant information which they possessed.

汉语几个分句用英语中两个 Only if 引导的从句显然使整个句子变得很复杂，可是由于有并列连词 but 和 and，整句话的逻辑关系十分清楚。汉语中“……能够得出结论……但是只要……而且只要……”用英语一个长句就表达出来了，因此在英汉对照理解时要注意合理运用两种语言各自的优势。

（7）汉语重复的表达较多，英语却习惯于变化表达方式。汉语对变换表达方式的要求不高，很多英语中的变化表达译成重复表达就行了；甚至，汉语还有专门的重叠修饰或者故意使用排比句使得表达更加具有气势。学习英语的人都知道，英语表达相同的意思时是不会重复一种表达方式的。第一次说“我认为”可以用“I think”，第二次再用“I think”显然就很乏味，应该换成“I believe”或“I imagine”之类的表达。相比之下，例如：

原文：这只猴子最了不起的成就是学会驾驶拖拉机。到九岁的时候，这只猴子已经学会了单独表演驾驶拖拉机了。

译文：The monkey’s most extraordinary accomplishment was learning to operate a tractor. By the age of nine, he had learned to solo on the vehicle. Tractor 和 vehicle 在句中显然都表示“拖拉机”，英语表达上有变化，而译成汉语时使用了重复表达法。

（8）汉语更倾向于使用名词，英语则使用很多代词。汉语由于结构相对松散、句子相对较短，在句子表达中使用名词使语义更加清楚。英语则不同，不仅有 we、I、you、he、she、they 等人称代词，而且还有 that、which 之类的关系代词。通常而言，在长而复杂的英语句子中，为了使句子结构正确、语义清楚，同时避免表达上的重复，英语表达使用很多代词。例如：

原文：届时，将出现由机器人主持的电视访谈节目及装有污染检测器的汽车，一旦这些汽车污染超标（或违规），监测器就会使其停驶。

译文：There will be television chat hosted by robots, and cars with pollution monitors that will disable them when they offend.

（9）汉语注重推理，英语重视引申。英语有两句俗语：一是“You know a word by the company it keeps.”（要知意如何，关键看词义），二是“Words do not have meaning, but people have meaning for them.”（词本无意，义随人生）。从英语俗语中，我们可以看出英语单词的词义虽然是固定的，但真正的意义却因实际运用的语境不同而不一样。因此，英语实际的意义重在引申，然而汉语表达却注重推理。例如：

原文：尽管关于历史的定义几乎和历史学家一样多，现代实践最符合这样一种定义，即把历史看作是对过去重大历史事件的再现和解释。

译文：While there are almost as many definitions of history as there are historians, modern practice most closely conforms to one that sees history as the attempt to recreate and explain the significant events of the past.

《新英汉词典》中“recreate”的词义为“再创造、再创作”，而考研英语大纲词汇表中的“recreation”，所给词义为“娱乐、消遣”，在这种情况下，很多学生很容易把 recreate 理解为“重新创造”或者“娱乐”。从逻辑上来讲，“过去的重大历史事件”是不能“重新创造”的，但是如果我们对使用 recreate 一词的引申意义来表达原文的意义，是非常容易理解的。

（10）汉语表达都具体直观，英语则抽象生涩。

feed on fancies 画饼充饥

far-sightedness 远见卓识

make a little contribution 添砖加瓦

perfect harmony 水乳交融

disintegration 土崩瓦解

ardent loyalty 赤胆忠心

on the verge of destruction 危在旦夕

total exhaustion 筋疲力尽

careful consideration 深思熟虑

由上可知，英语表达往往比较抽象，汉语则喜欢比较具体，根据汉语文字表达，我们就能感觉到汉语语言的形象，其中的意蕴就蕴藏在字里行间。汉语表达非常直观、形象，但是也可以给人以无限的想象空间，既直观又含蓄。例如：

原文：除非人类终于意识到要把人口减少到这样的程度：使地球能为所有人提供足够的饮食，否则人们将不得不接受更多的“人造食品”。

译文：Until such time as mankind has the sense to lower its population to the points whereas the planet can provide a comfortable support for all，people will have to accept more “unnatural food”.

英语和汉语分属于不同语系，他们在词汇及句子表达上具有不同的习惯；在语体风格和节奏特点上也不一致。因此，我们在学习英语时，特别要注意进行英语与汉语的异同，有意识地进行两种语言的比较学习，以提高英语学习的效率。

（二）语言知识与语言技能的融会贯通

语言知识与语言技能都是语言能力的重要组成部分，它们之间是相互影响和相互促进的关系。英语语言基础知识是发展英语的听、说、读、写、译等语言技能的重要基础，但英语语言知识本身也是语言学习的目标之一。

因此，在某种程度上看，英语学习的目的不是学习语言知识，而是培养学生的语言技能。因此，我国很多英语教学目的偏重于听、说、读、写、译等技能的训练，而在教学内容则只是简单地罗列各种语言知识。事实上，语言技能的培养离不开语言知识的理解和运用。《全日制义务教育英语课程标准》则认为，英语教学目标包括知识的掌握和技能的形成，而教学内容也包括掌握语言知识的学习和技能的培养。当然英语语言教学不能停留在知识的传授和学习上，要把语言知识落实到听、说、读、写、译的实践，提高听、说、读、写、译的质量上发展学生英语听、说、读、写、译等实践能力的同时，也不能忽视英语语言知识的学习。学习和掌握语言知识不仅是储备知识，其最终目的是将所学习和掌握的知识运用于语言实践中。运用语言技能是巩固和提升语言知识的一种有效手段。因此，只有将语言知识和语言技能融会贯通，相互促进才能有效地推进英语语言的教学，也才是英语教学合理的定位。

在语言知识与语言技能融会贯通中，我们应该坚持英语教学的实践性原则，改变过分重视语法和词汇知识的讲解与传授的倾向；要防止过于强调模仿、死记硬背、机械操练的教学倾向；要大力倡导语言知识教学和技能训练相结合的、开放的、互动的教学模式。

四、大学英语生态教学模式——教学环境

语言学习环境指的是本来客观存在的或者专门为语言学习者提供乃至创设的有利于语言学习者语言学习的教学场域。就语言学习而言，人刚出生就开始对其周围环境的语言进行模仿。语言学习环境对语言学起着不容忽视的重要作用，一个人运用语言的能力在一定程度上是语言学习环境内各种因素综合作用的结果。一个有利于语言学习的环境能够激发学习者的语言学习兴趣，为语言学习者提供原动力，从而促进语言学习者更加活跃地学习语言。

英语语言教学环境对语言学习的影响及制约早已为人所关注，但究竟教学环境如何界定和分类一直没有达成共识。理查德（Richards）从政策和文化层面把英语语言教学环境分为教学过程、教学评估、教学大纲和语言政策。克拉姆齐则从社会文化理论视角指出英语语言教学应以学生社会文化差异和学习者个体差异为核心，英语学习要以“跨文化交际”为最终目的。我国学者如曾葡初从宏观、中观和微观三个层面把英语语言教学环境分为外部环境和内部环境。内部环境指学生的认知心理作用于英语学习的诸多因素，而外部环境主要指影响和制约学生外语学习的一切外部因素。

另外，中国学生是在母语的大环境中学习英语的，英语只是诸多课程中的一门课，在投入的时间上远达不到训练听和说的起码需要。培育阅读能力所需的语言环境就简单多了。当学生打开书阅读英语的时候，他的阅读语言环境与在英美相差无几。这样，阅读能力的培育便成了在汉语文化大环境里学英语较为容易的方面。我国英语教育机制为全体学生所能提供的，不管我们主观愿望怎样，还只是提高阅读能力的语言环境。引进了多媒体和电脑网络技术后，只要学生们投入到英语学习的时间不增加，也不可能改变只利于训练阅读能力的语言环境。只有英语专业学生，由于他们投入的时间多，才有可能通过多媒体和电脑网络技术，进行长时间的人机交流，得到比较适于多方面语言能力训练的人工语言环境。而大量的时间投入，对于最广大非英语专业的大学生来说，是不可能的。因此，即

使有了多媒体和电脑网络技术，如果把听、说的能力培养放在主要的地位，也是方向的错误。这是因为在目前情况下，阅读能力仍是大部分大学生今后工作所需的主要技能。阅读是掌握语言知识、获取信息等能力的基础。因此，在大学英语教学中应始终注重阅读能力的培养。这是从大学生今后工作需要的角度来阐述阅读的重要性的。其实，原因还在于我们现在还只能为学生普遍提供的是培养阅读能力的语言环境。不论在发达地区还是在欠发达地区，都是这样。英语语言环境的发育，根本点在全社会英语语言素质的提升；使英语训练逐渐越来越多地变成无意识的生活行为。

（一）社会文化生态环境与语言教学环境

1. 语言与社会环境

语言是社会的内在属性，所以我们对社会文化生态环境能够影响语言能力并不感到大惊小怪。作为人类交际的语言是一种社会现象，它与社会有着十分密切的关系。语言与社会的密切关系要体现在以下方面：

（1）语言是社会的产物。语言是随着社会的形成而出现的。人类自存在的第一天起，就必须与自然进行斗争，以取得生活资料。在与自然进行斗争的过程中，为了达到支配和改造自然界的目的，人们不得不联合起来，组成集体，以便共同行动和相互帮助。形成集体后就需要有一种媒介来传递和交换信息，以协调人们的共同活动。这样，作为交际工具的语言便出现了。换言之，语言正是为了满足人类社会交际的需要而产生的。

（2）语言是社会约定俗成的。语言是由音、形、义组合而成的一种符号系统。符号系统内，音义的结合带有一定的任意性，即语言是由一个语言社团的人们约定俗成的。另外，形式和意义没有必然的联系，任何语言都只是使用该语言社团的约定俗成而已。

（3）语言随着社会的发展而变化。语言的变化与社会的发展有着密切的联系。社会结构的变化、社会制度的变革、社会生产和科学技术的发展，以及商业的扩大和教育的普及，等等，都会促使语言产生一些相应的变化。语言的这种变化主要体现在语言的交际功能和语言的结构系统两个方面。在语言的交际功能方面的变化有诸如语言的方言分化和增多、语域的形成与扩大等；在语言的结构系统方面的变化则具体表现在旧的语言事实的消亡和新的语言事实的出现，以及部分语言事实的改变等。语言结构系统方面的变化在词汇方面体现得尤为明显，例如由于社会的发展，英语中的 knight（骑士）、foe（敌人）、coach（四轮大马车）等词语已不在或不常在现代英语中使用；而像 generation gap（代沟）、picture-phone（电视电话）、super-market（超级市场）等新的词语则越来越广泛地出现在现代英语中。

长期以来，语言学重在研究语言本身，如语言的语音、语义、语言的结构、语言的历史、发展乃至演化等，即研究的对象是索绪尔提及的“语言”，而不是“言语”。在美国，无论是20世纪60年代以前的结构主义语言学对“语言结构”的研究，还是60年代以后的乔姆斯基对“语言能力”的研究，大致都撇开了语言的社会环境、社会制约。这种情况从60年代初开始发生了一些变化，重心逐渐从结构转向功能，从孤立的语言形式转向在社会环境中使用的语言形式，从而导致了一门新兴的语言学边缘学科即“社会语言学”的出现。

2. 语言教学与社会文化生态环境

英语学习社会环境主要指学生所处的国际大环境、社区环境和家庭环境，也包括国家政治、经济、文化及教育政策等现实环境。社会环境对英语教学有着不可替代的导向作用。从某种程度而言，社会环境直接制约和影响英语教学的产生、发展及命运，随着世界经济一体化的迅速发展，商务、文化、旅游、科技等领域国际交往的日益增多，世界已经发展为一个名副其实的“地球村”，这就直接导致了对外语人才的大量需求。世界各国越来越多的有识之士已经认识到，外语不仅仅是学校里的一门学科，更是日后社会生活和个人发展的一种必需。这种共识推动了许多人学习外语的强大动机，推动了我国英语教学的发展。与此同时，我国教育行政部门也更重视外语教学。英语教材编写体制的改革，英语教学设备的更新，英语教学条件的不断改善，使学校环境不断得到改善，从而促进我国英语教学的发展。

在我国，很多城市先后成立英语口语角和英语俱乐部，这样就可以拓展学生英语课后语言练习的语用环境。通过开设口语角，不仅可以给参与学生提供练习英语的机会，而且可以为学生提供自主学习的学习社区。除此之外，任务型教学研究人员还建议亚洲语境下的外语学生应该充分利用计算机媒体交互环境和网络学习空间。总之，我国英语教学的特点和所处的独特社会环境主要体现在以下方面：

第一，中国英语语言使用没有英语国家那样的语用环境，学生接触英语的机会相对较少。在现实生活中，除了偶尔阅读少量的英语产品说明或者相关介绍以外，中国人很少有机会接触英语，很多人走出校门以后几乎不会有机会用英语交流，因此中国的社会环境不利于英语学习。

第二，中国的英语教学应该服务于我国政治、经济和改革开放的需要，学生将来使用英语进行交际的场合更多地应该是推介中国的产品或者进行国际对话。因此，中国的英语教学应该提高学生的实用水平，而不是一味地强调语法等细枝末节。

第三，中国的地区差异非常大，英语学习也相当复杂，有的学生英语学习是二语学习，有的是三语学习（少数民族地区），有的是第一语言学习（香港、澳门）。另外，英语教师水平也参差不齐，有些地区的英语教师自己就无法熟练地使用英语。

第四，中国的传统文化、社会环境、教育方式等势必会对英语学习者产生影响，使他们在学习动机、态度、方式、策略等方面具有许多自身的特点，而这些特点往往很难改变。中国的教学一直笼罩在浓厚的考试氛围中，教师为考而教，学生为考而学。在亚洲地区考试文化根深蒂固的语境中，外语教学大纲和教师课堂教学方法的选用完全取决于考试。要真正地改变现有的英语教学，不仅要进行语言考试制度的改革，更要转变社会对待考试结果的观念；这在功利性倾向和考试文化影响如此广泛的亚洲实非易事。

第五，英语和汉语分属于印欧语系和汉藏语系，在语言结构上的差异较大。因此，中国学生在学习英语时要比欧洲等印欧语系国家的学生面临更多的困难。

（二）英语教学与课堂生态环境

我国英语教学，学校的课堂生态环境是学生接触和操练语言的主要场域。课堂小环境与英语教学具有最直接的联系，也直接决定学生英语学习的效果及最后培养的人才模式。就目前国内大多数学生而言，英语教学的整个过程基本上是在课堂这个生态环境里完成的，因为，国内社区环境对我国英语教学的作用还没有产生大的作用。课堂生态环境的氛围如何将直接影响到我国英语教学的质量。

新一轮教学改革要求教师用任务型教学途径，尽量用英语组织课堂教学。但这并不是说初中英语教学必须是绝对排斥母语的纯外语教学。我国特殊语境下的外语课程中的学生往往多是同一母语，因此在任务型语言课堂中，到底何时以及多大程度地允许学生使用母语依然是教师难以取舍的问题。任务型语言教学专家虽然不反对学生适当使用母语，但他们认为外语课堂中适当使用母语，有利于学生更好地理解任务。

我国英语教学中应尽量使用英语，适当利用母语，即贯彻学英语的过程就是用英语的过程的教学思想，使课堂小环境成为良好的语言教学环境。在英语课堂教学中，尽量使用英语教英语的好处是可以为学生尽量多地提供语言输入的机会，在整个教学过程中让学生感觉到英语无处不有，无处不在，在下意识中习得目的语。这样，即使在社区语言环境相对缺乏的教学中，学生也可以通过大量课堂语言输入，自然而然地接触到所学目的语，最大限度地在“学得”过程中得到了一些“习得”的环境因素。另外，课堂浓厚的英语语言气氛也能更好地调动学生使用英语的积极性，激发学生英语学习的兴趣，有助于学生充分利用课堂生态环境养成英语交际的习惯，从而使作为教学主体的学生，在课堂教学过程中始终处于活跃的地位。

尽量多地使用英语教英语另一个优势在于，把英语作为语言中间媒介，能有效地把外语教学系统中的学习主体——学生、学习客体——英语以及英语语言学习环境三个要素有机地串联成一个整体。因为英语是英语教学所有活动的中间媒介和最终学习目标，教师和学生在课堂上都使用英语，这就在一定程度上构建了最基本的语言环境，将学英语同时变为用英语，使英语教学的内容和形式更好地统一起来，促进教学效果。这就是交际教学法倡导的理念：“用语言本身学习语言。”即在交流中通过激活固有语言信息和刺激语言系统本身的发展而获得语言。

五、大学英语生态教学模式——实现条件间的互动关系

英语生态教学模式的学习者居于整个模式的中心，充分体现了以学习者为中心的这一理念。在这个英语生态教学模式中学习者与教师、英语语言乃至语言学习环境均发生着互动反推作用，教师的教学直接影响学生的学习，学生语言学习对教师具有反推作用，即教师在教学过程中，自己也是一个学习者。学习者与环境的互动作用主要体现在学习者的语言学习在时空流变的同时，学习者会主动建构有利于语言学习的真实自然语言学习环境。学习者与英语语言看似主体与对象的关系；但在英语生态教学模式中，学习者与英语语言均被看作英语生态教学模式有机组成部分之一。学习者在主动学习语言的同时，英语语言文化对学习者又有潜移默化的感染力。

教师和英语语言的双向互动关系主要体现为教师在把握语言的同时，英语语言观又直接影响教师英语教学方法的选用和教学内容的选取。英语生态教学模式忽视环境对教师的反推作用，主要关注的是英语语言学生语言习得发生的生成机制，而在英语生态教学模式中教师与环境的关系，主要被理解为教师为学生的语言学习提供和创设真实自然的英语语言学习环境，以促使学生更好地学习。

当然，作为整体性的英语生态教学模式并非仅仅局限于以上论述的四个生态要素，英语课程教材、教学媒体技术以及其他相关要素在英语生态教学过程中依然具有重要的作用，对于学生英语学习具有至关重要的作用。

第四章 大学英语生态课堂的重构路径与培养模式

第一节 信息化语境下大学英语生态课堂的重构

一、信息化语境下大学英语生态课堂重构的前提

重构大学英语课堂生态，必须坚持以信息化为语境并正确认识现代信息技术的生态位。从理论而言，要重构课堂生态的平衡，主要有三种方法：①在外语教学中完全摒弃现代信息技术，让课堂生态重回原初的平衡态；②利用系统的自组织能力和反馈调节，逐渐实现系统的自然平衡；③通过积极主动的外力介入（即主动调节），帮助系统重构信息化语境下的课堂生态平衡。然而，理性分析下的出路就是积极主动地介入课堂生态平衡的重构。

首先是典型的因噎废食，是一种消极的、倒退的做法，没有考虑到信息技术应用的必要性、重要性和不可逆性。信息技术在外语教学中的应用，既是科技迅猛发展所带来的良好机遇和必然结果，也是我国教育现代化、教育信息化的客观要求。而且，事物的发展存在时间的单向性，随着时间的流逝，事物的变迁，即便不使用现代信息技术，真正回到从前的状况也是不可能的，更何况信息技术在大学英语课堂中的使用已经给系统其他因子，如教师、学生等观念、期待、动机、情感等，带来了影响，给系统造成了极大的扰动，所以，现代信息技术的应用是一个不可逆的过程，明智的做法就是正视它的存在和影响，以动态、发展的眼光，积极主动、科学合理地运用信息技术，坚定不移地推进英语教学信息化。

其次，对自然生态来说是一个较好的选择，但对教育生态来说，时间成本较大，尤其是一个受到剧烈扰动的生态系统，如果完全依靠自我调节恢复到初始的稳定状态，那将是一个漫长的演变过程，甚至难以实现，因为生态系统的自动调节能力具有一定的限度，即生态阈值。如果外来的冲击超越了系统的生态阈值，自动调节能力则会降低甚至消失，生

态平衡难以恢复。对于课堂生态等人工生态系统而言，积极合理的干预和调节才是明智的选择。因此，解决课堂生态失衡问题必须以继续应用现代信息技术为基本前提，借助信息技术的牵引力，在远离系统平衡态的区域建立有序结构，即耗散结构，或者采取一定的方法和策略，帮助系统在临近平衡区域构建新的平衡，完成系统的阶段性演化。

坚持在信息化语境下重构大学英语课堂生态，必须正确认识现代信息技术在外语教学中的重要地位和引领作用。另外，在外语课堂生态中，信息技术已深深渗透到教师、学生、环境等生态主体和环境因子之中，影响和制约着各生态因子之间的交互以及系统的运行状态。在重构课堂生态的过程中，我们一定要准确理解现代信息技术的生态位，减少课堂生态因子之间的生态位重叠，缓解因生态位重叠所带来的激烈的竞争排斥关系。

二、信息化语境下大学英语生态课堂重构的原则

所谓原则，就是说话、行事所依据的准则。好的原则能够正确地反映事物的客观规律，一般都具有高度概括性和不言自明性，能引导和规范人们的思想和行为，对人们观察问题和处理问题具有指导意义。重构大学英语课堂生态，需要在思想和行动上遵循生态性原则、系统性原则、人本性原则和有效性原则。

（一）生态性原则

生态性原则主要指以生态的视角为研究路向，以生态学研究方法为主要手段，以生态学理论为主要依据，以生态化为价值取向，观察、分析和解决课堂生态失衡问题。就大学英语课堂生态的重构而言，坚持生态性原则应注意以下方面：

（1）坚持以生态的视角来认识课堂及课堂教学的本质，观察、发现和分析课堂教学中所出现的问题。从传统教育学的视角来看，课堂就是进行各种教学活动的场所，课堂教学就是教师在课堂上传授知识的过程，课堂教学问题就是影响教学效果的方方面面的问题。然而，从生态的视角看，课堂从本质上是一个微观生态系统，课堂教学就是生态系统通过各生态因子之间的交互而实现能量流动和信息传递的过程。课堂教学问题实质上是课堂生态系统结构和功能上的问题，包括结构上的失衡和功能上的失调等。要重构信息化语境下的大学英语课堂生态，就必须从生态的视角认证课堂的身份，认识课堂的生态性，主动发现课堂生态系统中所出现的各种问题，分析课堂生态系统之所以出现失调和失衡的原因。

（2）以生态学研究方法为主要手段。生态学作为研究生物与环境之间相互关系的一门学科，经过多年的发展，已经形成了本学科的研究方法，主要包括原地观测、受控实验和综合分析。现代生态学在突破传统的自然科学界限并向人文社科领域拓展之后，在方法上也更加注重层次性、整体性、系统性和协同性。运用生态学研究方法探究教育问题，是教

育生态学的研究范畴。作为跨越教育学和生态学两个领域的一门独立学科，教育生态学借鉴了这两门学科的研究方法，并在吸收系统科学研究成果的基础上有所发展，主要路径是通过类比的方式将生态学研究方法移植到对教育问题和教育生态的研究中，坚持跨学科研究，将系统论、协同论、耗散结构论等系统科学的研究方法和生态学的方法技巧融会贯通，坚持从整体、分层、系统、协同等多维度研究教育生态。另外，研究大学英语课堂生态，可以运用课堂观察、教学实验和综合分析的方法，融会贯通生态学、系统科学和教育学的相关理论，研究大学英语课堂生态系统中各组分的结构和功能，研究它们之间的相互关系、它们与系统整体的关系以及系统整体与外围环境之间的关系，发现和分析课堂生态系统结构和功能上的失调与失衡，探究失调和失衡的原因，找出应对策略，重构和谐共生的外语课堂生态。

（3）生态学理论在大学英语课堂生态研究中的具体运用。近年来，由于现代信息技术的大量介入，传统的大学英语课堂生态出现了一些结构上的失衡，包括系统组分构成比重的失衡、系统组分之间交互关系的失谐以及系统内部营养结构的失衡。在功能上，大学英语课堂生态也出现了失调状况，包括结构优化功能衰减、关系调谐功能减弱、演化促进功能退化和生态育人功能降低等问题。要解决好这些问题，重构大学英语课堂生态，必须坚持灵活地运用生态学的相关理论，如限制因子理论、生态位理论、生态链法则、最适密度原则和花盆效应等，本着适度调控、整体优化、平衡和谐、良性循环、互动共进、差异多样等原则，构建信息化语境下的大学英语课堂生态。

（4）以生态化为课堂教学的价值取向，也就是以构建生态课堂为目标。主要有两种不同观点：第一，生态化的课堂教学所追求的目标境界。课堂教学不仅要关注学生的认知过程，关注知识传授，还要关注学生的情感、态度以及价值观，更要关注学生的成长过程和学生的全面发展，为学生的发展提供一个和谐自由的环境，实现教育的生命价值。除了对学生全面、个性、自由发展的高度关注外，生态化的课堂还关注教师的专业发展，与学生的全面发展形成良性互动。就大学英语课堂生态而言，实现生态化就是要对异化的课堂进行生态化改造，重构课堂生态平衡，创建大学英语生态课堂。如前所述，生态课堂是一种理想化的、教学成效最佳的课堂，是课堂的一种应然状态。第二，生态课堂指为了实现师生持续发展，在生态理念指导下建立的整体关联和动态平衡的课堂形态。生态课堂观认为，生态课堂是一个联系的课堂、发展的课堂、和谐的课堂、共生的课堂。生态课堂的内涵包括课堂中和谐平衡的环境生态、文化生态、行为生态、心理生态、关系生态等，更具体而言，生态课堂追求和谐共生的生态课堂环境，民主平等的生态师生关系，互动对话的生态课堂交往，动态发展的多元评价机制。从本质而言，生态课堂是一种内外关系和谐的、利于师生共同成长的课堂生态。构建生态课堂，可以立足于对现有课堂的生态进行考察、分析，帮助低层次的、欠和谐的、失衡的课堂生态系统演化为高层次的、和谐的、平衡的课堂生态系统。

（二）人本性原则

人本性原则就是坚持以人为本。我们在重构大学英语课堂生态的过程中，必须坚持以人为本，具体而言，就是以学生为中心，建立和谐的师生关系，实现师生共生的价值追求。

以人为本是人本主义教育思想的核心内容。人本主义教育思想古已有之，中国古代传统的儒家“人本”教育思想承认人的高贵，肯定人的价值，认可人的潜力，重视人的个性。他们认为，教育的功能就在于帮助人们发现自己的高贵，认识自己的价值，发挥自己的潜能，发展自己的个性，实现自己的价值。20 世纪五六十年代，美国兴起人本主义教育思潮，崇尚心智潜能的自由运用和个性和谐发展的教育理念，肯定人的价值和尊严，认为教育的目标就是促使人的潜能得以实现。根据人本主义思想，每个人都有各自的价值，都有不同的潜能，都有差异化的个性。教育的过程，就是帮助每个人发现人的价值、发挥人的潜能、发展人的个性、获得自我实现的过程。我国当代教育人本论的核心思想也是“以人为本”，以人性为本位，尊重、关心、理解、信任每一位学生，帮助学生发展个性、实现自我。不同历史时期的人本主义教育思想虽有所不同，但却具有一些共同的特征：①重视“全人”教育，以个体的全面发展为教育目的；②重视建设和谐的师生关系；③教学过程重视学生的主体作用。

坚持以人为本，以学生为中心，首先要以培养“完整的人”为目标。罗杰斯认为，“完整的人”实际上是指躯体、心智、情感、精神等力量融会于一体的人，是一个知情合一的人，是一个能批判性自主学习、具有创新意识、主动适应周围环境和满足社会变革需要的有用人才。另外，要建立平衡和谐的大学英语课堂生态，就必须在课程的设计、教材的编写、教学方法和方式的选择、学习环境的构建、师生的相处、教学评价的实施等方面贯彻“全人”教育目标，既培养学生的交际能力（包括语法能力、社交能力和策略能力），还锻造学生的体魄和心智，培养学生积极、健康的情感和人格。

坚持以人为本，以学生为中心，就要确立学生在学习中的主体地位。教学过程中，应认识到学生在外语习得中的主体作用，承认和尊重他们在学习中的主体地位。建构主义学习观认为，学习不是教师把知识简单地传递给学生的过程，而是由学生自己建构知识的过程。学生不是简单被动地接收信息，而是主动地建构知识的意义，这种建构是无法由他人来代替的。因此，在构建生态外语课堂的过程中，教师应转变观念，创造条件，努力增强学生的主体意识，激发他们的主体积极性，让英语学习者有机会主动地选择自己的学习方式、学习环境、学习时间、学习地点、学习内容和学习速度。要相信学习者的能动性和创造性，帮助他们变被动学习为主动学习，变依赖性学习为自主性学习，变知识性学习为能力拓展，使他们最终学会学习，将已有的主体性发挥到更高的水平。我们常说，英语最终是学会的，而不是教会的，正如我们只能在游泳的过程中学会游泳一样。因此，教师应将学生置于语言学习活动的中心位置，课堂活动尽量围绕学生而开展，使学生成为班级的主人，课堂的主人，一切学习活动的主人。

坚持以人为本，以学生为中心，需要倡导个性化教学。生态平衡的一个重要特征是物种多样化、个性化发展，要重构生态课堂，也必须允许学生个性化、差异化发展。要充分利用现代信息技术的优势，大力开展大学英语个性化教学，促进学生自主学习和研究性学习。个性化教学内涵丰富：培养独特的、独立的、身心和谐统一的个体，是目的意义上的个性化教学；教师个性化教的过程和学生个性化学的过程是过程意义上的个性化教学；针对不同的个体采取个别化、差异化的教学方法、模式和手段，是手段意义上的个性化教学。个性化教学就是要充分考虑师生尤其是学生的个体差异和个性特征，以学习者为主体，以个性化、差异化的教学方法和手段，促进学习者个性化建构知识、发展能力和锻造品格，帮助他们最终获得自我实现。要合理整合现代信息技术与课堂教学，坚决改变传统的“以教师为中心”的各种做法；教师要摆脱传统课堂中权威者、全知者的角色定位，更好地利用现代信息技术，履行组织者、管理者、助学者的角色；教师要改变传统的知识灌输，要让学生积极参与到教学活动之中；教师要改变过去批量化、方阵式教育，改变过去求同去异、截长补短的做法，以便学生发挥各自的特长。

坚持以人为本，以学生为中心，还须努力建设和谐师生关系。人本主义教育思想的重要代表人物罗杰斯认为，建立和谐、融洽的师生关系，学生对学习就会产生安全感，并认识自身价值，增强学习的信心，其创造潜能得以发挥，独立个性得以形成。和谐的师生关系还有助于提升师生之间的信息传递和情感交流，不和谐的师生关系则会导致课堂生态系统的情绪失衡。在平衡和谐的课堂生态中，教师情绪饱满，乐观向上，而且能通过各种方法和手段调控自己和学生的情绪；学生则对学习充满信心，充满兴趣，学习主动性强，积极性高，课堂秩序好，并乐意配合教师完成各项课堂任务。因此，新的课堂生态平衡的构建必须以是否有利于构建和谐师生关系为重要考量之一。

坚持以人为本，还须在以学生为中心的前提下，同时关注教师的发展。生命课堂观认为，课堂生活是师生人生中的一段重要构成部分，师生在课堂的教与学的过程中，既学习与生成知识，又获得和提高技能，最根本的还使师生生命价值得到体现，使课堂生活成为师生共同学习与探究知识、智慧展示与能力发展、情意交融与人性养育的殿堂，成为师生生命价值、人生意义得到充分体现与提升的快乐场所。师生共生也是生态课堂的价值追求。教师在学生进步的同时能够获得愉悦的心境和专业的发展，教师专业能力的提升又能够进一步提高课堂教学质量，促进学生的健康成长，因此进入良性循环，实现师生共生。因此，在重构大学英语课堂生态的过程中，我们不仅要考虑学生的成长，还应关注教师自身专业的发展，以便形成师生共生的局面：教师和学生在生态课堂中成为一种合作的关系，师生之间在教学活动中互相支持、互相依存，师生间、生生间可以实现交往与合作，达到教学相长、共同发展的目标。

（三）系统性原则

系统性原则主要是指坚持从系统的视角、运用系统论观点和方法研究问题。20 世纪 70 年代以来，生态系统成了生态学研究的重点和方向。随着教育生态学的发展，教育生态系统及其失衡与平衡问题逐渐成为教育生态学研究的中心课题。基于对教育生态系统复杂性的认识，人们提出将复杂科学的原理和方法引入到教育系统的研究中，包括系统论、信息论、协同论、耗散结构论等。大学英语课堂生态虽然只是一个微观教育生态，但仍具有系统的复杂性，包括复杂的结构关系、交互关系和动态平衡性。大学英语信息化教学改革的过程也是一个复杂的过程，很多因素难以控制，虽然在改革之前已经充分考虑到各种因素及其影响，然而，改革过程中依然会不可避免地存在一些事先没有考虑到的因素，或者出现一些新的资料之外的情况，比如主管部门政策的改变、调整或重新解释，主管领导的离任或调岗，关于改革成效的反馈信息不理想，等等，因此需要在复杂理论的指导下运用系统分析的方法进行研究。鉴于此，重构信息化语境下的大学英语课堂生态，必须坚持系统性原则。

坚持系统性原则，就是运用系统科学相关理论和方法研究课堂生态，解释课堂生态失衡的机理，探寻和谐共生的课堂生态的构建策略。系统科学相关理论主要包括系统论、信息论、控制论等“老三论”和耗散结构论、协同论、突变论等“新三论”，系统研究方法主要是指“分析+综合”的研究范式，把分析和综合辩证地结合起来，既对系统的组分、结构、功能、关联等予以分析，又对它们进行综合的系统考察。系统研究要坚持动态的观点，把系统放到动态的运动中去把握，从中找出系统的动态规律，在动态中协调整体与部分的关系，使部分的功能和目标服从于系统总体的最佳目标，以达到整体最优。系统研究要坚持全局的观点，从全局看局部，研究局部与局部之间的关系、局部与全局之间的关系、系统与环境之间的关系，而不是机械地、孤立地对课堂生态复杂性进行分析研究。系统研究要坚持联动的观点，系统内部诸要素之间相互作用、相互影响，任何一个组分的变化都会对别的组分带来联动效应，从而影响到各要素之间的相互关系甚至系统整体的平衡。

(四)有效性原则

有效性原则就是坚持有效教学，坚持以好的教学成效作为一切教学活动的目标指向和评价标准。在重构大学英语课堂生态的过程中，必须以追求好的教学成效为出发点，整合现代信息技术与外语教学，创建生态课堂，实现有效教学。

有效教学的概念并不难理解，但定义很多，学界尚未形成统一的看法。陈晓端教授等通过对西方有效教学研究进行系统考察后发现，西方学者对有效教学的解释可以归纳为五种：①目标取向的定义。如有效教学就是指学生在教师的指导下成功达成预定学习目标的教学。②技能取向的定义。如有学者认为，有效教学就是通过一系列可获得、可改进、可发展的教学技能来完成的教学。③成就取向的定义。如有效教学就是能够帮助学生提高学习成绩的教学。④普通教育学的角度。比如，从教师的角度来讲，有效教学就意味着教师能够有效讲授、有效提问和有效激励；从学生的角度来讲，有效教学就是能够促进学生进步和发展的教学。⑤结构分析的角度，将有效教学分为表层（教学形态）、中层（教学思维）和深层（教学理念），认为有效教学是一个从理念到思维再到形态的动态转化过程。

换言之，有效教学在目标上就是促进学生知识、能力、性格的健康发展，在过程上就是教师有效地教和学生有效地学，在结果上就是实现预期的教学目标和教学效益。大学英语信息化教学改革的出发点，正是要充分利用现代信息技术，提高大学英语教学成效，提升大学生英语实际应用能力、自主学习能力和跨文化交际能力，同时改变社会上对大学英语教学“费时低效”的指责。因此，基于信息化的大学英语教学改革从一开始就以有效教学为目标指向。在科学整合现代信息技术与外语教学、重构大学英语课堂生态的过程中，必须继续坚持有效性原则，始终以是否有利于教师有效地教和学生有效地学、是否达到预期教学效果为评判标准，调整课堂生态的结构，发挥生态课堂的功能，实现生态课堂的目标。这也正是有效教学最新的发展趋势——生态化取向。例如，学习理论从行为取向到认知取向再到情境取向的变革，使有效教学呈现出相应的发展趋势：从为行为结果而教学的教师中心取向，到为认知建构而教学的学生中心取向，再发展到为情境性认知而教学的生态化取向。生态化取向的有效教学强调，有效教学应该统筹考虑学习者、教育者、教学内容与环境等各个要素，将学生的学习与发展置于开放性的、与外界不断互动的生态化的系统中来考虑。重构大学英语课堂生态的平衡，就是要以有效果、有效率、有效益为价值取向，调整改变教师、学生、环境等课堂生态系统内部结构各要素，协调发展课堂生态因子之间的交互，提高课堂生产力。

三、信息化语境下大学英语生态课堂重构的路径

路径即道路，指的是通向目的地的路线。本书中所提到的重构路径指的是重构大学英

语课堂生态平衡的思路和方法，具体而言，就是通过发挥信息技术作为主导因子的引领作用、控制课堂生态中的限制因子、调整课堂生态因子的生态位、引导系统各组分同步协变、规避课堂环境构建中的花盆效应、重塑互动对话的生态课堂交往、恢复信息化课堂的生态功能、保持课堂生态的活水效应等方法，优化课堂生态结构和功能，促进课堂生态的修复。

（一）发挥信息技术作为主导因子的作用

信息技术对教育发展具有革命性影响，是推动教育模式演变的一个重要力量，必须予以高度重视。在大学英语信息化教学改革进程中，准确理解信息技术在课堂教学中的生态位，有助于充分发挥信息技术的引领作用，带动课堂生态中其他因子进行结构和功能调整，从而修复改革初期因信息技术的广泛应用而造成的课堂生态失衡。另外，计算机网络等信息技术在外语教学中的生态位理应随着改革的不断深入而发生改变，初期的辅助教学功能应该转变为引导教学改革的重要力量，并在很大程度上决定着教师教的方式以及学生学的方式，师生的信息素养也在很大程度上决定着其是否能够成为一名合格的教师或学生。信息技术已经不再是外语教学中若有若无的展示工具，而是教学中不可或缺的教学工具、认知工具和教学主客体的存在方式。信息技术的主导地位一旦确立，课堂生态中其他生态因子必然会随之而动，作为课堂生态主体的教师和学生就会为了追求教学成效和自身发展而主动转变教学观念，自觉提高信息素养，积极改变教学方式，主动调整课堂交互，作为课堂生态客体的课堂环境和气氛也会因应而变，课堂规章制度也会相应调整，原先失衡的课堂生态就会逐渐被修复。

（1）充分发挥信息技术的引领作用，必须在政策层面敢于大力推进大学英语教学信息化进程。要清晰认识到教育信息化的必然趋势以及大学英语教学改革的内外需求，大力推进基于信息化的大学英语教学改革，给英语教学方方面面带来了很大改观；同时，也给课堂生态系统造成了巨大的扰动和失衡。在此情况下，如果继续推进信息化教学改革，采取相应举措，有望使课堂各要素因协同作用而形成合力，帮助课堂生态在远离平衡区域实现突变，并逐渐形成耗散结构，实现教学系统新的动态平衡。然而，由于一些主管领导对教改反馈信息尤其是系统失衡的过度解析，很多高校推进大学英语信息化教学改革的决心和力度逐渐减弱，信息技术难以发挥其引领作用，系统重回线性区域的失衡状态。需要指出的是，平衡是相对的，失衡是绝对的，失衡有程度之分，较低程度的失衡是孤立系统接近静态的平衡和开放系统在线性区域随着时间推移而获得的近平衡，中等程度的失衡是开放系统在外力作用下围绕线性区域出现的一定幅度的波动，较大程度的失衡是协同作用导致系统在接近临界点的区域形成最大的合力而发生突变的结果。在充分认识到信息技术对教育发展具有革命性影响的前提下，应该允许教学系统在一定阶段出现较大程度或者中等程度的失衡，然后通过信息技术的引领作用和外部力量的主动干预，实现系统新的平衡。

（2）充分发挥信息技术的引领作用，必须实现信息化教学的常态化和深层化。当前，英语教学信息化已经进入到一个发展和应用相对缓慢和集中反思的高原期，要实现外语教学信息化的可持续发展，就必须尽力推动信息化英语教学的常态化和深层化。常态化指信息技术教学应用的时空广泛性，深层化指信息技术与英语教学的有机整合。通过常态化和深层化地应用现代信息技术，促进信息化教学从粗放型发展模式向内涵式发展模式转换，使信息技术在英语教学理论、教育学理论以及教育技术理论背景下，通过与英语课程的整合过程，逐步渗透内化为英语教育技术，在课堂生态结构和功能调整过程中充分发挥引领作用，促进课堂生态的重构，提高英语教学的效果、效率和效益。

（二）引导系统各组分同步改变

信息化语境下的大学英语课堂生态出现了失衡现象，其重要表征之一就是课堂生态系统各组分构成比重的失调，出现这种结构上的失调主要是因为系统内部各组分没有与信息技术这个主导环节因子同步协变。要重构信息化语境下的大学英语课堂生态，就必须主动干预，引导系统各组分随着信息技术的介入而发生改变。

大学英语课堂是一个微观生态系统，系统中的生物成分就是教师和学生，包括群体和个体，系统中的非生物成分就是课堂生态环境，包括课前生成的环境（课堂自然环境、信息媒体环境、师生固有水平等）、课中生成的环境（师生关系、师生课堂态度等）以及课后生成的环境（课堂文化、课堂规章制度等）。当信息技术介入课堂并成为主导环境因子后，由于系统内部各组分之间相互作用、相互影响的原因，信息技术能够在一定程度上引领其他生态因子发生同步协变。然而，由于课堂管理机制不健全、课堂生态主体的观念落后等原因，系统组分同步协变的节奏远远达不到现代教育技术迅猛发展的要求，具体体现为部分师生教学观念更新缓慢、信息素养提高不够、角色调整不到位、新的教学习惯未能养成、学习自主性不高、课堂气氛沉闷等问题。要提高系统组分同步协变的速度和质量，就必须具体问题具体分析，制定相关政策，采取相应举措，解决相关问题。

具体问题具体分析对引导系统各组分同步协变具有重要意义，因为同一个问题背后也可能隐藏着不同的导因，因此需要求助于不同的解决方案。以教学理念更新缓慢问题为例，有些教师因为缺乏对现代先进教育理念的了解，如果创造机会对他们进行该领域专业知识的培训，则问题可望迎刃而解。可还有一些教师，虽然了解现代先进教育理念，但由于个人喜好、个人习惯、职业倦怠等方面的原因，主观上抵制与信息技术发展相适应的教学理念和教学方法，对于这些教师，就不是专业培训所能解决的问题，而是要引导他们或者通过制定奖惩机制约束他们。其他问题如信息素养不够、角色调整不到位等，也要具体问题具体分析，找出背后的导因，采取相应的解决方案。

师生培训是解决课堂生态主体相关知识缺乏或能力不强的重要手段。要促进师生与信息技术教育应用同步协变，可以开展形式多样的相关培训。对于教师，可以进行现代教育理念的培训，帮助他们了解和掌握建构主义教育思想、人本主义教育思想、生态化教学、个性化教学、研究性学习、混合式学习等教育理念；可以开展现代教育技术的培训，帮助他们了解教育信息化的必要性和重要性、现代信息技术与外语教学整合的理论与实践、计算机网络的具体应用、网络教学平台的使用、课件的制作等，提高他们的信息素养。对于学生，可以在新生入学教育期间开展学前培训，让他们清晰地了解大学英语信息化教学改革的意图、目标、内容、现状、问题等，帮助他们自愿地、自觉地参与到信息化教学中来，同时，选择合适时间对他们进行相关学习软件和网络教学平台的培训，提高他们信息化学习的能力。

建立适宜的奖惩机制和规章制度也有利于促进系统组分的同步协变。比如，对于积极研究和开展网络教学的教师，可以通过制度的形式给予工作量的认可，并作为各种评比的重要参考；对于没有按照要求研究和开展网络教学的教师，可以按照一定的规定和程序进行谈话沟通，甚至扣除教学工作量或点名批评。对于学生，可以通过改变评估方式来引导和制约他们的网络学习，将学生信息化学习的时间和成效记入到该生的形成性评估或终结性评估中。学生的视听说成绩由四部分组成，包括课堂学习情况、网络学习情况、期末口语考试成绩和期末听力考试成绩，其中网络学习成绩占25%，这项规定在一定程度上促进了学生网络学习的积极性。

优化课堂教学环境有助于促进系统组分的同步协变。学校在支持信息化教学的软硬件建设方面，要坚持均衡发展和可持续发展的战略思维，统筹考虑外语教学信息化的客观需求与学校的财力、物力、人力状况协调发展。在过去几年的改革进程中，通过接触了很多高校，了解了它们的一些情况，也发现了一些问题。比如，有些学校硬件和软件建设不同步，计算机买了很多，但网络教学软件却安装得很少，不利于学生网络自主学习；有些学校购买了大量的计算机，但在多年以后没有政策和财力支持计算机的更新换代，影响了网络教学；还有一些学校，依然有一些教师只能在没有安装多媒体设备的教室里上课，教学条件跟不上师生教学的需要。课堂软环境的建设也很重要，包括合理利用多媒体课件和网络资源，营造信息化课堂教学氛围，还包括课堂教学规章制度的建立等。需要特别指出的是，在课堂生态中，相对于某个教师或学生而言，其他教师和学生也都构成生态环境，他们总体形成的教风和学风都会影响那个特定教师或学生对信息化英语教学的态度。

通过对信息化语境下课堂生态系统各组分进行主动干预调控，在具体问题具体分析的前提下，对不能与信息技术同步协变的师生进行相关培训，建立适宜的奖惩机制和课堂教学规章制度，优化信息化课堂环境，有助于系统各组分在课堂教学信息化的进程中同步协变，改变系统各组分构成比重失调的状况，促使课堂生态重新回到相对平衡的状态。

（三）控制课堂生态中真正的限制因子

生态学中的耐受性定律认为，任何一个生态因子在数量上或质量上的不足或过多，即当其接近或达到某种生物的耐受限度时，都会影响甚至阻止该种生物的生存、生长、繁殖、扩散和分布，成为生态系统中的限制因子。在课堂生态中，各生态因子之间相互作用，既受系统内其他因子的影响，又反过来影响着其他因子，最终影响到课堂生态主体的成长。这种影响接近或达到课堂生态主体的耐受限度时，则演变成为限制因子，破坏着课堂生态的平衡与和谐。要重构英语课堂生态平衡，就必须控制课堂生态中的限制因子。

要控制课堂生态中的限制因子，必须辨识诸多生态因子中谁是真正的限制因子，因此必须进行有意识的观察，观察之前要增强以下意识：①每个生态因子都可能演变成为限制因子；②限制因子有别于一般的影响因子，其影响已经接近或达到课堂生态主体的耐受限度；③该因子阻碍了课堂生态主体的成长。以现代信息技术为例，虽然我们提倡英语教育信息化，但是如果应用不当，也会对课堂生态产生负面影响。

要控制课堂生态中的限制因子，关键在于控制该生态因子面临的可能性空间。课堂生态系统中的任何一个生态因子都存在着多种发展的可能性，这种发展变化中各种可能性的集合就称为可能性空间。控制论认为，一切控制过程，实际上都是由三个基本环节构成的：①了解事物面临的可能性空间；②在可能性空间中选择某些状态定为调控目标；③控制一些条件，使事物向既定的目标运行或转化。以英语考试过程中作弊现象严重这个问题为例，如果教师想控制学生的作弊行为，则首先应该思考学生作弊的可能性空间。从作弊方式来看，可能通过书、笔记、手机、微型电子设备等工具作弊，还可能通过偷看同学答卷或偷偷与同学交流的方式进行。从作弊的时机来看，可能利用上厕所的时候作弊，也可能在临交卷的时候作弊，等等。这些可能性就构成了学生作弊的可能性空间。然后教师就以不让学生作弊得逞为目标，控制一些条件，如禁止考试过程中与其他同学交流，禁止携带书、笔记、手机、电子设备等进入考场，限制或监视学生上洗手间，在教室安装手机屏蔽仪。通过这些措施，我们使有作弊倾向的学生在考试过程中无法作弊。再以网络自主学习为例，有些学生会在网络自主学习上造假，这种虚假学习的学习方式会对学生的成长产生极大的负面影响，有可能成为课堂生态中的限制因子。另外，针对这些可能性，控制一些条件，如完善教学平台的设计，增强上网学习者的身份认证，设定在线记录学习时间的前提条件，改进提供答案的时间和方式，等等。

要控制课堂生态中的限制因子，还在于根据反馈信息进行调节。控制论认为，控制和调节都是由一个方向相反的校正活动来补偿，如同驾驶汽车，如果发现行驶方向太偏左，就必须向右进行校正，反之亦然。在课堂生态中，需要调控的限制因子是受控主体，实施调控行为的生态主体是施控主体，施控主体在分析受控主体运行的可能性空间的基础上，通过限定一定的条件控制受控主体，并从受控主体获得反馈信息，如果是正反馈，则须进一步调控；如果是负反馈，则调控起到了使系统运行接近目标的作用。在信息化英语课堂教学过程中，教师和学生都要养成不断观察和分析的习惯，预测或发现限制因子，然后通过分析和条件控制进行调控，同时获取调控后的反馈信息，判断调控行为是否有效。比如，当现代信息技术介入英语课堂后，我们可以通过分析预测到教师信息素养不高可能产生的负面影响，于是通过教育培训等手段进行调控，获得反馈信息，然后再调控，直至达到预期目标。

（四）调整课堂生态因子中的生态位

生态位理论认为，生态系统中的种群或物种个体都具有自己的生态位，即一定的时空位置和功能，并以此保持系统的正常运行。教育生态学视界中的生态位主体并不局限于种群和物种，而是包括系统的所有组分。因此，课堂教学生态中的所有要素，包括教师、学生、教材、教学方法、信息技术、课堂布局、规章制度等，都具有各自的生态位。信息技术强势介入英语课堂教学后，逐渐演变成为课堂的主导因子，带来了系统内部生态位重叠、生态位分离、生态位特化等问题，影响了系统各组分之间的和谐关系，造成了系统的失衡。要重构大学英语课堂生态，就必须调整课堂生态因子的生态位。

信息化语境下教师的生态位需要调整。传统课堂中的教师一直是知识的转化者和生产者，是学生学习知识的主要源泉，而信息化课堂中的网络资源、多媒体课件以及学生本身都可能成为知识的转化者和生产者，与教师的传统生态位出现一定的重叠，甚至出现竞争排斥现象。比如，有些学生因为在网络自主学习中已经认真学习了相关内容，面授课时就不愿认真听讲，甚至缺勤。学生在学习上遇到问题，也不一定需要向教师提问，还可以问百度或在网络论坛上问问同学。这种生态位的重叠要求教师必须改变“传道、授业、解惑”的传统角色，积极主动地探索新的课堂身份。此外，现代信息技术还给教师带来了生态位特化的问题。过去的教师如果要讲解一个单词的用法，必须认真查阅字典，寻找合适的例句，记到脑海中，以便上课时使用。虽然备课很辛苦，但对专业发展很有好处。随着信息技术的广泛使用，现在的教师如果缺少课件，上网搜索下载即可，要教学生发音，放放音频文件即可，资源丰富造成了生态位特化，影响了教师的专业发展，这些都需要引起我们的足够关注并加以适当调整。

信息化语境下学生的生态位也需要调整。随着外语教学信息化的推进，学生的地位和功能也发生了显著变化，他们再也不只是知识的被动接受者了，而是知识的主动建构者和生命价值的实现者，他们还可能是知识的分解者和生产者。随着以教师为中心的课堂逐步演变为以学生为中心的课堂，学生的角色和地位也必须进行相应调整，学生必须提高主动学习的意识，积极主动地参与各种课堂活动和网络自主学习，并积极主动地和教师建立平等和谐的师生关系。另外，生态学的竞争排斥原理揭示，当两个或更多的物种共同分享一定的生态位空间时，会出现竞争排斥现象，一个物种会被另一个物种挤占空间甚至完全排挤掉，被迫发生生态位分离。根据这一原理，我们的英语教学既要保持适度的竞争，以激发学生的斗志，同时也要通过差异化个性化培养来规避学生间激烈的竞争。基于信息化的分级教学和个性化教学有助于学生找准各自的生态位，在一定程度上避免同学间因竞争而导致的生态位重叠。此外，选克制也有助于学生根据自己的学习风格选择不同教学风格的教师，根据各自的兴趣倾向选择不同的课程。

（五）避免课堂环境构建中的花盆效应

在课堂生态系统中，环境是与教师、学生相互作用、相互影响的重要因子。教育生态学视阈中的课堂环境因子不仅包括课堂内的物理环境和人文环境，还包括对其他生态主体产生影响的教师和学生以及他们的附属特征，比如他们的教学理念、情感态度等。在构建课堂生态环境时，要以有利于师生共生为目标追求，尽力避免课堂环境对人才培养和教师发展产生负面效应。然而，在英语教学信息化的过程中，在信息技术给英语教学带来巨大便利的同时，课堂生态已然出现花盆效应，不利于师生的可持续发展。比如，一些教师因为电子课件的便利而出现了依赖性，没有课件就已经不会上课了；一些学生因为网络的便利而产生依赖性，没有网络就不会写作了；等等。要规避信息化环境所带来的花盆效应，就必须正确认识信息技术的作用，在教与学的过程中合理地使用信息技术，既要充分利用计算机网络等现代信息技术给教学带来的便利，同时也要关注自身的可持续发展，尽量避免出现信息技术强迫症或信息技术依赖症。在构建课堂教学环境时，也并非设备越贵越好，环境越舒适越好，条件越优越越好，而是要以服务于师生可持续发展为目标，合适就好，适当、适量、适时地建设理想的生态课堂环境。

另外，传统的课堂教学环境所滋养的花盆效应还依然存在。在传统课堂中，教师按照制订好的教学计划按部就班地讲解，学生安安静静地坐在教室里认真听讲，这种教与学的方式经过长期的磨合早已达到平衡。在教师包办一切的课堂环境中，学生已经养成了被动学习的习惯，在很大程度上丧失了自主学习的能力和元认知策略。这种花盆效应在面对英语教学信息化改革时，依然发挥着作用，阻碍了学生适应信息化教学环境的进程。要减弱传统课堂产生的花盆效应，调和学习主体与学习环境之间的交互关系，就必须大力培养学生自主学习的能力，帮助他们养成自主学习的良好习惯和发展自我计划、自我监控、自我管理、自我评估、自我调整学习行为的元认知策略，培养学生对不同环境的适应能力，扩大学生对环境因子的适应阈值。一名教学经验丰富的好教师一定会在“收”和“放”之间拿捏好分寸，对学生要充满信心，并尊重学生的自主权，不断创造机会锻造他们的环境适应力和竞争力。

（六）重塑互动对话的生态课堂交互

在课堂教学过程中，教师、学生和课堂环境之间需要不断地交往与互动。生态课堂教学观认为，英语学习其实就是学习者的知识和经验与外界环境交往互动的过程。课堂教学交互错综复杂，单从课堂生态主体之间的交互来看，一般存在着教师个体与学生个体之间的交互、教师个体与学生群体之间的交互、学生个体与学生个体之间的交互、学生个体与学生群体之间的交互、学生群体与学生群体之间的交互等。从总体上看，课堂教学交互就是教师个体、教师群体、学生个体、学生群体、课堂的物理环境、课堂的心理环境、课堂教学媒介等组分之间相互交织的复杂网络系统，系统内的交互越复杂，系统就越稳定，越趋向平衡。然而，在信息技术强力介入外语课堂教学之后，课堂内的很多教学交互出现障碍，导致系统出现了失衡现象。以师生交互为例，在英语教学信息化的进程中，师生之间由于目标上的差异、理念上的不同、师生比例上的失调、师生地位的巨大落差、网络教学产生的空间距离等原因，彼此之间存在交互不足和交流不畅的问题。另外，现代信息技术的广泛应用还与师生信息素养不高、教学理念落后相矛盾，与传统的教材、教学模式、教学环境、教学内容、教学评估相矛盾，阻滞了课堂生态因子之间的交往互动与对话。要重塑互动对话的生态课堂交往，有必要分析课堂教学交互的属性。

以学生为中心，可以从交互对象、参与方式、交互动机、交互力量、交互意愿、交互距离、交互效果等方面对教学交互进行属性分析和分类。从交互对象看，依据学生是否与自己交互，教学交互可以分为内部交互和外部交互。内部交互指学生与自己的交互，是一个内外知识交互和内化的过程，学生的学习效果最终取决于自身的内部交互；外部交互指学生与教师、学习资源、学习环境等之间的交互。从参与方式看，教学交互可以分为直接交互和间接交互。直接交互指学生直接参与的交互，如学生与教师、学生与学生之间的交互；间接交互则指学生没有直接参与的活动，如教师与教师之间、教师与资源之间的交互。从交互动机看，教学交互可以分为合作性交互和对抗性交互；从交互力量看，可以分为交往频繁密切的强交互和疏于交往的弱交互；从交互意愿看，教学交互可以分为学生积极主动自愿参与的主动交互和学生情非所愿的被动交互；从交互距离看，教学交互可以分为近距离交互和远距离交互，这里的距离既包括物理意义上的距离，还包括心理意义上的距离；从交互效果看，可以分为正交互和负交互，正交互指学生在与教师、学生、环境交互的过程中产生了正向的、有利于学生身心成长的交互效果，反之则为负交互。重塑互动对话的生态课堂交往，必须采用多样化的交互方式，利用计算机网络等现代信息技术的优势，搭建良好的互动平台，激发学生的主动交互，加强学生与教师、学生、学习媒介和学习资源的直接交互，以外部交互促进内部交互，提高教学交互的正向作用。要在重视直接交互的同时，意识到教师与教师、教师与资源之间的间接交互对学生学习的促进作用。

重塑互动对话的生态课堂交往，必须激发课堂交往的动力，增强课堂互动的活力。首先，平衡和谐的课堂生态结构是良性课堂交往的重要基础，因此，要充分发挥现代信息技术的引领作用，想方设法促进课堂生态系统其他组分的同步协变，实现各组分构成比重的再平衡；要正确理解和合理调整课堂生态系统内的营养结构，促进系统内的能量流动和信息流通。课堂生态中的基本营养结构是：教师是生态系统里的生产者，将来自外部世界和自我经历的信息（知识）消化转换，以学生能够吸收的方式通过课堂环境传授给学生，学生消化分解这些信息（知识），再通过课堂环境给教师一定的反馈。在生态课堂中，课堂教学交互更加复杂，作为课堂生态主体的教师和学生，相对于不同的对象，既可能是知识的生产者，也可能是知识的消费者，还可能是知识的分解者，他们在复杂的课堂交互网络中，身兼三重角色。其次，友好的物理教学环境也是激发学生课堂交互的重要动力。图文并茂、生动直观的多媒体课件能够激发学生的学习热情和参与课堂活动的兴趣，有利于加强学生与教师、学生与教材、学生与学习资源之间的直接交互。学习友好型网络教学平台能够为学生的自主学习和课堂交往提供便利，一款精心设计、功能强大的网络教学平台能够缩短学生与教师、学生与学习资源之间的心理交互距离，有利于激发学生课堂交往的主动性。舒适的课堂物理环境、合适的座位编排等都能增强课堂教学交往的动力。再次，良好的课堂人文环境也是促进学生课堂交往的重要因素。平等和谐的师生关系是课堂教学交互的重要动力源，和谐亲近的师生关系有益于激发学生高昂的学习干劲和参与课堂活动的动力，创造教师乐教、学生乐学、师生乐于交往对话的平等和谐、充满生机的教学情境和氛围。良好的教风学风也是课堂教学交互的动力源泉，教师的良好教风和学生的良好学风具有群体示范性，能够引导学生良性发展。

（七）恢复信息化课堂的生态系统功能

任何系统都是结构和功能的统一体，稳定的结构有助于系统功能的发挥，系统功能的正常发挥也有助于系统结构的稳定。但是与结构相比，系统的功能具有更大的可变性，受环境的影响更大。系统的功能是由结构和环境共同决定的，系统内部或外部环境发生变化时，系统结构就会受到扰动，系统功能也会发生弱化甚至异变。信息技术进入英语课堂并发展成为主导环境因子，给系统结构造成了巨大扰动。系统内部各要素都在一定程度上发生着变化，课堂生态系统优化结构的功能、调谐关系的功能、促进演化的功能和生态育人的功能都遭到了削弱。要重构信息化语境下的大学英语课堂生态，就必须调整系统结构，优化系统环境，逐渐恢复已经弱化的系统功能。

利用失衡系统的自组织能力，可以逐渐实现英语课堂生态的再平衡，恢复信息化英语课堂的生态功能。系统科学认为，系统在无外界环境和其他外界系统的干预或控制下，也具有通过自身的力量自发地增加系统活动组织性和结构有序度的能力。不过，完成自组织过程须满足一个前提条件：系统必须是一个远离平衡的开放系统。为了保持系统远离平衡态，必须由外部环境持续向系统输入能量或低熵物质，使系统及其元素处于一个动态过程，经过一系列循环的变化，逐渐走向平衡。大学英语课堂在现代信息技术的冲击下，亦然成为一个远离平衡的系统，如果学校对英语教学信息化的软硬件投入能够持续，信息技术这个主导环境因子最终会拉动系统其他组分在相空间里朝着分岔点移动，形成系统合力，进入相对平衡的状态。比如，如果一个教师的信息素养不够，不愿采取适应信息化教学的方法和手段，但若每次他走进教室，看到的都是多媒体教室，面对的都是渴望信息化教学的学生，当他走出教室时，发现自己的教学效果不好，而且其他同事都在采用信息化教学，那么，这些反馈信息迟早会对他产生影响，改善该教师信息素养不高与信息化生态课堂的要求之间的矛盾，促使他改变教学方式和手段，帮助他改善与学生的关系。自组织和自我调节过程是系统演化的重要机制，但是，这个自组织过程并不是一个渐进的、平稳的过程，而是一个内在酝酿的、突然的、飞跃的过程，时间成本高，一般要经历很长的时期。要解决教学生态中的失衡问题，还需要辅以主动的控制和调节。

建立课堂生态恢复机制是实现英语课堂生态再平衡和恢复英语课堂生态功能的重要手段。课堂生态恢复机制以维持或重构理想状态的系统结构和功能为目标，以课堂生态主体为调控者，根据系统中某个或某些影响因子的特点和作用方式，主动调控这些影响因子。调控过程一般遵循“认知—调控—获取反馈—再调控”的范式，先了解影响因子的特点和作用方式，然后针对影响因子采取相关举措，观察和获取系统对于调控的反馈信息，针对性地采取进一步的调控措施。

调控措施一般包括预防措施和补救措施，预防措施是在系统失衡之前通过预测而主动采取的规避措施；补救措施是在系统失衡之后采取的修正措施。调控是否能够达到预期目标，取决于调控主体的能力，包括对影响因子的认知和分析能力、制订适宜的调控方案的能力、选择恰当的调控时机的能力、观察和获取反馈信息的能力等，这些调控能力的提升需要不断学习才能获得。

实现现代信息技术与英语课堂教学的有机整合，是恢复信息化课堂生态功能的根本举措。在整合信息技术与英语教学的过程中，应以构建师生共建式生态课堂为目标，以实现系统输入与输出的平衡、生态因子之间的和谐、教学目标与教学成效的一致、师生共同成长为追求，创设生态化课堂环境，培育平等对话的良好师生关系，采用混合式教学模式，合理调整师生角色定位，建立多维课堂教学交互，构建多元教学评价体系。当现代信息技术与英语课堂生态达到高度契合和水乳交融时，课堂生态就有了新的不同质的结构，这种优化后的结构在与环境交互的过程中能够更好地发挥优化结构的功能、调谐关系的功能、促进演化的功能和生态育人的功能。信息技术与课堂教学的有机整合，有利于解决系统内部的失调问题，包括教师教学理念、教学角色与英语教学实践的失调，学生学习习惯、信息素养与英语学习目标的失调，多媒体、立体式教材使用方法与英语教学效果的失调，新的英语教学模式与传统英语教学系统的失调，传统评估方式与英语教学目标的失调等。

（八）保持课堂生态中的活水效应

活水是动力之源，能帮助系统保持持久的动态平衡。生态学上将生态因子的不断优化或物质能量的不断输入而使生态系统保持动态平衡的现象称为活水效应。信息化语境下的英语课堂要达到并维持动态平衡，就必须依靠源源不断的“活水”。这里的“活水”既可以是系统内部各生态因子的优化，也可以是来自系统外部的物质和能量输入。

（1）保持课堂生态的活水效应，需要不断优化课堂生态因子，包括教师、学生和课堂环境。在英语教学信息化的语境下，教师要积极主动地学习新的教学理论，提高自身的信息素养，调整新的课堂角色，尝试新的教学方法，使用新的教学手段，采用新的评估方式。学生方面也要与时俱进，了解现代教育理念，提高自身的信息素养，调整学习风格，发展自主学习能力。关键的是，师生都要树立终身学习的理念，只有这样，才能从根本上解决不断自我优化的动力问题。课堂环境的优化包括师生关系的改进、课堂气氛的好转、学风班风的改进、信息技术的应用、学生的座位编排、多媒体教室的建设等。优化的课堂生态结构能够为课堂注入新的演化动能，促使系统保持动态平衡。

（2）保持课堂生态的活水效应，需要外部物质和能量的不断输入。课堂生态系统是一个开放系统，不断与外界环境进行着交互，主要是物质和能量的交换。另外，教师需要终身学习，通过与外部世界的交互了解新的教学理念，学习新的知识，适应新的教学环境，发展新的教学能力。学生也应通过与内外环境的交互实现物质和能量的流通以及信息的转换。具体而言，就是接受新的知识，培育新的动力，转变学习观念，提高信息素养，改进学习方法，养成良好习惯，掌握学习策略，增强自学能力。

（3）保持课堂生态的活水效应，还须努力创造条件，使课堂生态中物质、能量和信息通畅地流通和交换。生态链法则揭示，物质、能量和信息在生态系统中的流通会产生富集和降衰现象，富集指聚集放大效应，降衰指逐级递减现象。就课堂生态中的信息流通（知识传递）而言，教师从课本上吸收知识，然后传递给学生，这个过程一般会出现降衰现象。因此，要给课堂生态注入活力，就需要扩大学生和教师的信息源，并在信息流通过程中充分发挥现代信息技术能够提供真实语境的优势，减少信息流通中的降衰，促使信息在学习者身上出现富集现象。就学生而言，教材、教学课件、教学录像、网络课程、教师、同学等都应成为他们的信息源，学生通过大量的读和听的方式，从这些信息源摄入充足的信息，内化为自己的知识。

四、信息化语境下大学英语生态课堂重构的实践策略

重构信息化语境下的大学英语课堂生态，可以遵循生态性、系统性、人本性和有效性原则，通过发挥主导因子的引领作用，控制限制因子的影响、构建生态化课堂环境等思路，恢复课堂生态的结构和功能。在课堂教学实践中，可以通过创新大学英语教学观念、创建多维互动教学环境、提高师生信息技术素养、采用因境而异的教学方法、发展平等和谐的师生关系、构建多元多向评价体系等措施，构建生态课堂。这里需要指出的是，课堂生态的平衡还与课程建设紧密相关，因此，教师需要终身学习，通过与外部世界的交互了解新的教学理念，学习新的知识，适应新的教学环境，发展新的教学能力。学生也应通过与内外环境的交互实现物质和能量的流通以及信息的转换。具体而言，就是接受新的知识，培育新的动力，转变学习观念，提高信息素养，改进学习方法，养成良好习惯，掌握学习策略，增强自学能力。外部物质和能量的输入还包括教育部门对课堂教学的支持，如添置一套系统设备、拨付一笔经费等，都能为系统注入新鲜“活水”，维持系统的平衡运行。探讨如何建立分级分类培养体系和如何设置分层分类课程体系。

（一）转变大学英语教学观念

计算机网络等现代信息技术推进了大学英语教学改革，使很多先进的教育理念得以实施。但是，由于各高校推进改革的力度不同、教育技术的使用程度不同、师资的专业背景不同、学生的教学期待不同等原因，很多高校在大学英语教学信息化改革过程中，依然在不同程度上存在着“五重五轻”现象，导致了现代信息技术与落后教学观念之间的失衡。要改变这种失衡状况，需要尽快转变大学英语教学观念。信息化语境下大学英语教学存在的“五重五轻”现象如下：

(1) 重“教”轻“学”。我国很多学科长期以来都在一定程度上存在着重“教”轻“学”现象，即强调教师“教”的作用，忽视学生“学”的重要性。随着二语习得研究的

进一步发展，很多英语教师都认识到学生在学习中的主体作用和教师的主导作用。但是，在实际的教学中，由于多种原因，一些教师的行动和理念依然分离，仍然有相当多的英语课堂教学没有摆脱传统的“以教师为中心”的知识灌输型教学，课堂上几乎都是教师在讲解，学生都在静静地听课和做笔记。教师对自己“怎么教”关注较多，而对学生“怎么学”思考得不够，没有给学生足够的空间发挥他们的学习自主性和主观能动性。

（2）重“知识”轻“能力”。目前，还有部分英语教师认为，大学英语教学的最终目的仍然像中学那样，就是教给学生一定的英语语言知识，培养他们的英语语言技能。教师在课堂上，常常会认真负责地、反复地讲解某些词或词语的用法，分析某种语法现象和句型，细致讲解文章的内容，并以此作为外语教学的全部。实际上，这种仅以传授英语语言知识为宗旨的课堂教学，忽视了学生的语言综合应用能力以及自主学习能力的发展，影响了学生的可持续发展。

（3）重“控制”轻“开放”。有人曾将中国的教育和西方的教育做了对比，并得出结论，影响中国学生创新能力发展的重要原因之一，就在于中国教育自始至终强调纪律性，也就是强调教师对学生的控制和严格管理，结果培养出了一个个认真听话但缺乏批判思维和创新思维的“人才”。这种说法也不无道理。正是因为长久以来的严格控制，剥夺了很多学生积极参与开放式学习的机会，减弱了学生的学习内驱力，影响了学生个性化发展和开放式思维习惯的养成。

（4）重“统一”轻“个性”。统一内容、同一步调的教学只能关注学生的共性问题，难以达到分类指导、因材施教的个性化教学要求。当然，在有限的课堂时间里讲解一些共性的知识，固然会更具效率，然而当今以信息科学为支持的大学英语课堂，最终要求教师凭借网络和多媒体的东风，促进学生个性化、多元化、差异化发展。忽视学生个性化发展的教学难以培养出创新型拔尖人才。

（5）重“接受”轻“探究”。在英语学习过程中，传统的学习文化在很多同学身上根深蒂固，他们认为学习就是学习者对确定性的外部知识的寻求和把握，因此，很多学生习惯于被动地服从“权威”，消极地接受和理解教师用定论的方式传授给他们的人类先前积累的知识、经验和方法。在整个学习过程中，他们缺乏主动的参与意识和探究精神，没有意识到探究的能力比知识的获取更加重要。

上述大学英语教学中存在的“五重五轻”现象，在当前的信息化教学改革中，已演变成为严重影响大学英语课堂生态平衡的不和谐因子，阻碍了信息化语境下大学英语课堂生态的重构。要从根本上改变这一局面，就必须以转变教学观念为先导，带动教学方式和学习方式的彻底革命。

（1）变“以教师为中心”为“以学生为中心”。建构主义心理学认为，知识是个体在与环境交互作用的过程中逐渐建构的结果。因此知识不能由教师传授，而只能由学习者进行建构。就英语学习而言，英语不是教会的，而是学生学会的。罗杰斯的“以学生为中心”的教学理论认为，学生是学习活动的主体，他们具有内在的潜能，也能够自动发展自己的潜能，因此学习哪些内容，如何学习，以怎样的进度学等问题都应由学习者自己讨论决定，教师只能起帮助者和参与者的作用。

（2）变“知识传授”为“能力培养”。学习是一种过程，而不是结果，“学会如何学习”的意义比“学会什么”更为重要，因此，“授之以渔”比“授之以鱼”重要得多。能力培养应以学生自主学习能力、探索创新能力的提高为重要目标，培养学生的元认知策略和学习策略，教会他们学会学习，真正体现“教是为了不教”的教学理念。教师不能停留在讲授多少个语言点或多少个语法结构上，而是要帮助学生在学会学习的过程中获得知识，发展能力，尤其是可持续学习能力和创新能力。

（3）变“控制性学习”为“开放性学习”。开放课堂学习模式实质上就是要求学习者自己调节学习过程，让学习者为自己的学习行为负责的学习。开放性学习实质上是课堂权利向学生的开放，由此带动学习思想观念的开放，学习时间、空间的开放，学习方式的开放，学习体会和感受的开放，学习决策过程的开放和学习环境的开放。开放性学习方式既有助于发展学生个性和提高学生学习自主性，还有助于提高学习者的学习兴趣，发挥学习者多方面的潜能，增加学习者与教师、同学、资源等之间的交互。

（4）变“统一性学习”为“个性化学习”。未来社会将是个性飞扬的世界，大学英语教学也必须适应个性化发展的实际需要。个性化学习强调学生个性化学习方法的形成和自主学习能力的发展。个性化教学应通过个性化培养体系、个性化课程设置和个性化教学手段等，激活、诱导学生学习的积极性，促进学生形成良好的学习态度和学习心态，提高学生自主学习的能力，让学生潜在的个性特长得到充分的发展。尤其是开放课堂学习模式，为学生独立性的发展提供了便利。在开放学习的网络课堂上，同一时间内，学生们不再需要按照同样的步伐学习相同的内容，而是能够按照个人的意愿制订自己的学习计划，选择个性化的学习内容，确定个性化的学习进度等。

（5）变“接受性学习”为“探究性学习”。接受学习虽然有别于被动学习和机械学习，但它只着眼过去，是掌握现成知识的一种学习方式，缺乏探索和发现精神，不利于创新能力的培养。相反，研究性学习强调的却是探索学习和发现学习。探究是人类的天性，通过探究，个体建构自己对于自然及人工环境的理解，乃至对自身的理解。探究包括模拟驱动的探究性学习（将某个事件或人物作为榜样进行效仿）、兴趣驱动的探究性学习和问题驱动的探究性学习。相对于接受性学习，探究性学习具有开放性、自主性、过程性、实践性等特点，有利于学习者创新能力的发展。

实现以上观念的转变，必将带动教师教学方法的变革，提高教学成效。但有一点需要说清楚，上述“五变”指教学观念的改变和教学重心的调整，但这并不是将“以教师为中心”和“以学生为中心”、“知识传授”和“能力培养”、“控制性学习”和“开放性学习”、“统一性学习”和“个性化学习”、“接受性学习”和“探究性学习”完全对立起来。我们不能完全否定前者，而是应以后者为主，前者作为适当补充。

（二）构建分级分类培养体系

分级分类培养指按照学生在学习水平、学习需求、学习风格等方面的差异性而分班级、分层次、分类别组织教学的一种人才培养方式，这种培养方式会带动课程、教材、教师、教学方法等课堂生态因子的差异化配置，从而形成一种不同于传统的按原初班级组织教学的新型培养体系。一般而言，分在同一级别的学生具有英语水平、自学能力等方面的相似性，生态位基本相同。教育生态学认为，处于同一生态位的教育生态个体之间，由于所处的层次相同，面临的问题相近，在一些关键时刻，竞争尤为激烈，这种同一生态位下的竞争，有其积极意义，能起到鼓舞斗志、增强学习动机的作用和效果。

大学英语分级分类教学较早出现在20世纪90年代，当时迫于师资严重短缺、学生人数急剧上升等因素，同时考虑到分级分类教学对提升教育教学质量的积极作用，一些高校开始积极探讨分级教学。随着现代信息技术的迅猛发展，分级教学面临的一些操作层面的困难都能迎刃而解。现代信息技术为分级分类教学的顺利实施提供了便利。

基于信息化的大学英语教学改革也对分级分类教学提出了要求。《课程教学要求》规定，“大学英语教学应贯彻分类指导、因材施教的原则，以适应个性化教学的实际需要”“大学阶段的英语教学要求分为三个层次，即一般要求、较高要求和更高要求”，这三个层次的要求是学生在大学阶段应当选择达到的标准，其中一般要求是本科毕业生应达到的基本要求，较高要求和更高要求是为有条件的学校或学生所推荐的标准。这些规定要求大学英语教学必须充分考虑学生的英语基础和个性需求，选择不同的培养目标，制订不同的培养方案，实行分级分类培养。然而，全国高校因具体情况不同，有些高校至今还没有充分利用现代信息技术的优势开展分级分类教学，使传统的教学模式和现代信息技术的要求之间存在失调，很多已经开始分级分类教学的学校也还存在进一步完善的空间。

目前，在全国范围内，比较流行的分级分类培养方案是在英语四级课程期间进行分级培养，在英语四级后续课程中实行分类培养。新生入学后先按英语水平定级，定级的依据可以是学生的高考英语成绩，也可以是本校组织的分级考试成绩。由于全国各省份高考试题不同，英语的总分值也不同，因此在给学生定级前需要根据生源省份对学生的成绩进行百分化处理，然后才基本具备可比性。如果运用传统的手工计算，则需要很大的工作量，但若借助数据库或 Excel 表格的数据处理功能，或再设计一个“高考分数百分化处理软件”，则能减少工作量，同时提高准确性。实际上，很多学校考虑到高考分数的非可比性，一般会自行组织一场新生分级测试。在设计分级测试试卷的过程中，应根据本校的生源情况和分级教学方案，确定分级测试的试题类型和各种试题的比重，编写考试细目表，然后再认真编写试题、精心组织考试、科学统计分析和合理分级分班。

分级的范式主要有三种：①分 A、B 级或快、慢班，按两种不同的要求进行培养；②分为一、二、三级或二、三、四级，按三种不同的要求进行培养；③分为一、二、三、四级，按四种不同的要求进行培养。在这三种范式中，尤以第二种居多，因为这种培养方案基本对应《课程教学要求》中的一般要求、较高要求和更高要求。

在分级过程中，班级的大小、各级之间的学生比例、各级内部的班级安排等都应仔细考虑。生态学上的最适密度原则认为，种群密度太低或太高都会对种群的增长起着限制作用，只有在种群密度处于适度大小时，种群的增长最快。在英语课堂教学中，班级太大就会增加课堂活动组织与管理的难度，从而导致课堂交往减少或混乱，影响教学效果；班级太小也不利于发挥群力效应，不利于学生之间的相互学习。长期观察发现，英语教学班级的大小应该根据课型和学生类型的不同而改变，一般而言，口语课班级的最佳人数在 15~20 人，精读课或综合英语课班级的最佳人数在 30~35 人，听力课的班级人数可以达到 50 人以上。网络虚拟课堂基本不受人数限制，但从管理效率和师生交往的角度看，最好在人数上与传统课堂班级基本相当，或就以传统课堂班级编班管理。就学生水平高低而言，高起点班级由于英语水平、学习习惯、学习方法等方面的优势，班级人数一般可以比低起点班级人数稍多一些，网络自主学习的时间也可以多安排一些。

在实际分班过程中，还不得不考虑本校教师人数、学校教室数量等对班级大小的制约。由于考虑到师资力量不够、教室数量也不太宽裕的原因，有的学校最近几年口语班人数基本控制在 25~30 人，综合英语班级人数基本控制在 45 人左右，听力为学生网络自主学习课程，不限人数。这样做的基本原则是，互动性强的课程人数略少，互动性弱的课程班级可以略大一些。

在分级的时候，还应科学设置各级之间的比例。多年来，新生入学后都会根据分级测试的成绩分为一、二、三、四级起点班。

在分级培养过程中，每相邻的两个级别之间可以实行滚动机制。生态学上的边缘效应表明，在两个或多个不同的生物群落交界处，往往结构复杂，出现不同种类的生物共生，且种群密度变化较大，某些物种特别活跃，生产力也相对较高。边缘效应给英语分级教学的启示是，如果在两个相邻级别之间建立上下滚动机制，主要是以向上流动为主，则有利于一些学生的更快成长。比如，学校可以规定，在每学期之初，根据学生上个学期的期末成绩，选择一级起点班中成绩最优秀的小部分学生（比如 5%）进入二级起点班学习，选择二级起点班中成绩最优秀的小部分学生（比如 6%）进入三级起点班学习，这样有利于学生之间形成适度的竞争，增强学生的学习动机，促使学生积极主动地学习。同时，我们可以让一些补考不及格的同学重修原级别的课程。

分级教学中，起点不同，则终点不同。一般而言，入学时被分在一级起点班的同学，两年的大学英语学习目标就是达到《课程教学要求》的基本要求，课程教学的目的主要是提高学生的英语语言技能。二级起点班的同学会用一年半的时间完成大学英语四级的学习，最后一个学期可以根据自己的兴趣倾向和学习需求选修课程，最终争取达到《课程教学要求》中的较高要求。三级起点班的同学则用两个学期完成基本的英语四级学习，后两个学期以选修课程为主，最后争取达到《课程教学要求》中的更高要求。四级起点班则有 3 个学期的时间自主选修个性化课程。在学分管理上，分级教学包括必修、选修、免修、重修等修课方式，对于四级课程采取必修的方式，对于四级后续课程采取选修的方式，对于高起点的学生来说，低起点的未修课程可以采取赠送学分的方式予以鼓励，对于未能通过补考的学生采用重修的办法。选课可通过设计网络选课系统来完成。

目前，分级教学主要是根据学生入学水平进行分级。对同一级别里的学生，我们还可以让他们根据自己的学习风格以及对不同教学风格的适应性，选择同级别内的不同班级学习，或根据喜欢的教师选择班级学习。选班的周期可以控制为每学期一次，也可以定为几周一次，甚至每周一次。从管理的便利性以及师生关系的良性发展来看，建议以每学期选课一次为佳。如果师生之间的适应性好，学生可以在第二学期甚至第三学期继续选择相同教师的课程；如果师生之间的适应性不佳，则可以在第二次选择中规避，这样有利于师生关系的良性发展和学生的健康成长。

四级后续课程主要采取分类培养的方式，学校提供多样的课程选择，学生根据自己的发展需要和兴趣倾向，选择不同的课程班级。为了避免学生在学分修满的情况下放弃选课，我们也可以采取必选的方式，比如，可以要求学生必须在所提供的 6 门课程里选择 2 门课程修读。

由此可见，在分级分类教学中，不同级别、不同类别的班级教学目标不同，培养方案也不一样。具体而言，就是选择的教材、学习的进度、教学的手段、教学的方法、评估的内容都应该有所不同。这种差异化培养体现了个性化教学的理念，较好地满足了学生个性化发展的不同需求。

需要指出的是，任何事物都有两面性，分级分类教学也不例外，既有其优点，也有其缺点，但就大学英语教学来说，优点毫无疑问远远多于缺点。反对分级分类教学的主要观点是，分级分类教学会在一定程度上挫伤低起点学生的自尊心和自信心，也影响低起点班级的学生课堂参与度，而且似乎有违“有教无类”的教学原则。但是由于大学英语的覆盖面广，修读的学生人数多，学生的差异性大，实行分级分类培养具有可操作性，更有利于提高教学效率。将学生进行分级分类教学，并不违反“有教无类”的原则，因为将学生分级分类，并不是为了放弃后进生，而是为了提高教学效果，更好地培养他们。至于对低起点学生自尊心的影响，恰恰需要我们教师对学生进行正确的引导和解释，消除分级分类教学可能带来的负面效应。

（三）设立分层分类课程体系

分级分类培养体系需要分层分类课程体系的支撑。大学英语课程设置需要充分考虑教学对象的层级性、教学目标的多元性和教学需求的多样性，设计不同层级、不同类别的课程群，以满足学生差异化、个性化发展的需求。《课程教学要求》规定，各高等学校应根据实际情况设计出各自的大学英语课程体系，“将综合英语类、语言技能类、语言应用类、语言文化类和专业英语类等必修课程和选修课程有机结合，确保不同层次的学生在英语应用能力方面得到充分的训练和提高”；大学英语课程的设计应“大量使用先进的信息技术，开发和建设各种基于计算机和网络的课程”。因此，大学英语课程应该校本化、差异化、层次化和信息化。

校本化指从学校的实际出发，充分考虑本校学生的具体情况，依托学校自身的资源优势和特色，进行相关的教育教学活动。大学英语课程设置必须考虑各个学校的具体情况，开设适合学生持续发展的课程。最近几年，关于大学英语教学究竟应该以教授基础英语为主，还是以学术英语（EAP）为主，还是以专门用途英语（ESP）为主，形成了不同的流派；关于基础英语中究竟应该以听说为主，还是以读写为主，争论也很激烈，主要有以下观点：第一，随着大学新生英语水平的迅速提高和我国国际交往的日益频繁，大学英语的定位应当是专门用途英语教学，包括通用学术英语、专门学术英语和行业英语。大学英语课程应兼具工具性、专业性和人文性，其中以工具性最为重要。大学英语应该在建设好普通英语课程的同时加大后续课程的开设力度，开发、建设专门用途英语课程和通识教育类英语课程。第二，我国高校门类众多，培养目标不一，各校应该制定适合自己校情的教学大纲，重点培养学生的语言综合运用能力，尤其是阅读能力。虽然听说能力的培养也重要，但就中国实际国情和对外交往程度来看，培养阅读能力更具实效性。

由于全国高校众多，生源情况各不相同，中学英语水平也有地区性差异，所以学生的基础英语水平并不都如少数重点大学的学生那么高，大部分学生都还需要在大学英语阶段进行基础英语教学。另外，即使同一所大学，由于学生人数众多，学生的英语水平也必定参差不齐，因为即使生源较差的高校，即使录取的学生总分偏低，但这也不能说明学生的英语成绩就低。观察发现，即使三本或专科院校中，也不乏英语成绩很好的学生。所以课程设置既要考虑本校的总体情况，还应考虑本校学生的差异性。换言之，课程设置既要校本化，还要差异化和层次化。按照《课程教学要求》的规定，大学英语课程设置还须达到一定程度的网络化。这里的网络化有两层含义：①大学英语课程群中包含网络教学的课程要达到一定的比例；②含有网络教学的课程中，网络教学与课堂面授要达到一定的比例，具体比例依据课程类型而变化。

（四）建立多维互动教学环境

生态课堂教学观认为，外语学习的过程其实就是学习者与教师和教学环境不断交往互动的过程。交互为课堂生态提供了信息流转的动力，为师生关系提供了润滑与保健，为学生的外语习得提供了体验与实践。课堂交互应该是多维的，包括教师个体与学生个体、教师个体与学生群体、学生个体与学生个体、学生个体与学生群体、学生与环境、教师与环境等之间的交往互动。这种交往关系越复杂，课堂生态系统就越稳定，课堂教学效果就越好。正因为如此，构建多维互动教学环境就显得异常重要。

就课堂教学而言，教学环境既包括课堂外部环境，也包括课堂内部环境。课堂生态是一个开放系统，不断与课堂外部环境进行物质和能量交换。如何构建课堂外部环境以促进课堂内部的交往互动，这就需要外部提供支持课堂交互的社会环境和物质条件。例如，如果外语教育界近阶段都比较重视语法翻译法教学，那就不利于课堂内部的交互；相反，如果近期外语教育界普遍推崇交际法进行课堂教学，则有利于组织充满互动的课堂教学活动。又如，如果上级主管部门不同意给教室配备可移动的桌椅，则可能影响课堂内交互活动的组织；如果上级理解并支持将传统教室改造为可变换桌椅组合的教室，则有利于课堂内的交互。可见，课堂外部环境的具体情况对课堂交互具有一定的影响。我们在日常工作中，就应该积极争取条件创建有利于课堂多维交互的外部环境。

构建多维互动教学环境，应主要着眼于课堂内部环境的打造。课堂内部环境可分为课前生成的环境（教室的物理环境、师生背景、教学媒介等）、课中生成的环境（师生关系、生生关系、师生情感态度等）和课后生成的环境（班风学风、课堂规章制度等）。要打造有利于多维互动的课堂环境，首先要关注教室的物理环境和师生背景。现代外语课堂需要多媒体的支持，因此课堂需要配备网络和多媒体教学设施，使教师能够在课堂教学中适当使用多媒体课件，并通过访问互联网的方式，及时查看和处理学生网络自主学习的情况。在课堂教学过程中，教师应积极打造建构型或师生构建型课堂生态，使学生在舒适的课堂氛围中利用课堂交互活动自我建构知识。教师应习惯性关注教室的座位编排方式、学生落座的位置、教学的方式方法和情感态度、学生之间的竞争与协作等情况，对发现的问题予以及时解决。比如，如果发现学生都集中坐在教室的后部，就应动员学生坐到前排，改变他们对待学习的消极态度；如果发现座位编排不利于当天的课堂活动，就应该根据需要及时调整座位布局；如果发现教学方式沉闷，就应及时调整教学安排，增加课堂互动环节。课后生成的环境主要指班风学风以及课堂教学规章制度等，好的班风学风和课堂规定都会促进课堂生态因子之间的交往互动。在日常教学中，教师和学生应该共同努力，缩短师生之间的心理距离，建立良好的师生关系，开展平等和谐的课堂交往，共同营造一个有利于课堂交互和知识建构的班风学风，并制定一些有助于规范教与学行为的规章制度，打造有利于课堂内多维互动的教学环境。

（五）提升师生信息技术素养

师生信息技术素养是决定基于信息化的大学英语教学改革能否取得成功的关键因素之一。如果作为课堂生态主体的教师和学生信息技术素养不高，就很难和作为环境因子的现代信息技术形成良性交互，课堂生态的生产力就比较低，信息化教学效果就会不尽如人意。相反，如果师生信息技术素养高，则能充分利用现代信息技术的各种优势，提高教与学的效率。

当前，全国高校都在一定程度上存在师生信息技术素养有待提升的问题，主要体现在信息技术的应用能力不强以及面对信息技术的修养不够高。虽然大多数教师都能运用多媒体课件辅助教学，但是不少教师缺乏在互联网上检索、获取和分析自己所需信息的能力，缺乏自己制作或改造多媒体课件、自己利用计算机软件处理音频和视频文件的能力。正因为如此，有些教师就会害怕技术，甚至产生技术恐惧症，在教学上表现为不使用技术或低值使用技术的问题。学生也有技术能力不足的问题，比如：有些学生缺乏在学习界面自己摸索的能力，有些学生缺乏完成基于网络的研究性学习任务的能力，等等。在信息修养方面，教师主要体现为完完整整不加修改地使用从互联网上下载的教学课件，没有考虑到各个教师在教学风格甚至教学内容上的差异以及版权问题；学生方面主要体现为利用多媒体网络技术在完成学习任务上的作假作弊行为。比如在《新时代交互英语视听说教程》网络版的学习过程中，有些学生会使用一种叫网络加速器的软件，在学习时间上弄虚作假，还有不少学生使用网络上搜索到的练习答案完成学习任务。在《新视野大学英语读写教程》的网络学习过程中，有些学生会利用登录系统后凭空“挂出”的上网时间代替自己真正的网络学习时间，这些都是信息道德和修养方面的问题，严重影响了网络教学的有效性。

提高师生信息技术素养，可以通过思想引导和业务培训这两个途径，解决师生信息意识不强、信息道德不高、信息技术知识不足、信息能力不够四个方面的问题。对于教师，要解决好意识问题和技术问题。大学英语教学管理者和负责人可以利用会议讲话、个人谈话、优秀教师信息化教学展示、定期集体备课或座谈等方式，帮助广大教师明了教育信息化的大趋势、现代信息技术应用于外语教学的巨大优势和使用信息技术组织教学的便利性；还可以通过科学合理地制定信息化教学的激励政策，认可并奖励教师用于网络教学、网络管理和网络交互的工作量；还可以定期组织课件制作大赛等，以此增强广大教师使用信息技术的主动性、积极性和自信心。要针对性地举办一些信息技术培训班和网络教学平台使用培训班，增强教师的信息技术知识，提升他们的信息技术应用能力，帮助他们熟悉教学中需要掌握的各种教学软件的功能和操作流程，鼓励他们制作适合自己教学风格的课件，或对已有现成课件进行个性化改造。对于学生，要解决好意识问题和修养问题。主要办法就是依靠专门的培训（比如新生入学教育培训活动）和任课教师的引导，让学生了解为何要进行信息化学习、怎样进行信息化学习以及学习哪些信息化资源等问题。教师可以制定相应的评价机制、监督机制和奖励机制来进一步引导和规范学生的信息化学习行为。

提高师生信息素养，必须坚持在教学实践中长期使用现代信息技术。只有当师生在使用信息技术教与学的过程中真真切切地感受到便利和成效，才会自觉增强信息意识，信息能力才会自然提升。一旦师生的信息技术素养得到了提高，信息化教与学的方式就会更加适切，师生网络互动就会更加频繁，信息化教学的成效就会显著提升。

（六）提供立体化教学资源

现代信息技术的发展为提供立体化教学资源准备了条件。传统课堂中的教学资源非常有限，学生所学知识主要来源于教师和教材，受时空的局限性很强。现代信息技术增加了知识存储、转换、传播的方法和途径。仅就知识的存储途径来说，现代课堂教学中学生需要学习的知识可以存储在纸质教材、DVD 光盘、多媒体课件和网络教学系统中，当然还可以存储在教师和学生的大脑里，第二课堂还有英语广播和电视录像。在信息化语境下，教师应该顺应时代发展的要求，与时俱进，努力为学习者提供立体化教学资源。

就课堂教学而言，立体化教学资源主要指教材、光盘、多媒体课件和网络学习资源的组合。当前，这个组合还存在内容几乎重叠、使用相对孤立的问题，没有真正形成一个相互辉映、相互关照的有机整体，因此只能称之为学习资源集合，不能称之为学习资源系统。系统科学认为，只有在各个组分构成整体并有新质涌现的情况下，才成其为系统。教师应科学整合这四种教学资源，使之成为一个相互作用、相互影响、相互辉映、相互补充的“四位一体”的教学资源系统，使这四种教学资源在课堂教学中形成合力，共同推动大学英语课堂教学质量的提升。要打造“四位一体”的教学资源体系，就应该充分考虑到不同教学媒介的优缺点，本着分工协作的精神，在一定的内容共核上寻求适合学生认知风格的差异化内容配置。纸质化教材具有携带方便、使用简单、无须配备计算机等其他设备或准备网络环境等其他附属条件等优点，而且还能迎合人们传统的学习习惯，因此具有难以替代的自身优势。正是因为这些优势，可见，纸质教材将在相当长的一段时间内，继续担当着立体化教学资源的主轴，其他教学资源须以纸质教材为基础进行延伸拓展。因为纸质教材的核心地位，教师在编写时一定要将现代教育理念、信息化教学环境、以学生为中心的教学方法等因素充分考虑进去，使教材成为先进教学理念和教学方法的集合体。陈坚林在分析以往教材的基础上提出了研发第五代教材的构想，认为教材的编写应考虑理念、结构和方法三个方面。在理念和方法上应采取兼容并举的态度，既要考虑最新的研究成果，也要考虑传统理念和方法的存在价值；在结构上需要打造由纸质平面课本、多媒体光盘和计算机网络学习平台共同组成的第五代教材体系，其观点具有很好的启发意义。

当体现着先进教学理念的纸质教材编写完成后，我们可以为之配备教学光盘。光盘比较小巧，携带也很方便，最重要的是，它能够通过现代信息技术将学习资源生动形象地动态化、立体化展示出来，这些优势应该在内容选择和呈现方式选择上予以充分考虑，使之在一定程度上代替教师的传统课堂讲授。因此，光盘里的内容应该包括教材上的内容，同时弥补教材缺少声音图像和详细讲解的缺点，成为纸质教材的有效延伸。多媒体教学课件也应以教材内容为蓝本，同时考虑课堂教学的需要以及课堂教学时间的有限性，适当增加一些相关知识，重点围绕教学重点和难点展开，使之成为辅助教师有效开展课堂教学的重要工具。在设计网络教学平台和提供网络教学资源时，我们一定要克服教材内容简单“搬家”的错误倾向，而且要利用网络教学平台的优势，提供更加丰富的拓展性教学资源，并利用网络的互动功能和在线记录学习情况的功能，实现教师和学生、学生和学生、学生和学习资源之间的网络交互，同时加强对学生网络学习的过程性评价。在具体的课堂教学过程中，教师需要通过精心设计的课堂活动，将纸质教材、光盘、课件、网络学习有机连接，打破不同教学媒介在使用上的孤岛现象。

总之，在提供立体化教学资源的时候，我们一定要避免当前存在的多种媒介上教学内容简单重叠以及使用起来相互孤立的问题，而且要充分利用不同媒介的各自优势，以不同的方式为学生提供基于共核内容的拓展资源。

平等和谐的师生关系需要师生共同创造，教师的主导作用还需要学生的积极配合，否则，一个巴掌拍不响，一厢情愿难成事。学生要在尊重、理解、信任的前提下积极配合教师的各项工作，和教师形成良性互动。此外，学生还应发挥主动建构的作用，树立正确的教师观，采取正确的教师评价，获得移情体验，拉近与教师的物理距离和心理距离。平等和谐的师生关系是构建生态课堂的重要因子。

（七）建构多元多向评价体系

教学评价是教学过程的重要环节，也是教学质量控制的重要手段，能够帮助师生获取有关教与学的反馈信息，指导师生适时适当地调控教与学的行为和策略，并能激发师生教与学的积极性。《课程教学要求》指出，全面、客观、科学、准确的评估体系对于实现教学目标至关重要，因此，大学英语教学评估既应包括对学生的评估，还应包括对教师的评估。对学生学习的评估应包括形成性评估和终结性评估，其中形成性评估又包括学生自我评估、学生相互间的评估、教师对学生的评估、教务部门对学生的评估等；终结性评估主要包括期末课程考试和水平考试。对教师的评估主要是针对教学过程和教学效果进行评估，既要依据学生的考试成绩，又要全面考核教师的教学态度、教学手段、教学方法、教学内容、教学组织和教学效果等。根据这些要求，建构大学英语多元多向评价体系至关重要。

主体间性哲学为构建多元多向评价体系提供了哲学基础。主体间性是当代哲学用对话理性、交往理性取代主体中心理性、消解一元主体的基础性论题。哲学视域中的主体间性指两个或两个以上主体之间的关系，这种关系不同于主体性哲学中的“我与它”式的二元对立主客关系，而是一种由独白变为对话、由从属变为平等的“我与你”的共存与交往的主关系。主体间性消解了二元对立的话语模式，提倡主体间的理解与对话，强调主体之间在语言和行为上相互平等、相互理解和融合、双向互动、主动对话。哲学上的主体间性转向为教育领域如何看待教师主体性、学生主体性和师生关系等议题开辟了新视域。主体间性教育指的是在教育过程中，教师主体与学生主体面对共同的客体（如教学资源等），建立在民主、平等、和谐基础之上的相互尊重、相互理解、相互沟通、相互交流的交往对话关系，这种关系包括教师个体与学生个体之间、教师个体与学生群体之间、教师群体与学生个体之间、教师群体与学生群体之间交往对话的关系。广义的主体间性更为宽泛，包括教师与教师之间、学生与学生之间、教师与管理者之间、学生与管理者之间、教师与教学资源之间、学生与教学资源之间平等对话、和谐交往的关系。教育主体间性的这些观点与生态课堂教学观高度一致。

随着教育主体间性的确立，构建基于主体间性的多元评价体系已非常重要，具体如下：

（1）多元多向评价体系的构建，在于评价主体的多元化。教育主体间性承认教育活动中的教师、学生双主体，而就评价的主体间性而言，还可以是多元主体。例如教的主体——教师，学的主体——学生，教育管理的主体——管理者，他们作为交互主体可以互相评价，如教师可以对学生或学生群体进行评价，也可以对管理者进行评价；学生可以对教师或教师群体进行评价，也可以对管理者进行评价；管理者可以对教师或学生进行评价。另外，由于完整的主体间性除了外在的主体间性，还有内在的主体间性，因此，这些主体除了互评之外，还可以在类主体间进行评价，换言之，教师与教师之间、学生与学生之间、管理者与管理者之间还可以进行评价。这些主体间的评价不是单向的，而是双向的；不是操纵的，而是协商的；不是孤立的，而是合作的。他们通过互相尊重、互相理解、相互合作、平等对话进行对彼此的评价，保证了评价信息的可靠性，最终有助于促进交往主体在共同的学习交往中共存与发展。

（2）多元多向评价体系的构建，在于评价对象的多元化和评价内容的多元化。教学评价是一个以教学目标为依据，运用可操作的科学手段，通过系统地收集有关教学的信息，对教学活动的过程和结果做出价值上的判断，并为被评价者的自我完善和有关部门的科学决策提供依据的过程。因此，只要有助于教学的优化，评价对象可以涉及教学的各个方面。首先，评价对象可以是教学过程的多元主体，如教师、学生和管理者，因为这些主体可以在自我主体间和交互主体间两个层面开展互评。其次，评价对象还可以是教学类主体所共同面对的客体，如教材、教学环境、教学软件等。针对不同的评价对象，评价内容也可以多元化。比如，传统的针对学生主体的考试测验一般都是检测其学习效果。其实，针对学生主体的评价内容还可以拓展到其情感、态度、智力、潜能、个性、学习风格、知识水平等方面。例如，及时了解、评价和引导学生的学习态度和情感、个性特征和认知风格能够优化学生的学习过程和结果。评价对象多元化和评价内容多元化必将广泛拓展教育评价的功能，增加对教学各方面、各要素的有效反馈。

（3）多元多向评价体系的构建，还在于评价目的的多元化和评价功能的多元化。简言之，评价可能是为了测量，为了判断，为了获取信息反馈，为了引导教与学，为了促进教育主体的发展，等等。具体而言，评价不能仅仅停留于对学生主体阶段性学习效果的评判，评价的目的还可以是判断学生的知识水平，了解学生的学习潜能，评判某个教师的教学方法，检验某种教学手段的有效性，研讨某个教学改革举措的合理性，分析所选用的教材的适切性，评价教学环境的优劣性，进一步改进学习软件系统等。多元化的评价目的必须依赖于各种不同的评价形式来实现不同的评价功能，如学生成绩排序、保研生选拔、教材的筛选、教与学的信息反馈、教与学的有效性诊断、教与学的方法修正等。

（4）多元多向评价体系的构建，还在于评价形式的多元化。我们必须针对不同的评价目的，选择合适的评价形式。如果是纸笔测试，那么主要有潜能测试、智力测试、水平测试、分级测试、诊断测试、学业测试等。如果为了了解学生的现有水平，就应该选择水平测试；如果是判断学生潜在的学习能力，就应该选择潜能测试；如果是为了了解学生的学习成效，就应该选择学业测试；如果为了寻求对教与学的修正，就应该采用诊断性测试；如果想将学生按水平分流，就应该选择分级测试。其他评价形式还包括定量评价和定性评价、形成性评价和终结性评价。定量评价主要基于数据，适用于便于采集具体数据的评估过程；定性评价主要基于逻辑分析，适用于难以量化的评估过程；形成性评价又称过程性评价，是在教学过程中进行的评价，是为了引导教学过程正确、完善地前进而对学生学习的短期结果和教师教学效果所采取的评价，目的是反馈、修正和监督。终结性评价又称结果性评价，是在某一相对完整的教学阶段结束后，对整个教学目标实现的程度做出结论的评价。值得一提的是，在教学过程中，为了达到一定的评价目的，我们常常会同时采取两种或两种以上的评价形式，比如在计算学生的期末考试成绩时，通常都会采取形成性评价和终结性评价相结合的方式。

（5）多元多向评价体系的构建，还在于评价方式和手段的多元化。传统的纸质考试不应该成为评价方式的唯一选择，我们还可以根据评价的目的、评价的形式选择其他方式，比如面试的方式、师生座谈的方式、问卷调查的方式、课堂观察的方式、学习档案评估的方式、自主评价的方式、同伴/行互评的方式、专家评价的方式等进行评价。评价的手段可以是传统的、纸质的，当然也可以是现代的、电子的、网络的。将现代教育技术运用于网络评价系统的开发是非常合适的，也必将是未来教育评估发展的方向。当前，一些学校已经启用了学生网络评教系统，由学生于学期末尾在网络评价系统里对任课教师进行评估，虽然也有一些负面影响，但总体好处居多，能对教学起到重要的参考作用。此外，由于现代信息技术广泛应用于大学英语教学，很多学校都开始利用网络教学平台的在线记录功能开展对学生的形成性评价，对优化学生学习过程起到了积极作用。

总而言之，要构建基于主体间性的多元多向评价体系，就必须坚持评价主体的多元性、评价对象和内容的多元性、评价目的和功能的多元性、评价形式的多元性、评价方式和手段的多元性。在评价的过程中，一定要坚持以多元主体的共存与发展为评价的终极目标，坚持以主体间相互沟通、相互了解、平等对话为评价的质量保障，坚持以评价目的为导引，选取适切的评价形式、评价方式、评价手段和评价内容，彰显多元多向评价体系的生态功能。

第二节　生态课堂跨文化教学的应用

一、跨文化交际能力分析

（一）跨文化交际的认知

随着国际间经济、文化交流的日渐频繁，世界各国人民之间的合作和往来也与日俱增，从而出现了国际间的交际，即“跨文化交际”（intercultural communication or cross cultural communication)。

人类一般性的交际（即主流文化内的交际）过程与跨文化交际过程是基本一致的，二者的本质也是基本一样的。二者之间的差异只是程度上的差异，不是本质上的差异，这是因为二者所涉及的变量或组成要素基本上是一致的。具体而言，跨文化交际是指不同文化背景的人们（即信息发出者和信息接收者）之间进行的思想、感情、信息等交流的过程。信息的编码和译码是由来自不同文化背景的人所进行的心理活动，就叫跨文化交际。

（二）跨文化交际能力的构成

有效的跨文化交际能力至少由基本交际能力、建立情感和关系的能力、情节协调能力和交际方略策划能力等四种基本能力构成。

1. 基本交际能力

基本交际能力主要由交际个体为实现有效交际而应掌握的语言能力、与社会或文化规范相关的能力和相互交往能力所组成。

（1）语言和非言语行为能力（verbal and non verbal competence)。语言能力指交际者对语音、词汇和语法知识掌握和运用的能力。非言语行为能力指对身势语（包括姿势体态、面部表情、目光等)、体距、人体特征、物品（项链、手表等)、环境、时间和沉默等使用的能力。

（2）文化能力（cultural competence)。文化能力包括相关的交际知识：与任务相关的程序（task relevant procedure)。获取信息的技能与方略。处理不同的人际关系、扮演不同的社会角色、承担不同的社会身份、处理不同的社会情景与场合的能力。具备交际者所必备的素质，如自我调节、对文化差异高度敏感、对非言语行为有高度的意识性。（交际）文化取向、价值观、世界观、生活方式等有关知识的了解。

（3）相互交往能力（interactional competence)。言语行为能力（言语的社会功能、言语对情景的适应性规则的掌握)。

（4）认知能力（cognitive competence)。认知过程至少由三个相互关联的阶段构成：描述（description)、解释（interpretation）和评价（evaluation)。如果不能正确区分这三个重要阶段，就会造成交际失误。在交际过程中，描述是指交际者对其观察到的对方的行为进行客观的叙述，不允许对其客观行为进行评价和赋予任何社会意义；解释则是对所观察到的行为进行加工并赋予意义。评价是对解释赋予积极或消极的社会意义。这里值得注意的是，对任何行为的描述都可能产生不同的解释；而对同一行为的评价也不会是完全一致的：有的评价可能是积极的，有的评价可能是消极的。

2. 建立情感与关系能力

（1）建立情感的能力。建立情感的能力这里主要指的是移情（empathy）能力。移情能力是指跨文化交际者以对方的文化准则为标准来解释和评价对方行为的能力。移情包括言语语用移情和社会语用移情。言语语用移情指交际者运用语用规则和文化习惯，刻意对听话人表达心态和意图，而听话人从说话人的角度准确领悟话语之用意。社会用语移情则指交际者完全设身处地、将心比心、推己及人地以别人的文化准则为标准来解释和评价别人的行为。

（2）建立关系的能力。交际双方应能够满足彼此自主和亲密交往的需求。相互吸引的能力。相互吸引是建立良好关系的基础，交际以产生共识为前提，而共识又涉及文化取向、价值观念等方面的共享，共识能进一步强化未来的交际。

（3）交际者以适应对方来代替群体或民族中心主义：①交际者用言语或非言语行为向对方表示关注（如目光接触、提问题、必要的体态行为等都可以用来作为适应对方的手段）；②齐心协力，反应敏捷及时，避免突然插话，积极提供信息反馈，话题转换顺其自然；③交际者尽量做到自我展示，以让对方了解自己，容忍文化、情景、环境的差异；④交际者具有处理和解决焦急、挫折、文化冲突、社会隔离、经济危机等心理和社会障碍的能力；⑤交际者应具有在不同场合下能不拘一格、富有创造性、灵活机动、随机应变、以变应变的能力。

3. 情节协调能力

世界上几乎每一种文化的成员都有一套独特的交际信号，一套向交际者表明要结束正在进行的谈话、开始转入新的话题或改变正在进行的谈话内容的信号。其中大多数信号都是约定俗成的，然而，有些则是有理有据的。一旦这些信号能帮助交际者协调彼此间的行为，显然它们就具有实用意义。

关于规则和如何超越规则的讨论，可以为交际者如何协调和结束情节行为提供一系列可供选择的变量。但这些规则会因文化、群体、区域、地方、民族、性别、职业等方面的不同而会有差异。在人际交往时，交际者要根据不同对象，选择不同方略，以使交际者能够有完善的协调能力。

4. 交际方略策划能力

策划能力是交际能力的一个重要组成部分。策划方略（strategies）是在交际过程中因语言或语用能力有缺陷或达不到交际目的或造成交际失误时所采用的一种补救措施。当交际者受到了语言能力或语用能力的限制，但仍然期望达到成功交际时，可采用以下方略进行补救：

（1）语码转换策略（code switching）。语码转换可用于词汇或篇章方面。当用于词汇方面时，这种转换也称为转借（borrowing）。转换语码可以从交际双方共享的一种语言中选择。

（2）近似语选择策略（the choice of approximative strategy）。近似语选择策略是指选用语义近似的词语或语篇填补因语言障碍所造成的空白。具体方略：①笼统化（generalization）；②释意（paraphrase）；③创造新词语（coining new words）；④重新组构（restructuring）。笼统化策略是用概念较模糊、意思较概括的词语来代替说话者的未知项。代替项所表达的意义未必准确，但可以从上下文中判断其意义，如可用 animal 代替 rabbit，用 short-mar 代替 dwarf。释意是用迂回或笨拙的描述来弥补语言能力之不足。

（3）合作策略（cooperative strategy）。合作策略是交际双方共同解决交际失误或失败时所采用的方略。交际双方使用已知的语言知识、语用规则和文化知识等共同解决困难。

（4）非言语策略（non-verbal strategy）。非言语策略是指交际双方使用身势语等手段帮助解决交际中出现的问题的方略。

总之，在人际交往时，由于语言能力和语用能力较差或临时出现交际障碍时，交际双方可通过以上方略，以解燃眉之急。

二、英语教学中的文化导入的必要性

谈及英语教学，我国英语教师往往只想到语言知识的传授和听、读、说、写、译几项基本技能的培养和训练，在这样一种外语教学观念的指导下，语言教学往往忽视与之相关的文化内容来孤立地教授抽象的语言系统本身。诚然，掌握这些技能对学生造出正确的句子是必要的，但远没有达到外语学习的最终目的。学习和运用语言，除了正确，还要得体，也就是说语言的使用还要符合其社会文化标准。语言是文化的重要载体之一，教授语言将不可避免地接触该语言所处的文化，要成功地教授一门外语就必须重视外语教学中的文化导入问题。近年来，我国外语学界日益意识到文化因素在外语教学中的重要性，逐步引导学生在外语学习中认真对待文化问题。在外语教学过程中教授与之相关的文化内容，这在外语学界已达成共识。文化教学不能独立于语言教学之外，应做到两者的有机结合。在日常的教学中，教师不仅要重视语言知识的传授，还要挖掘与教材有关的文化内容并给予适当导入。

随着我国对外开放政策的深入发展，我国的跨文化交流日益增多，因不同文化之间存在差异而引发的误解时有发生。学习英语时将中国文化带入相应跨文化交际情景。因此，外语教学的任务是培养具有跨文化交际能力的高素质的外语人才，所以，我们在语言教学的同时必须融入文化教学。

三、英语教学中跨文化交际能力的培养原则

（一）英语教学中文化导入的基本原则

（1）实用性原则。实用性原则要求导入的文化内容与学生所学的语言内容密切相关。文化教学紧密结合语言交际实践，要使学生对语言与文化关系的认知更具体、更实际、更能激发学生学习语言和文化的兴趣，产生较好的良性循环。语言教学也是文化教学，清楚文化在语言各个层面上的不同映射，可在教学实践中做到目标明确，重点突出。

（2）适合性原则。适合性原则指所有文化学习项目都应和教材有关，主要指在教学内容、教学方法上的适度。教学内容的适度指应考虑到该文化项目的代表性，主流文化和广泛性内容的导入，重点应放在当代文化内容的引入。教学方法的适度就是要协调教师讲解和学生自学的关系。鼓励学生进行大量的课外阅读和实践，增加文化知识积累。

（3）持久性原则。在日新月异的国际形势下，与不同文化的人们交往已成了新的生活方式。人们面临新的选择，那就是应该设法成为具有跨文化交际能力的现代人。因此，在外语教学中目标语文化应持久、系统和循序渐进地导入。通过对比学生母语和目标语语言结构与文化的异同，从而获得一种跨文化交际的文化敏感性。再则，通过介绍目标语的文化风俗、词语典故、历史事实等引起学生对所讲解材料本身的极大兴趣，达到潜移默化地学习文化知识和语言知识的目的。

总之，社会文化知识的学习应结合语言知识的学习，跨文化交际能力的培养也应和听、说、读、写、译等语言技能的培养结合，把知识文化和交际文化的内容贯穿于听、说、读、写、译各种技能的培养中。而这些技能的培养又以长期系统地培养学生的跨文化交际能力为最终目的。

（二）英语教学中跨文化交际能力的培养原则与方法

学生学习外语的目的是为了获得交际能力，而交际能力的提高依赖于语言知识和各种非语言知识的逐步积累。教学中，在强调语言知识讲练的同时，应向学生传授与语言知识有关的各种其他知识，包括语境知识、语用知识、文化知识，并特别注意培养学生的跨文化意识。

1. 英语教学的普通原则与特殊原则的关系

培养学生的跨文化交际能力不仅要遵循外语教学的普遍原则，还应当始终贯彻一些特殊的原则。特殊原则与外语教学的普通原则相辅相成，互为促进。所谓的特殊原则可综合

为以下方面：

（1）语法原则。把语法知识的讲练放在一定的地位，并突出不同于学生母语语法的难点。

（2）交际原则。把语言结构与语境和功能结合起来，使学生了解语言结构和语言功能表达的多样性，并得体地运用语言进行交际。

（3）文化原则。采用对比分析方式使学生了解不同民族语言的文化差异，学会不同文化交际模式，增强语言交际的跨文化意识。

我们认为这三条原则能够反映语言交际能力培养的客观规律，有助于处理语言交际能力培养活动中的各种矛盾和关系。

2. 跨文化交际能力的培养原则在教学中的体现

（1）正确处理语言能力和交际能力的关系。只有了解并掌握不同文化背景，人们才能够在各种交际活动中识别目标语文化所特有的言语和非言语行为，并且能够理解和解释其社会功能，从而在交际中有意识地注意语言的使用环境和场合，自觉地遵守目标语的使用规则，达到有效交际的目的。由此可见，掌握一定的语言知识并不意味着能讲合乎规范的得体的语言。语言能力的提高是交际能力培养的基础，交际能力的具备是语言学习的最终目标和任务。在外语教学中，教师既要注意给学生打下扎实的语言知识基础，使学生掌握正确的语言形式，又要重视学生交际能力的培养，做到两者兼顾，并行不悖，使学生既是语言知识的掌握者，又是语言知识的运用者，能够恰当、得体地运用英语进行交际。

（2）注重中西文化异同比较，培养学生对跨文化交际的意识和敏感性。语言能力的获得主要在于语言知识的掌握，而语用能力的获得关键是要具有跨文化交际的意识和敏感性。文化差异的敏感性可以分为四个阶段：第一阶段是对于表面的明显的文化特征的识别，人们的反应通常是认为新奇，富有异国情调；第二阶段是对于细微而有意义的，与自己文化迥异的文化特征的识别，反应通常是认为不可置信或难以接受；第三阶段与第二阶段近似，但区别在于通过道理上的分析可以接受；第四阶段是能够从对方的立场出发来感受文化。这四个阶段是循序渐进、不断提高的过程。教师应根据学生的具体情况以及教学内容，有所选择、有所侧重地对中西文化的异同进行比较和分析，从表面相似的语言现象之间发现文化的差异，拓宽自己的文化视野，强烈感受外语语用规则的异同，加深对文化交际得体性原则的认识，从而获得一种跨文化交际的意识和敏感性。

（3）模拟真情实景，加强文化背景知识的教学。在学习过程中，绝大多数学生不可能到目标语国家，不能直接沉浸在其文化中，直接观察使用语言的各种场合，感受目标语在实际运用过程中的各种使用规则和文化背景。但是，教师可以针对具体的教学内容，通过各种手段来模拟和展示交际的真实情景。把孤立、静止的语言材料或话语材料变成具体可感知的、活的语言，使学生从言语信息的接受进入到言语社会功能的了解，从语言形式的掌握到语言在真情实景中的应用。教师可以充分利用现代教学手段，如多媒体、电影、录像等，根据教学要求，有针对性地加入文化内容，展示英语国家的交际场景和过程，让学生间接感受语言在具体环境中的实际使用，增强对跨文化交际的感悟能力。同时，教师还应以学生为中心，以教学内容为基础，开展形式多样、生动活泼的课堂教学活动。有效形式之一是角色扮演，模拟真实的交际活动。在具体的义务和角色扮演中，学生可以通过交际活动，提高实际运用语言的能力和发挥自己的创造性。教师对学生的角色表演或对话应及时进行讲评、总结，指出存在的问题，或者就某些具有代表性的问题引导学生开展讨论，让学生发表自己的看法，在争论中明辨正误，加深理解，增加印象。通过这样有针对性的语言实践活动，学生能在不自觉中习得文化背景知识，获得社会语言学方面的感受。

（4）利用文化教学，直观感受文化差异，培养跨文化交际意识。教师可充分利用一切可利用的教学手段，创造一种文化语言环境，使学生自觉或不自觉地体验异国的文化氛围。可以通过收集和利用一些有关英语国家的物品和图片，让学生获得较为直观的文化知识，了解外国艺术、雕刻、建筑风格和风土人情。利用电影和电视引导学生注意观察英语国家的社会文化等各方面的情况。还可以组织英语角、英语知识讲座、英语晚会等。这些做法无疑会给学生提供很大的帮助，增强学生的跨文化交际意识。

3. 交际能力培养中各种关系的处理

第一，语言交际能力培养中的“教”与“学”。在培养语言交际能力的教学活动中，必须认识到学生是学习活动的主体，“教”是通过“学”才能起到作用。“教”必须为“学”服务。因此，在培养语言交际能力的教学中，应该贯彻“以学生为中心，以教师为主导”的原则，避免只强调以教师为中心而忽视学生的作用，或只强调以学生为中心而忽视教师作用的两种倾向。教师的主导作用表现在组织、激励、示范、参与和指导的作用。教师要了解学生的特点，不断排除学生的心理障碍，激励学生的学习主动性和积极性。总之，课堂是舞台，教师是导演，学生是演员，应该充分发挥学生的主观能动性。

第二，语言能力向语言交际能力的转化。必须把语言当作交际“工具”来教和学，尽可能做到“教学过程交际化”，鼓励学生创造性地运用语言表达自己的思想。为了让学生掌握语言形式并养成习惯，在初级阶段要适当采取听说法所强调的句型操练等机械训练方式，必须重视语言知识的教学。但是，语言知识的教学要为培养语言交际能力服务，通过各种语言的训练把语言知识转化为语言技能和语言交际能力。

第三，语言交际能力培养中的交际功能、语言结构、交际文化相结合。在交际功能、语言结构、交际文化这三者的关系中，语言结构是基础，交际功能是目的，交际文化教学则是重要内容。学生掌握语言，首先要掌握语言结构（包括语法结构和语义结构）。掌握语言结构是获得语言能力的基础。学习语言结构是为了语言交际，因而结构是为交际功能服务的。结构教学必须与功能教学紧密结合，这表现在结构教学不能把重点放在结构的分析上，而是为了解决表达问题。按照人类言语活动从意念到言语形式的顺序，必须从交际功能出发进行语言结构教学，而不是按照传统的形式到意念的顺序，以教授结构为出发点。突出交际功能的教学既要考虑语言结构的系统性，也要注意交际功能的系统性。交际文化教学要为语言交际服务，文化教学是语言教学不可缺少的一部分。语义和语用的教学，作为语言交际能力一部分的社会语言能力、话语能力和策略能力的培养，都离不开交际文化教学。交际文化教学要紧密结合语言教学，从交际功能出发揭示语言交际中的文化因素，介绍目标语国家的基本国情和文化背景知识。交际功能、语言结构、交际文化的三结合应贯穿语言交际能力培养的全过程。

第四，语言交际能力培养中的语言知识和技能。第二语言的获得是“规则的学习”与“习惯的养成”两方面相结合，反映在教学中需要正确处理语言知识与技能的关系。适当的语言理论和语言规则介绍必不可少，因为它是语言技能的基础。但是，必须认识到语言课首先是语言技能课，不仅要进行听、说、读、写等语言技能训练，而且为了培养语言交际能力，还需要进行有关的语用规则、话语规则和交际策略的语言交际技能训练。

第五，听、说、读、写的关系和口语与书面语的关系。语言交际要求各方面协调发展。听、说、读、写四项基本技能和口语与书面语互相促进、互相制约，都是语言交际中不可缺少的。但不同的学习阶段侧重点又有所不同。初级阶段应该突出听、说，或者适当地听、说领先，特别是强调听力理解，是符合语言学习规律的，但也不能放松读、写，而要紧紧跟上。中级阶段听、说、读、写并重。高级阶段侧重读、写，但听、说训练仍要重视。在语体上，初级阶段侧重于口语。中级阶段适当从口语转向书面语，从中级阶段后期开始，加强两种语体的区分和转换。高级阶段要特别加强书面语的教学。

第六，课堂的“内”与“外”的关系。语言交际能力不是仅仅靠课堂教学就能培养成的，还要重视学生的语言社会实践，提高社会文化的语用能力，以促进学生语言的自然习得。为此，必须让学生走出课堂，到社会文化的大课堂中去操练，去领会，加大语言输入，提高社会交际能力。加强课外活动和社会语言实践，并把它与课堂教学结合起来，更多地给学生提供运用英语的机会，形成课上、课下、校内、校外语言习得活动相结合的教学体系。

第三节 大学英语教学中交际能力的培养方向

对于第二语言习得者而言，交际能力相对要比语言能力更难获得。因为交际能力不仅要求学生掌握足够的语言知识，以便能听懂或说出无数语句，识别语法错误和含糊不清的话语，而且要求学生有足够的语境知识。因此，教学既涉及语言知识的掌握，也涉及语言的运用。换言之，教学的最终目的不仅仅是培养学生能说出某种话语与读准词语的语音，也不仅仅是能理解话语并能将其译成本族语。教学的目的甚至都不是二者的结合。不是说或明白我们想要说或明白的东西，而是如何明明白白地去说，即我们想让学生能自如地运用他所学到的语言，并能够把所获得的语言能力应用到新的语言环境，成为自觉的语言使用者。因此，要实现教学的最终目的，教学就该重视交际教学法的应用，以加强交际教学的分量。

交际教学法是旨在用于外语教学或第二语言教学的方法，它强调语言学习的目的是获得交际能力。因此，交际教学法主要强调交际的过程，即运用语言去完成不同的事以及与不同的人进行交往。一般而言，获得交际能力的最好方式是加强交际训练。加强交际教学培养的方向主要有以下方面：

一、语言形式与功能相结合

言语交际的方式常常是灵活多样的。例如，下列各句虽不是严格意义上的祈使句，但都可表示“命令”：

You might stop now.

You should not shout at your mother next time. Why don’t you leave here?

You haven’t finished your work.

这些句子都间接地在发出命令。因此，教学就应有意识地要求学生根据实际的场合使用适当的句式。学生要知道，在实际交际当中，表达请求时尽量避免使用祈使语气。避免使用祈使语气的一种方法是使用模糊限制语（Hedges）。例如，I think，I’m aftaid、probably、possibly、I assume、hard to say、it seems to me. wonder 等。

另外，学生要学习了解母语者的背景，如母语者的社会地位、身份以及对话者之间的关系等。一般来讲，同地位低的讲母语者应尽量避免使用随便的表达方式。

二、语用规则与交际价值一致

语言运用是有规则的，否则，语法规则就没有用。实质上，遵守语用规则就是要有语境意识，尊重讲母语者的文化信念、价值准则和语言表达习惯等。教学所强调的语用规则主要是指讲母语者的语用规则，遵守了语用规则，交际才有价值。进行交际价值的教学就意味着语言教学与现实生活相联系，而且在教学与操作阶段尽量确保这种价值清楚地被展示。实现这一目的的一个方法是将语言引入现实语境。通过将新语言引入现实语境，如某一社交情景，使学生对语言的意义和价值有一个清晰的概念。值得一提的是，教学应使学生避免使用让人听起来不客观的字眼与表达方式，如用“You’ve made a wonderful speech.”或“Dr Smith，your lecture was such an attractive one that I’d like to listen to you for another there three hours.”来赞赏一位外教生动有趣的讲课就显得不得体。这种话给人的感觉不是在赞赏，而是在嘲弄，故不能达到预期的交际效果。这种语境下，得体的说法应是“I must say，I really appreciate your talk this morning，Dr. Smith.”。

教学应培养学生具有及时转换英汉两种语用规则的能力。一些中国式的礼貌用语往往是不适合英语语用规则的。例如，几位中国学生请一位美国教师为他们修改所写的入学申请，他们都非常谦虚地说：“I’m sorry to interrupt you. (I wonder if you are free or not.) You see I’ve never written a letter in English before，so I’ve probably made lots of mistakes.”美国教师听后，感到不解，于是请求进一步解释：“So what?”“Then do you want me to do something for you?”显然，交际出现了失误。

有时，交际失误不是语言运用不当，而是对各自语言行为的误解。双方都认为对方的行为失当。这主要是由于文化背景的不同而造成的。在甲文化中认为得体的，在乙文化中就未必是得体的。因此，对常用的英汉交际功能用语进行对比教学应是事半功倍的。英汉两种语言中，有许多功能用语差别较大。例如，问候语、道别语、餐桌客套语、回答称赞时的用语、接受礼物时的客套语、表示关心的用语、评价对方所购买的东西的用语以及闲谈时的用语等。近年来，随着日益增加的文化交往和互动，这些功能用语已越来越为人们所熟悉，但它们仍然是英语教学中不可忽视的一部分。

语言至少有两套规则，即结构规则和使用规则。英语教学首先是结构规则的教学，也就是培养学生最基本的语言能力。但仅有语言能力是不够的，是不能保证有效交际的，还须进行使用规则的教学。这就涉及了除语言之外的诸如文化观念、风俗习惯、生活价值观以及语言表达习惯等诸因素。因此，英语教学是语言能力教学与交际能力教学的结合，二者同等重要，均不可忽视。我们提倡以跨文化交际为目的的外语教育中目的语文化和本族语文化的兼容并蓄，旨在培养和加强外语学习者的跨文化的交际意识和敏感力。未来社会对人才的需要呼唤外语文化教学中必须重视本族语文化教学。未来社会的外语人才，不仅仅是具有较高水平的目的语语言知识、外语技能和外语交际能力，而必须同时具有较高的人文素质，高度的社会责任感与强烈的民族自尊心等。

第四节 大学英语教学中交际能力的培养模式与方法

随着中国的不断壮大和与国际交流的不断加深，社会迫切需要既有跨文化交际能力又具有专业知识的人才。在《大学英语教学大纲》中明确指出，大学英语的教学目标是提高学生的综合文化素养，以适应社会发展、经济建设和国际交流的需要。跨文化交际作为大学英语教学其中一个主要内容，有助于学生开阔视野，扩大知识面，加深对世界的了解，借鉴和吸收外国文化精华，提高文化素养。但是，当下的大学英语教学从方法到目的都存在一定的偏颇，语言学习仍然以超验层面上的知识体系和操作层面上的技能操练为主，文化教学的缺失导致学生难以通过语言获得语言本身及其背后深刻的文化意蕴。

一、大学英语教学中交际能力的培养模式

基于心理学理论，主要采用三种模式，分别是行为、情感、认知三个层面。认知层面包括对目的语文化的认知，以及在理解外国文化的同时系统地理解本国文化与价值观念；情感层面包括处理异国文化差异的不确定性所需要的灵活性、容忍度、悬置判断的能力、共情能力；行为层面包括实际情景中，本国与外国文化产生矛盾和冲突时的解决问题、建立关系和完成任务的能力。这三个模式为培养跨文化交际能力的模式提供了一个基本的心理学理论维度框架。

行为中心模式是在跨文化交际下的实践为重点，多见于西方的研究。其关注焦点是交际行为或外部结果，一般包括跨文化情境中的个人适应、人际互动和任务完成情况。任务完成情况在这三者中当数最为着重的。而快速的个人文化适应和有效的人际互动能影响到人们在跨文化交际中的任务完成情况和效率。所以，这种注重实效的模式深受许多需要派遣人员出国的机构欢迎，能在最短的时间最大限度地在经济交流中避免文化矛盾和摩擦和完成任务。

相对而言，知识中心的模式能系统性地介绍跨文化的知识，由于需要相对多的时间而多见于国内大学的外语教学中。这类模式也是以培养实践能力为主，但强调文化知识的传授和测试，注重如何在其他文化情境中适当使用目的语，并能顾及其语言背后的文化差异和内涵，但由于其灌输性强，在我国的语言教学中被视为“文化导入”，而且，用此模式学习知识缺乏与学习者本人切身体验的关联，并且也难以处理文化的发展性和多元性，容易发展成为“文化定型”。

所以，情感中心模式在语言教学中的应用就显得尤为必要了，此模式以培养学生的跨文化价值观为主。文化可以分为公开和隐蔽文化两大类。其中隐蔽文化主要指软文化，即精神文化。隐蔽文化层中的主要埋藏物是观念，而观念的核心是价值观念，任何别的观念都是随价值观念的变化而变化。换言之，价值观念可以主宰或影响人权观、劳动观、婚姻观、发展观、平等观、法制观、道德观、个体与群体观等。而此模式正是为了让学生深层了解语言及其体现的文化内涵。

二、大学英语教学中交际能力的培养方法

（1）直接阐释法。此方法在大学英语的教学中是最常用的方法。在阅读国外文章的时候，有许多同语和句子蕴藏着丰富的文化资源，而有些内容却需要先了解其背景文化和历

史方能理解。教师要对这些文化点进行一一的解答，解决阅读时所遇到的困难。

（2）比较学习法。在大学英语课堂教学中应用这种方法能生动地进一步阐释词汇的意思，生动地讲解中英文化上的差异，让学生更牢固地理解和掌握单词。例如：intellectual一词相应的汉语意思是知识分子，但 intellectual 在不同的文化背景中含义也不尽相同。在汉语里，知识分子指的是有一定文化科学知识的劳动者，如科技工作者、教师、医生等。在英语里，intellectual 只包括大学教授等有较高的学术地位的学者，所以此词指的范围就有差异。另外，由于思维方式上的差异，导致了英语侧重物称，汉语侧重人称。中国学生在表达的时候，经常受母语的影响而用汉语思维方式去写英文句子，这就导致满嘴都是中国式英语（Chinglish）。例如：公共场所禁止吸烟。由于汉语倾向于用主动，学生会说成 Public places don’t allow people to smoke。但这句应该要说为 Smoking is prohibited in public places。

（3）角色扮演法。对外交流的不断发展，越来越多的中国学生有机会与英美人士进行跨文化交际，但大部分时间仍然只能在大学课堂里学习。在缺乏实际情境的情况下，教师需要为他们创造环境，提供条件给他们模拟现实并进行跨文化交际。例如，在现实生活情境中，为了培养学生的跨文化交际能力和随机应变能力，可提供适当的角色让学生扮演，如交际活动中的介绍、谈判和说服等情境，都是实用性强，且能发挥学生的能动积极性，使课堂更加活跃多变。另外，由于国外经典作品和故事对外国文化影响深远，可组织学生扮演如莎士比亚作品或神话故事等里面的角色，让学生更深刻地体会外国文化，增强学生的文化敏感性和增加对异国文化内涵的理解。

（4）案例分析法。案例分析法通常以实例来论证和说明某一个文化知识点。例如：某人力资源副总裁与一位被认为具有发展潜力的中国员工进行交谈，意为提拔员工，就问了他关于未来五年的职业发展规划以及想达到的目标和位置。但中国员工却一直没有正面回答，而是在谈公司的晋升体系和发展方向，以及自己在组织中位置的体现等。此案例可让学生思考中美文化的交际思维差异，以及在特定情境下的不同反应。类似的例子还有很多，此种方法一方面使他们了解跨文化交际活动中可能发生的沟通障碍，避免重复犯错，又能增加学生对不同文化的了解，提高他们的兴趣和活跃气氛。

（5）其他方法。此外，教室还可以采用更多元化的方法，常用的例如电影，电视，报纸等，都能为学生提高丰富的文化视觉大餐，在为学生提供最新最生动的语言和文化信息的同时，也有助于学生感受现代外国文化的不断变迁和发展，如电视电影中所体现的国外的价值观。学生还可以从如报纸和杂志等渠道了解国外对同一问题的分析方法以及其思维差异，也可增加学生对异族文化的容忍度和为更有效地进行跨文化交际奠定基础。

第五章 微课融入大学英语生态课堂教学研究

第一节 大学英语的微课及其教育研究

一、大学英语的微课认知

（一）微课的发展

按照生产力和技术发展水平，以及与之相适应的产业结构为标准进行划分，人类社会的发展先后经历了原始社会、农业社会、工业社会和信息社会四种形态。迄今为止，教育随着人类社会的发展也经历了三次教育的革命。在人类社会由工业时代步入信息时代的时期，教育的第四次革命随着信息技术的深入发展与广泛应用也正在发生。

第一次教育革命发生在人类历史上原始社会向农业社会的过渡期。这次教育革命的标志是文字和学校的出现。第二次教育革命发生在农业社会。这次教育革命的标志是造纸术和印刷术的发明。造纸术和印刷术的相继发明与改进，极大地方便了书籍的出版和知识的传播，第二次教育革命因此发生。第三次教育革命发生在农业社会向工业社会的过渡期。此次教育革命以班级授课制为标志。班级授课制的出现可以追溯到16世纪的欧洲，并在17世纪乌克兰的兄弟会学校逐渐兴起。第四次教育革命发生在工业社会向信息社会的过渡期。以计算机和互联网为代表的信息技术正引发教育领域的全方位变革，教学对象转变为数字当地居民，不再是数字移民；教学环境转变为线下线上融合的环境，不再是线下的教室课堂；教学资源转变为广泛的在线学习资源，不再是纸质的辅导材料和教材课本；教学模式转变为以学习者为中心的翻转课堂和混合式教学等，不再是以教师为中心的单向知识传递。

现在来看看人类教育的发展史，便会发现社会意识形态的更替和媒介技术的发展是推动教育发生变革的原动力。

（二）微课的特点

微课是指以视频为主要载体，记录教师围绕某个知识点或教学环节开展的简短、完整的教学活动，一般用于解释知识点的核心概念或内容、方法演示、知识应用讲解，时间长度一般在5~10分钟。除了视频，微课还包括教学设计文本、多媒体教学课件等辅助材料。微课短小精悍、生动灵活，不能采用课堂教学过程再现的实录方式或剪辑课堂实录的方式制作。微课主要包含以下七个特点：

（1）教学时间较短。微课的核心部分是教学视频。一般而言，与时长为40或45分钟的传统教学课例不同，微课时长多为5~10分钟，多数不会超过15分钟，所以，微课又可被称为“微课例”或“课例片段”。这样的时长安排，主要是受到学生认知规律、学习特点等因素影响。

（2）教学内容较少。“微课”在有限的时间内，突出主题，重点解决核心问题，比内容宽泛的传统课堂教学，更加符合教师的教学需要。通过微课，可以反映某个教学主题的学习与教授，可以突出任何选定的教学环节，更重要的是，可以重点强调某个学科的考点、重难点。作为“微课堂”，“微课”教学内容精炼，没有太多复杂的教学环节。

（3）资源容量较小。通常，“微课”视频、配套辅助资源的总容量约在几十兆字节，多选取支持网络在线播放的诸如rm、wmv、flv等流媒体格式，可以支持流畅在线播放，供师生进行课例观摩、教案与课件等辅助资源的查看，或者下载保存到笔记本、手机、iPad等移动终端设备，方便学生随时随地学习，方便教师观评课、教学反思研究等。

（4）资源构成情景化。教学内容主题明确、指向突出、相对完整是“微课”一般要求。“微课”的主线是教学视频片段，可以统一整合教学设计、教学素材和课件、教师反思总结、学生反馈的意见以及专家点评的意见等相关资源，形成一个具有主题明确、种类多样、结构紧凑的资源包，创造出一种真实的微教学情境。因此“微课”资源的一个显著特点便是具有视频教学案例。在这种仿真情境中教师和学生可以通过具体案例实现深层知识、意会知识等高等思维能力的学习，另外它还可以帮助完成教学观念、教学技巧、教学特点的模仿、迁移和提高，使教师和学生的专业技能、思维能力、学习成绩都有所提升，使学校在信息化社会中拥有先进的教育教学模式，提升学校知名度。

（5）主题突出、内容具体。微课所要阐述的主题或者说思想是比较具体的、真实的，是在教育教学过程中真实遇见的，一个微课讲述一个主题、一种思想、一件事情，可以是一个题目，也可以是一种学习方法，抑或是一段教学反思，总之微课所讲述的都是自己或者伙伴可以解决的问题。

（6）成果简化、多样传播。正是因为微课讲述的内容具体，主题明确，所以微课所研究的内容容易被表达，微课所研究的成果容易被转化；正因为微课课程所包含的内容较少、用时较短，所以微课可以通过在线视频、手机互传、微博微信讨论等多种方式传播。

（7）反馈及时、针对性强。教师提前录制微课，在一段集中的时间内给组内教师或者专家“讲课”，可以在短时间内直接接收来自组内教师或者专家的评价与意见。和一般常态听课、评课活动相比，教师录制微课少了一些压力，上课状态张弛有度，教学效果更为突出。同时听课、评课人也可畅所欲言，与讲课人互帮互助，最终使讲课人和听课、评课人共同提高。

（三）微课的类型划分

1. 按微课分类目的划分

微课作为一种知识产品有多种类型，不同类型的微课有着不同的设计理念、设计方法、制作方法和适用范围。因此，了解和掌握微课的类型，能够选用适宜的方法和手段进行微课设计与制作，充分体现出微课应有的特征，达到最佳的教学效果，实现预期之目的。如果对微课类型、特征和适用范围等不了解，仅凭主观愿望进行策划设计和制作，容易导致思维、逻辑紊乱，不符合学习者的知识认知规律、技能掌握规律和职业成长规律，难以实现微课设计之预期效果。

2. 按教学方法划分

为了便于工作在一线的教师理解微课分类和微课实践开发的可操作性，根据李秉德教授对常用教学方法的分类总结，可将微课划分为 11 类，分别为讲授类、访谈类、启发类、讨论类、演示类、练习类、实验类、表演类、自主学习类等，见表 5-1。

表 5-1　微课的分类及适用范围

分类依据	常用教学方法	微课类型	适用范围
以语言传递信息为主的方法	讲授法	讲授类	适用于教师使用口头语言向学生讲授知识，例如基于素质教育的通识课或者基础课
	谈话法	访谈类	适用于针对某一专业领域的代表性人物进行专访，访谈内容是嘉宾的研究领域的某一点，如行业特点、就业前景、职业发展等，鼓励学生热爱本专业
	启发法	启发类	适用于在教育教学过程中教师根据教学任务和教学规律，以学生的实水平为基础，运用多种方式，以启发学生的思维为核心，调动学生的学习积极性和主动性
	讨论法	讨论类	适用于教师引导，启发学生的思维，让学生按照教师的引导方向进行思维探索活动，双方共同研讨，共同进步

续表

分类依据	常用教学方法	微课类型	适用范围
以直接感知为主的方法	演示法	演示类	适用于实训设备教学和设备操作演示教学，教师在实训当地通过直接展示或者通过视频演示，让学生通过实践训练或者直接观察获得知识技能
以实际训练为主的方法	练习法	练习类	适用于学生在教师的指导下，依靠自制力和自我校正，重复完成一项动作或活动形式，从而形成技能、技巧或习惯，对于工具性设备使用尤其适用，如指南针、装订机的使用等
	实验法	实验类	适用于学生在教师的指导下，利用一定的设备设施和材料，通过操作控制使实验对象发生某些变化，观察这些变化从而获取新知识或验证已有知识。如化学实验、生物实验、烧烤等
以欣赏活动为主的教学方法	表演法	表演类	该方法指的是学生通过模仿、表演的形式，将教学内容逼真重现，当然这需要在教师的引领、指导下才可以完成。通过表演法，学生不仅可以互相学习交流，互动氛围比较轻松，富有娱乐性，吸引学生的兴趣，而且可以较大幅度提升学生的审美水平。该方法适合健美操、瑜伽、太极拳等体育类、素质类课程的教学
以引导探究为主的方法	自主学习法	自主学习类	该方法需要发挥学生的主体作用，主要依靠学生，自主学习完成目标，过程中需要学生独立探索、分析问题，提出质疑，并将其进行创造性实践
	合作学习法	合作学习类	合作学习是一种以小组或团队的形式组织学生进行学习的学习方式
	探究学习法	探究学习类	适用于在主动参与的前提下，学生根据自己的猜想和假设，运用科学的方法对问题进行研究，在研究过程中获得思维发展、创新实践能力，自主构建知识体系

需要注意的是，一节微课作品既可以只对应一种微课类型，也可以同时对应两种或者多种类型，微课的分类并不是唯一的，可以是多种类型的结合体，具有一定的开放性。另外微课也不是一成不变的，随着现代教育教学理论的发展，教学手段和教学方式方法的不断更新，微课的类型也在随之改变，教师要适应时代和社会的需要，在教育教学的实践中不断完善和发展。

3. 按照视频展示形式划分

依据微课的展示形式，微课可以分为可汗学院式、课堂实拍式、录播教室拍摄式、访谈式、讨论式、讲坛式、PPT 动画式、Prezi 动画式、录屏式、实景拍摄式、二维或者三维动画式、虚拟抠像式等。

（1）可汗学院式微课。可汗学院式微课是指教师使用屏幕录制工具将其在数位板、电子白板、电视一体机上的所有演示、操作、推导过程及其讲解声音录制成视频，或者使用手机或者摄像设备记录教师书写或推理的过程。可汗学院式微课并不出现教师的影像，它主要通过文字、公式、手绘图形、数字、线条、教学互动、教师清晰的旁白及其缜密的教学思路来帮助学生建构知识。可汗学院式微课根据使用设备的不同通常有数位板+录屏软件、数位屏+录屏软件、电子白板、一体机、手机+白纸等 5 种方式。可汗学院式微课适用于讲解数学、电子技术、电气原理等具有缜密的推理和演算过程的课程。

（2）课堂实拍式微课。课堂实拍类微课是指使用录制设备摄录教师根据微课设计要求所进行的课堂教学影像，并对其进行后期剪辑合成所形成的流媒体微课视频。该类微课教学内容生动，不仅可较好地营造课堂氛围，而且可以完美地展示教师的教学风采。课堂实拍类微课能较好地展现整个教学活动，体现教师对整个课堂的控制能力，展现教师的教学风采、教学方法与手段的使用；但对于学生自主学习，则不能为其营造一对一学习的心理体验。

（3）录播室录制的微课。录播室录制的微课主要采用专业的自动录播系统实现一站式录播。录播室录制微课能实现多机位拍摄，能合理构图，能平滑跟踪，镜头真实生动，方便后期编辑，接近人工拍摄效果。录播室一般配备可手写大屏幕或者电视一体机，录像时使用固定机位的一台或者几台高清摄像机。为了保证视频中的声音质量，一般在教师胸前佩戴上无线麦克，拾取声音。在拍摄时，对环境、灯光均有较高的要求。一般拍摄前，由专业的摄像师进行调光，以保证拍摄效果。另外，这种拍摄方式对教师着装及大屏幕背景均有一定要求。对教师着装的要求：一般着较为正式的职业装，以体现教师的风采；讲课时，要用普通话，声音清晰，无咳嗽、无错误，讲话连续顺畅，动作舒展自然。教师可以一边讲，一边用记号笔在屏幕上书写。

对大屏幕上用作背景的 PPT 的要求：一是字体清晰，字号较大；二是留出一定的空白位置，用于教师站位，免得教师挡住 PPT 中的有效信息；三是颜色合理，不要与教师着装有较大反差，以免教师在屏幕上留下背影。拍摄的视频经过简单剪辑加工即可以使用。

（4）访谈式微课。访谈式微课就是人物采访，表现为面对面采访的形式。访谈式微课类似电视中的访谈节目，针对某一领域、某一人物进行专访，访谈对象可以是行业、企业有影响力的人物，也可以是学校优势学科专家学者、二级学院学科带头人。拍摄所需设备有摄像机（高清）两台、灯光、移动三脚架、笔记本式计算机等。

内容设计：采访内容主要以嘉宾所研究领域的概况，如师资、办学特色、专业建设情况、就业前景、工作岗位、职业发展等，以鼓励学生热爱自己所学的专业，产生良好兴趣。

（5）讨论式微课。讨论式微课主要是教师引导，启发学生的思维，让学生按照教师的引导方向进行思维探索活动。在微课中，可以部分引用，也可以是记录整个讨论过程。讨论式教学法组织教学中，教师作为“导演”，引导和启发学生的思维，让学生按照教师的引导方向进行思维探索活动。在讨论式微课教学法中，学生一直处在疑问、思考、探究、解答的积极向上的状态中。不同的学生有不同的思考角度，看待问题的出发点也不一致，正所谓“横看成岭侧成峰，远近高低各不同”，让学生从各个角度各个方面来思考解答问题，就会深刻地揭示教学内容的内涵和基本规律的实质。也会引发学生学习兴趣，进而达到让学生自主学习、探究学习、发散学习、合作学习的目的。讨论模式决定着讨论式教学法的特点和作用，具体如下：

第一，信息生产者多，信息量、信息交换量、信息加工量大，师生能即时获取和反馈信息。

第二，能将学生的积极性和主动性充分激发。讨论式教学将课堂的主体由教师单方把持变为双方共同拥有，学生不单单是信息的接收者，也是信息的生产者，他们根据教师的引导发散思维，主动寻找切合自己观点的论据，最终解决问题。

第三，可以对已有的知识进行分析、处理、论证等一系列思维活动。我们在开展讨论式教学之前是无法预想受众的论点的，在教学过程中，当一个问题抛给学生时，学生需要迅速将大脑中已有的知识调出进行分析处理，并组织语言将自己的论证结果表达出来。

第四，使学生的思维敏捷度和独立分析处理问题的能力得到培养和提高。在讨论式教学中，学生事先对教师的问题不了解，加之问题有一定难度，故而学生要想解决问题，必须把书本知识灵活运用到实际问题中才能顺利完成解题过程。学生们的思维敏捷度和独立分析处理问题的能力在准备讨论和讨论过程中都得到不同程度的提高，同时也提高了学生即时反应能力和点评能力。

第五，使学生语言表达能力得到培养和提高。讨论的过程就是学生将自己的观点通过语言传达给同伴的过程，学生要将自己的观点使同伴理解，必须学会将自己的语言有序、准确、全面地表达出来，在这个过程中学生语言表达能力得到了锻炼和提升。

另外，经过一节讨论式教学课程，教师可以对学生个体和班级整体的知识储备量和认识程度有一个较为全面的认识，从而根据学情随时调整教学进度，使教学更具针对性，以提高教学质量。学生可以加深对同学和教师的认识，增进师生友谊，同时拓宽视野，提高自己。

二、大学英语的微课教育研究

（一）大学英语教师制作高质量微课

微课是一种全新的教学方式，正在逐步渗透到我们日常学习及课堂教学中。有研究表明，在这样的大环境里，把微课和大学英语教学有机结合在一起，能增进学生的学习兴趣，提高学生的学习效果，培养学生英语实际应用能力和职场运用能力，让大学英语教育更适应学生就业和职业发展的要求。微课在大学英语教学中成了有力的“助推器”，正是因为微课有如下特点：

1. 课程选题与教学设计的确定

微课的选题要始终坚持“以学生为本”。当代大学英语教学提倡把学生当作课堂的主体，教师主要起引导作用，以此锻炼学生的自主学习能力，具体实践能力和创新意识。所以，微课的选题确定必须以高校人才培养方案为出发点，研究本校学生对教学内容的实际需求，以此制定合理的教学目标，从而设立有针对性的，聚集而单一的微课选题。

微课课程设计的制定要以选题为导向，分析归纳出明确的重点、难点，以及常见错误和疑问，并保证教学流程清晰，逻辑性强，内容完整。同时，微课的教学设计分析也要把握“精简”的原则，学生注意力集中时长为 10 分钟以内，微课的最佳时长应该设计为 6~8 分钟，这样更有助于学生集中注意力高效率地学习微课内容。

2. 教学方案制订与录音脚本撰写

微课制作的教学方案是最能表现微课区别于普通课程的特色之处，制订教学方案需要教师把自身多年的教学经验与全新的微课教学理念结合起来。用“短小精悍，高效多能”的微课理念为指导，选取合理的、多样化的素材和灵活多变的课堂表现形式，同时用自身丰富的教学经验来把握教学的节奏和选取知识的难易程度。所以，教学方案的制订是微课制作过程中不可或缺的关键一步，也是教师教学水平的体现。

微课脚本的撰写是指在录制微课过程中所需的对微课教学方案的详细字面记录。脚本记录是为了方便教师在微课录制过程中对细节的把握，脚本中清晰地记录了微课展示的何一个画面和场景的展示细节，有对画面的描述，有对问题的讲解，有音乐，有字幕，并标注注意事项和时长。脚本的撰写通常由上课教师负责完成，这是微课制作的基础和蓝本，是其他合作教师和技术指导对课程了解的范本，也是录制完成后核对课堂内容的依据。因此，脚本的撰写要特别注意表达清晰详细，用语简洁。

3. 多媒体素材收集与运用

微课制作的效果很大部分是取决于多媒体资料的质量好坏。根据调查，现在国内最常见的多媒体素材有音频、视频、动画等，而国外微课运用的多媒体素材更加丰富多样，如专业摄影、电子黑板、真人演讲及 TED 专业影像资料等。多媒体资源的高清晰度、专业度和多样化让微课的表达更生动有趣，激发学生对学习的兴趣和动力。与此同时，微课多媒体资料的选取也要避免教学过度娱乐化，注意资料须短小且紧扣主体。

4. 微课录制和后期编辑

近年来，网络信息技术和计算机技术迅速进展，让微课的制作方式逐步向多样化发展，各种可应用的软件技术也越来越先进，操作越来越便捷和大众化。尤其在可汗学堂出现之后，广大教师开始注意到这样一种技术成本微小，技术难度要求极低，制作过程简便清晰的微课录制方式，并逐步开始探讨其他便于开发运用的录课方式。现今最常见的录课方式主要有：①录屏式；②拍摄式；③影视式；④混合合成式。录屏式是大学英语教学中最为有效和常见的方式。因为英语教学知识性较强，教学所需文化背景知识较多，需要详细的展示和讲解。教师可以对着 PPT 讲解和书写，也可以用手写板辅助讲解，这样，让教学过程更清晰，指向性动态性更强。录屏式常用到的软件有 camtasia studio、Jing、Knovio、Screen Flow 等。拍摄式更多用于英语教学中语言文化背景的展示以及学生口头作业的反馈，常用到的工具有摄像机、手机、iPad、耳麦、话筒等。影视型主要用于英语教学中人文知识的介绍，主要来源于权威的影像资料节选，根据教学需要编辑成一段完整的影像，穿插教师的引导，真实再现人文风貌。因此影视式对录制工具和技术提出了较高的要求，当然，这样的教学方式也更能对学生的试听产生大的冲击，更能引起学生的关注和思考。混合合成式是指教师为了让学生高效率地学习，根据教学需要，灵活地把以上几种方式结合起来。

微课录制完毕之后，还须对其进行加工和修改，如音量是否合适，语言能否更简洁，内容展示是否能够更清晰等。尽量做好后期编辑调整，让微课更精致更准确。

5. 系统教学资源整合与教学反馈完善

现阶段，微课发展还处于初级阶段，仅仅是部分力求教改创新的优秀教师进行的一些初步尝试，因此微课教学的资源还比较零散、形式欠规范、未形成系统化的微课资源体系。因此，微课在此初步尝试成功之际，应尽量加快微课体系建设的步伐，让微课更加专题化、专业化、规范化、体系化，并且尽快建立各高校之间微课资源共享的平台，让微课资源在大学英语教学领域整合推广，让高校师生方便使用。

微课的教学反馈完善包括审核微课、推荐作品、上传及学生的访问量、学生课后作业和测试以及学生评价等内容，目的在于促进学生的学习与教师的课堂教学。

（二）微课对促进大学英语教学的作用

（1）激发和提升学生英语学习兴趣。当代大学生面对如此广泛庞大的教学资源，对教

学资源的质量和趣味性有了更高的要求。他们更倾向于接受趣味性强、实用性强、针对性强的教学资源，而对于常规的“填鸭式”枯燥教学已经失去了兴趣，甚至开始抗拒，所以现今大学课堂迟到早退、逃课的情况屡禁不止。而大学英语作为一门公共课，这种情况更为严重。而微课的出现能很好地缓解这种英语课堂面临的尴尬。微课避免了传统教学枯燥乏味的说教式理论式教学，而是在教师的精心设计下用生动形象、形式多样、短小精悍的方式，给学生营造了一个轻松活泼、饶有趣味的学习环境，让学生能轻松学习、快乐学习和自主学习。

（2）促进学生间的合作探究与自主学习。在大学英语教学中，微课充分展示了其优越性：时长简短、目标明确、重难点精准、形式灵活、教法新颖。这让学生很乐意也很容易地融入课堂，灵活地安排学习时间，并能有针对性地查漏补缺，准确高效地掌握知识。这样，微课也为学生自主学习和合作探究提供了可能。例如，教师可以借助媒体对学生的影响力，利用丰富多样的多媒体设置“微预习”环节，围绕学习目标、学习任务和学习过程中学生可能会遇到的问题，让学生的注意力转移到要学的课程上来，课前互助合作，共同探讨学习主题和会遇到的难题；另外，微课主体视频可反复播放并配有清晰的字幕，便于学生理解接受到的媒体资料，这就避免了教师在传统课堂中口述授课的低效率和学生的误解。同时，微课视频也能让学生在课后反复观看。学生课后能通过重复播放进行自主学习和根据“微资料”与同学合作探究来彻底掌握。

第二节　大学英语教学中微课教学模式的实施

一、大学英语教学中的微课设计

大学英语教学多年来以教师为中心，课堂上教师利用大量时间讲解课文中的知识点以及应试技巧等，学习者被动地接受知识，并未做到“以学为中心”“以学习者为中心”，微课这种新的教学模式无疑会提高教学效果。在大学英语教学中引入微课，教师应首先结合大学英语课程特征，选择合适的微课内容，遵循微课的设计原则及评价标准。

（一）大学英语教学中微课内容的选取

在 2016 年 10 月“全国高校微课与翻转课堂教学理念与实践”研修班上，文秋芳教授指出：任何课程都可以成为微课内容的选择对象；不是任何课程中的任何内容都适合做微课。

微课中选择的内容、探讨的问题都必须与学情紧密结合，是学习者确实存在的问题，而非教师自己想象的问题。大学英语教学课主要分为内容课程（content course）和技巧课程（skill course），既包含了知识点，也包含了微技能。通常内容课程学习者易于学习，而技巧课程中则有很多选题焦点。

对于怎样的内容能够做微课，主要遵循以下原则：重要原则一定是基于课程目标，为了提高教学效率来进行的选题。具体包括：一是内容要聚焦，所选取的内容要聚焦在某一个知识点或者微技能上；二是教学重点，这个知识点或者微技能是这门课程当中学习者必须掌握的内容；三是教学难点，这个知识点或微技能是学习者在学习过程中难以掌握的，教师在选取内容时应该思考如果这个点不用微课视频，学习者是否也容易理解掌握；四是具有可操作性，这个知识点或微技能应该容易可视化、图像化。

（二）大学英语教学中微课的设计及评价原则

微课教师对于微课设计提出了“四个不”原则，即：①不繁多。少而精，少就是多，教师将选取的一个点讲透彻。②不花哨。内容决定形式，形式是为内容服务的，能够实现教学效果即可。③不杂乱。简洁美观，结构完整；形式上如此，内容上也不要过于庞杂。④不单调。动静结合，图文并茂。

结合现代课程论之父、当代教育评价之父 Ralph Tyler 提出的课程评价体系，微课评价标准包括：①微课选题应小而精、应用性强；②教学目标要恰当，可测可量；③教学过程应该微而全，深入浅出；④教学方法新颖生动，理念清晰；⑤由于微课录制是为了方便学习者反复学习，教学语言须规范清晰、有感染力。同时，好的“微课”应该将逻辑、技巧、趣味、美学、科学、心理学等统一起来，展现其逻辑性、合理性、趣味性以及科学性。教师在设计微课及对微课进行评价时，遵循以上原则微课的制作是教师面临的最大挑战，很多英语教师并不擅长技术手段的运用，而微课的制作、录制、编辑合成却又极大影响了微课的质量。

二、微课教学设计模式在大学英语教学中的应用

（一）“开门见山式”在微课教学设计中的应用

开门见山式微课指的就是教师在微课开始直接介绍本节微课的主要内容与学习目标。使用这种方法让学习者能够更为专注，有利于对这节课的重点内容有个大概的掌握。概括了这节课的重要概念或者主要的问题，从而把具体的知识传达给学习者，这不仅是一种良好的微课知识的引导方向，也使授课相对简单。

开门见山式微课即在视频刚开始就直接阐述微课题目，简洁明了，这一点微课与传统授课的过程还是有区别的——略去课堂语言。开门见山式微课主要针对学习兴趣比较浓厚，积极性较强的学习对象。此类微课比较适合在教材配套资源中使用。

开门见山式微课通常教学内容简洁明了，直接切入主题。开门见山式微课教学设计中，知识点的引入要能直接引起学习者的关注；知识的讲解要紧凑；教学媒体的选择要适合表现形式，注重直观形象、通俗易懂；教学总结要突出重点，还可以设置一些问题，以检验学习者的学习效果。

开门见山式微课直接点明主题，明示讲解的主要内容与学习目标。使用这种方法让学习者能够更为专注，有利于对这节课的重点内容有个大概的掌握。这种方式适用于主动学习的学习者，或者是目标明确、积极向上的学习对象。

开门见山式微课适用于课程的概念阐述、重难点解析和疑惑点解析。此类微课适合在教材配套的数字资源中使用。

（二）“情境式”在微课教学设计中的应用

1.“情境式”微课教学设计认知

情境也即情景、境地，在一定时间内各种情况的相对的或结合的境况。可以分别从三种角度来看：一是社会学。情境就是与每个人直接相关的社会环境，也是与每个人心理有关系的所有社会事实的反应形态。二是心理学。情境就是在对象和时间的多种刺激下，能够对人起到直接刺激的作用，具有社会学、生物学意义的环境。这样就可以看出，情境就是使人情感发生变化的具体自然和社会环境。建构主义着重提出，利用真实的背景（情境）中存在的问题去引导学习者进行思考。三是学习者。情境就是能够督促学习者自主性学习或者进行学习的环境或背景，能够给学习者提供思考的空间，能产生某种情感体验并诱发学习者提出问题和解决问题的一种刺激事件或信息材料。

情境可分为三类：①真实的情境，就是现实生活中存在的群体和环境；②想象的情境，就是人的意识中的群体和环境，人与意识通过各种媒介互相影响和作用；③暗含的情境，就是人或群体某种行为中有某种象征意义。构成情境的要素有目标、角色、时空、设施、阻碍因素等。

教学情境一般就是拥有情感波动的教学过程。教学情境的好坏对教学成果的提高有一定的影响，好的教学环境使学习者的主动性与积极性不断地提升，同时学习者的思维也不断地扩大，学习者的智力也得到开发。教学情境就是教师进行教学活动中使用了多种手段与方法来创造出既适合教学又适合学习的环境，以此来实现教学的目标和完成教学的任务。好的情景还可以在学习者的情绪和意志方面领悟到教学内容，这就使学习者把学习当作自己的精神需求，因此在教学的过程中都是欢快的、生生不息的。教学情境不仅是课堂教学的基础，还表达出了教学的目的，因此创造一个有价值的教学情境是教学改革的主要目标。情境在微课进行的整个过程中都可以体现，同时也可以在课的开始、中间、结束体现。良好的教学情境所需要的条件有五点：生活性、问题性、形象性、情感性、学科性。其中生活性就是指要与学习者的现实生活紧密联系，使学习者的亲身经历得到好的运用。问题性就是希望提出的问题能够帮助学习者培养更好的创造能力。形象性指的是具有不同知识水平的人都可以进行学习，这样学习者能够更主动更爱学习。情感性实际上就是刺激引发学习者的情感表达。学科性就是指学习者的学习内容要与教学的目标、内容、要求相配合。

2.“情境式”微课教学设计特点

情境教学是指在教学过程中，从教育学和心理学出发，依据不同学习者的不同年龄与认知特点来建设教师与学习者、认知的主体和课题之间的一种情感环境，学习环境的氛围也因此确定，这样教学就能够在富有情感与优质的环境中进行，使学习者的情感加入认知活动，这样学习者的思维情境也得到了拓展，从而在情境思维中获得知识、培养能力、发展智力的一种教学活动。它是运用特定的情景或者提出的学习资源来提高学习者自主学习兴趣和效率的教学方法。

传统教学和情境教学是有一定的不同的。传统教学是指通过从自然状态中、时间、空间上提取出的知识，不加任何添加地教给学习者理解记忆；情境教学是指教师利用在自然状态、时间、空间上存在的情境，把它通过加工来形成新的学习环境进行课堂教学，因而在此情境中学习者不仅可以发现问题还能得到知识。教学方式的不同导致的教学成果也不同，传统教学使学习者与知识和使用背景相脱节，知识形成的过程没有被学习者了解，同时学到的知识也很难运用在实践中解决问题；情境教学中的学习者得到学习策略和方法的锻炼，获得的知识与实践紧密结合。

课堂引入重视创设情境、设置任务，以激发兴趣，关注学习者的内心体验与主动参与，把学习者带入与教学内容有关的情境，让他们在情境中捕捉各种信息、产生疑问、分析信息并引出各种设想，引导他们在亲身体验中探求新知，开发潜能。为此，可从以下方面进行实践：

（1）生活实例式。从学习者熟悉的生产与生活的实际问题引入新课，这样能使学习者体会到原来书本上的知识就体现在生活中，因此学习者对知识的渴求程度也得到加强。例如，在学习数据库时，可以让学习者思考如何整理归纳班级学籍信息，如姓名、年龄、性别、籍贯和科目成绩等，从而引出建立学籍管理数据库。

（2）创设悬念式。针对微课内容精心创设任务情景，让学习者的思维在情景中尽情展开，并适时设疑，利用学习者的好奇心、好胜心引入新课。例如，在一场暴雨之后，汽车被大雨浸泡，车主启动发动机，发现汽车损坏，那么保险公司赔不赔车主的损失呢？带着这种悬念，学习者开始学习“汽车保险与理赔”课程的“近因原则”。

（3）实验演示式。要想快速而有效地学习任何东西，必须通过实验演示或实物展示，把抽象、枯燥的内容具体化、形象化，学习者对其可以直接进行感受、感知，也增加对学习内容的理解程度。例如，课前准备了废旧的硬盘、光盘、U 盘和移动硬盘等，让学习者从存储介质、组成材料、容量、存取速度等各方面分辨这几种外存的区别，从而引入“外存储器”的学习。再例如，请学习者动手交换 A、B 杯中的可乐和橙汁，出现第 3 个空杯子的必然性，为本堂课讲解数据交换中的“中间变量”的作用打下坚实的基础。

3.“情境式”适用的场合

生活展现情境让学习者更明确地感受到学习目的，方便在观察中诱发想象，比较适合认知类、思政类和素养类课程。实物演示情境具体直观，易于展示现场观摩、操作，适用于汽车、机床等实践操作类的实践操作演示。图画视频再现情境易于针对问题，分析问题，贯穿解决问题，适用于案例分析类课程，如会计、心理健康、法律基础等。虚拟仿真情境成本较高、难以演示、有安全隐患的场景，如医学类、SMT、网络基础、通信类、电子与电气类、数控加工模拟等课程。音乐渲染情境适用于大学英语、大学美育、体育等课程。表演体会情境可分为进入角色和扮演角色，适用于情境剧式微课的制作。语言描绘情境中，语言要具有主导性、形象性、启发性和可知性，比较适用于素养类、讨论式的课程。情境的创设要选择适合的教师，恰当的数字媒体资源，表现力较强的教师可以使用语言描绘情境，音乐可以衬托渲染情境，图画、视频、动画可以描述图画视频再现情境，还可以描述生活展现情境等。

（三）“探究式”在微课教学设计中的应用

1.“探究式”微课教学设计认知

探究有广义与狭义之分。广义的探究是一种积极主动的思维方式，是一切能够独立处理问题的活动；狭义的探究是有范围限定的，指专门的科学探究和研究。换言之，“探究”就是努力寻找答案，解决问题。

探究式教学，顾名思义就是以探究为主的教学。换句话，就是在教学过程中，基础是教师的启发诱导，前提是学习者独立自主学习和沟通交流，探究的基本内容是某个知识点或者是技能，参照对象是学习者周围的环境和现实生活，探究式教学不但为学习者提供了表达、寻找、探究和讨论问题的机会，而且还通过把学习者分成小组的形式，让学习者们想出更多的办法去解决问题，并且将自己所学的知识运用到实际问题中去。

实际上，探究式教学是把科学作为探究过程来教学的一种形式，对于一个问题，学习者们像科学家们一样对该问题进行探究，最终发现规律和解决的方法，同时还培养学习者的探究能力和科学精神，找到解决问题的方法。具体包含两层意思：一是从教师角度——教学方面的研究，即探究式教学；二是从学习者角度——学习层面的研究，即探究性学习。在教学过程中，教师和学习者的作用是相互的，不能分开的。

2.“探究式”微课教学设计特征

探究教学模式，就是在探究教学理论的指导下，以探究教学实践经验为基础，按照模式分析等方法建立的一种教学活动结构和策略体系。目的是培养学习者的探究能力和科学的精神。通常来说，探究式教学模式包括四个部分，分别是一般理论基础、教学目标、操作程序和实施条件。同时探究教学模式还有两大因素，分别是教学活动结构和教学策略体系。这样解释的原因是，探究教学模式最初就是一种教学策略，只不过它更加重视层面，所以操作性极强；然而，探究教学模式也同样形成了具有顺序性和阶段性的教学活动结构。因此，教学模式是对教学设计、实施、评价与反思等程序的说明，其本质是程序。

探究教学是教师和学习者共同开展的教学和探究的活动，教师扮演着引导的角色，因此需要创设一个以“学”为中心的智力和社会交往的环境，学习者在这个环境中通过探索来发现并解决问题。探索不是为了把学习者培养成精英，而是为了能让学习者成为有素质的公民，适应这个社会，这充分体现了素质教育、创新教育的有效实施。探究式教学具有以下特征：

（1）主体性主要体现在教学过程中。探究式教学是学习者的自主探究，前提是在教师的指导下，在教学过程中突出了学习者的主体性，教师只是起到了引导的作用，发挥主体作用的还是学习者，学习者要积极参与、主动探究。

（2）自主性主要体现在探究学习中。在探究式教学中，学习者是在教师的指导下进行学习，获取的知识是自己主动探究来的，不是靠教师在课堂上按部就班地灌输的。

（3）问题性主要体现在情景创设中。科学探究的动力、起点是问题，同时探究教学的关键和核心也是问题，因为在教学中，如果不能提出一些有吸引力和挑战性的问题，学习者就没有问题意识，就会束缚学习者的思维。因此，创设问题的时候，不但要考虑学习者的兴趣，而且还要处理好学习者的学习倾向和教学目标之间的关系，最终使二者有机结合。

（4）互动性主要体现在信息交流中。探究式教学的形式小组或班级进行合作学习的自主探究，传统的教学模式主要是以教师的知识传播为基础，而探究式教学模式则是在课堂上师生之间、学习者之间进行动态的信息交流，实现师生间的相互沟通、相互影响、相互补充，师生在互教互学中，最终形成师生之间学习的共同体。每一个学习者都能发挥自己的长处，张扬自己的个性，调动学习者的积极性。

（5）和谐性主要体现在师生关系中。在探究性教学中，学习者是教学的主体，教师是教学的引导，教师的教的目的是学习者的学，这样在课堂上师生之间平等互动，不但有利于创建和谐的教学氛围，而且还使学习者受到感染，充分激发学习者学习的热情和积极性。但是如果师生之间缺乏交流，课堂气氛就会变得压抑，甚至会使学习者产生厌学的情绪。

（6）针对性主要体现在教学要求中。学习者是不同的个体，因此学习者之间在环境、教育、经历、主观努力和先天遗传等方面存在着差异，然而，在传统的教学模式下对学习者的差异是视而不见的，同一个问题，有的学习者感觉很简单，有的学习者感觉很复杂，这就造成了差异。与此相反，探究式教学则是对不同水平的学习者提出不同的要求，分配不同的学习任务，有针对性地教学，做到因材施教，有利于实现有效的课堂教学。

（7）激励性主要体现在教学评价中。探究式教学主要是由教师的独自评价转变为师生共同评价，教师和学习者之间通过自评、互评、组评等形式相结合，不但要重视过程还要重视结果。同时，探究式教学还是分层教学，学习者在不同的程度上有着不同的进步，这样既能做到知识的积累，又能开发潜能，学习者们体会到成功的喜悦，从而实现自身价值。

总之，探究式微课教学设计就是指结合知识点与技能点适当的学习内容，创设生活中的尤其与专业相关的教学情境，以问题为中心，采取合作交流的方式，在教师的引导下，通过学习者的实验、观察、操作、调查、信息搜索等方式，学习者自主地解决问题的教学设计。

3.“探究式”微课教学设计模式

探究式教学是一种以学习者为中心的教学模式，主要强调学习者主体地位的发挥，倡导学习者自主、合作、科学思维的学习方式与策略。然而，在微课的教学设计中，主要以教师为主要讲解者，所以强调教师的角色扮演问题，既可以使用学习者提出问题，也可以使用教师扮演学习者角色提出问题，探究问题，解决问题。探究式微课的教学设计包括提出问题、产生假设、验证假设、总结结论四个环节。

第三节　微课模式下的大学英语听说读写译教学

一、微课模式下的大学英语听力教学

听力理解是一个复杂的互动过程，而不是一个简单的被动的接收过程。学习者在注意

重读、韵律结构、语调、句法及语义的同时须结合即时语境和特定的社会文化背景对话语进行综合分析。结合微课的灵活性、开放性和模块性的特点，将全班学习者分成每组4~5人的若干小组进行。听力资源可以选取欧美国家的主要媒体（如VOA special English、BBC 6-minute English、AP Minute World、CNN Student News）上热点话题，经过特定的制作，将有关的背景知识、词汇等语言知识和原版视频有机结合，以听力测试的形式展现。每一个学习模块设定一个主题并根据学习者个体差异提供不同难易程度的听力内容。针对听力训练中出现的问题，学习者可以通过E-mail、微信等手段进行互动。

在听力的选材方面，要充分地发挥合作小组的作用。每个小组根据不同的主题，上网搜索听力相关材料以及背景知识的阅读材料，上传网上，定期轮流进行交流讨论，教师负责评分考核。课后，教师可以结合学习者整理的资料，根据不同的主题构建文化背景知识资料库。在微课模式下，教学内容就由传统教学中单一、固定的特点转变成多元的、多层的、海量的特点。在这样的学习过程中，学习者不再是被动的接收者，而是自己学习的参与者和决策者，整合学习资料、完成小组任务的过程就是学习者自主探索学习的过程。难易适度的听力材料能够使学习者在听力学习中不那么紧张和焦虑，从而提高听力学习效果，增强他们的自信。

二、微课模式下的大学英语口语教学

（一）为学习者创造良好的学习平台

教师在课堂教学的过程中可以利用微课为学习者创造更为广阔的学习平台，打破时间与空间的限制，为学习者讲授相关口语，同时为学习者提供更多的口语材料，使学习者可以在课堂教学的过程中有效提高学习质量及效率。例如教师在为学习者讲授单词的过程中，应结合学习者英语口语的实际情况开展相关教学，采用微课为学习者播放英语单词发音视频，并要求学习者对视频中的发音方式进行模仿，要求学习者吐字清晰，如remuneration、philosophical、particularly、facilitate，这些单词的发音较难掌握，需要教师给予学习者正确指导，并注重与学习者的及时沟通，充分掌握学习者对于英语单词的实际掌握情况，而在讲授结束后，教师可以根据学习者的实际掌握情况布置相关学习任务，要求学习者根据自身所掌握的英语口语知识以及相关词汇，在讲台上进行简单演说，以加强学习者的口语应用能力，同时也为学习者提供较好的口语实践平台，为学习者今后的学习与发展奠定良好基础。

（二）结合教学实践开展微课教学

教师在实际教学的过程中，可以与实践相结合开展微课教学，以有效改善当前学习者学习兴趣低的现状，而教师应结合学习者的实际情况合理编制微课视频，并且将课堂教学的完整内容在微课中具体呈现，使学习者可以在课堂教学的过程中充分掌握口语相关知识。与此同时，教师应充分利用当前较为丰富的教学资源，在教学过程中尽可能为学习者提供良好的交流平台，引导学习者进行口语练习，以提高学习者的口语交际能力。此外，教师还可以借助微信、网络平台等为学习者提供微课资源，为学习者进行自主学习创造良好条件。

（三）面向社会需求开展英语口语技能

由于高校肩负着向社会输送大量优秀人才的重要使命，需要结合社会发展的实际需求开展相关的教学工作，因此学校应为学习者提供社会实践机会，使学习者可以在实践过程中充分理解并掌握英语口语技能，进而有效提高学习者的口语能力。教师可以通过组织学习者观看微课视频进行相关学习，以防止学习者沉迷不良网络信息资源，为学习者今后的学习与发展奠定良好基础。

三、微课模式下的大学英语阅读教学

（一）应用微课补充英语阅读内容

很多英语阅读材料中，很少会详细描述其背后的文化背景，再加之中、英两种语言都有其各自的文化背景，使学习者在阅读时存在理解上的障碍或偏差。为此，在大学英语阅读教学中，将文化背景知识制作成微课视频，比如，价值观念、风俗习惯、历史文化、地理等方面的内容，让学习者在阅读前了解相关文化背景，强化学习者理解能力。例如，学习 Caring for our earth 一课时，美国人的宠物观和采集枫树蜜是很好的微课素材；在学习 Men and Women´s Prejudices 一课，教师可以针对全职爸爸的态度、中美婚姻观的对比设计微课，让学习者可以更好地了解美国思维和价值观。

（二）应用微课巩固英语学习者词汇

词汇是英语阅读的基础。由于英语词汇的学习与记忆具有一定的规律，如相同词根、词缀等，在学习中如果能掌握这些规律，学习者对词汇的学习就能起到事半功倍的效果。因此，在大学英语阅读教学中，教师可将阅读内容中的生字词进行合理的拓展和延伸，并采用一定的记忆方法，帮助学习者更好地掌握这些词汇的用法。例如，在学习 How to take an interview? 一课时，教师可将求职类的英语词汇设计成微课视频，如 Job-hunting，peer pressure，anxiety；application letter，interview，job offer；applicant，employer，employee，

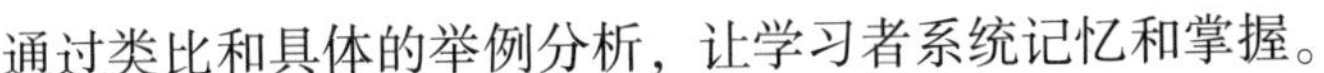

通过类比和具体的举例分析，让学习者系统记忆和掌握。

（三）应用微课突破英语阅读重点

应用微课突破阅读重、难点。微课可针对英语阅读内容中的某一个或多个知识进行重点讲解，如阅读技巧、阅读重点、语言知识点等，这对一些英语基础较薄弱，在课堂上无法紧跟教师步伐的学习者来说具有非常大的帮助。学习者在课前、课后随时进行微课资源的学习，有利于复习和巩固课堂知识，加深对整篇文章的理解。例如，在学习 Going home 一课时，由于阅读文学作品是一项极其复杂的心理活动过程，不仅需要把握作品的主旨内涵，还需要把握作者的写作情感和艺术形象，为此，教师根据文学鉴赏的方法探讨文中故事发展的四条线：从不知到知之、感动、受到教育；离家乡由远到近；作者的心理变化；作者的行为变化分别设计微视频，与学习者一起回过头来对阅读内容进行再次品味，进而产生新的思考和领悟，让学习者通过微课视频的学习强化对文学作品内容的理解，同时也能掌握学习作品阅读的技巧和方法。

四、微课模式下的大学英语写作教学

（一）英语写作的课堂教学

在英语写作教学的课堂教学环节中，对“微课”的应用可以体现在以下三个方面：

（1）在旧课教学环节。教师在设计教学内容的时候，可以根据英语知识间的联系，制定旧课复习视频，这样在教学的过程中学习者就能够利用视频资源来复习原先学习的知识，解决难题。通过对词汇、语法句型的复习，能够帮助学习者加深理解，巩固知识结构。

（2）在新课导入环节。教师首先分析教材当中的内容，设计相关问题，制作相关的视频资料，保证其趣味性，这样能够很好地吸引学习者的注意力，进而提高学习的积极性和主动性。同时在英语写作教学中，语言知识是写作顺利完成的基础保障，因此在制作视频的时候可以加强对这一方面的突出，这样就能够帮助学习者更好地了解新知识，并构建知识框架。

（3）在难点教学环节。在英语教学中，专门用于写作教学的时间相对较少，正是由于课堂教学时间有限，教师很难对重难点问题进行深入讲解，进而导致教学效果较差。而“微课”就能够充分利用学习者的课外时间，通过对重点内容进行针对性讲解，学习者就能够全面、深入、直接了解到各知识点。

（二）英语写作的课后学习

相较于传统教学模式来说，微课的优势主要体现在不受空间、时间限制，而且整体比较简单、精炼，学习者在学习过程中更加欢迎和喜爱这种教学模式。由于在教学中涉及的英语内容都比较深入，篇幅长，再加上学习者的基础比较差，这就在很大程度上增加学习者的理解和学习难度，进而导致学习者的学习主动性和积极性都普遍不高。借助微课，就能够将英语教材当中的内容进一步段落化、简单化，与学习者的理解能力更加适应。另外，采用微课教学模式，学习者在学习的时候也不会受到教学空间、教学时间等因素的限制，可以根据自己的时间合理分配，从而增强其学习灵活性。高校当中的学习者能力都是参差不齐的，如果在教学过程中仅仅只是采用一种教学模式的话，就会很难满足每一位学习者的具体需求，自然就会降低整体的教学效果。通过应用微课教学模式，学习者就可以按照自己的理解能力、基础水平来针对性选择视频课件，这样学习者就可以更好地理解课件当中的内容，了解和掌握相关知识内容。由此可以看出，在英语写作教学中应用微课教学模式，具有一定的个性化特征，确保所有学习者的学习需求都能够得到很好的满足，从根本上提高英语写作教学效率及质量。

五、微课模式下的大学英语翻译教学

当教师为学习者讲解完理论的翻译知识之后，教师就应带领学习者实践，让学习者在翻译过程中熟练掌握翻译理论技巧，锻炼对翻译技巧的应用，提高翻译水平。举例来说，教师在课堂上可以让学习者翻译一些一年中的热点新闻。教师需要在课前在网络上收集最新的热点文章，然后截取片段，制作成微课课件，之后教师先为学习者播放课件，让学习者在观看完课件之后进行文章翻译。

在英语翻译中，有些内容的翻译与学习者的文化意识有着密切的联系，当学习者了解西方文化的时候，在翻译中才能更好地体现原意。比如说学习者在翻译西方神话故事的时候，就需要结合西方国家的文化，这样才能够保证翻译的准确性。因此在英语翻译教学中，教师还可以利用微课为学习者普及西方文化，增强学习者的跨文化意识，进而为学习者更准确翻译奠定良好的基础。

第四节　基于微课的大学英语生态化课堂教学模式

伴随着教育信息化程度的全面提升，传统大学英语教学模式受到影响，面临着较大的压力。为应对这种教学环境，大学英语则需要走出一条创新发展之路。从教育生态学视野出发，大学英语课堂已经成为一个包含多元资源的生态系统，如何维持生态系统的平衡稳定，成为新时代大学英语生态化教学发挥实效的关键。将微课应用其中，赋予了大学英语生态化课堂教学新思路。

大学英语生态化课堂则是教育生态学在大学英语课堂的微观呈现。在合理的大学英语生态化课堂下，以学生为主体，以教师为主导，以学校现有的教学系统为核心，从而形成一个较为系统的框架与发展格局，探索可持续发展的课堂，为语言学习效率的提升奠定坚实基础。现阶段，无论是学术领域还是在教育实践当中，生态化课堂的构建已经得到普遍关注，教育领域都希望构建一个生态化课堂，从而在教育生态学的引领下持续性地发挥教育价值，维持教育生态的平衡发展，充分尊重学生的个性特征，以灵活多样的教育手段与方法，塑造和谐师生关系，最终服务于教学实践，实现对教学活动的感悟与内化。

基于微课的大学英语生态化课堂教学模式构建主要有以下策略：

（1）大学英语教学目标生态化。大学英语教学目标是构建生态化教学课堂的重要环节，明确的教学目标对大学英语教学实效的发挥效用显著。对于大学英语而言，教学内容较为多元，锻炼和强调的是学生对于英语的综合应用能力，包括口语表达和语用能力等，而面对这些多元化的教学内容，确定明确的教学目标十分必要。基于微课的大学英语教学目标生态化的构建，能够产生积极效用。微课在大学英语课堂教学当中的应用，能够实现对英语教学知识点的专项讲解，内容具体，教学侧重点和教学目标翔实。相较于传统的教学目标，微课教学模式下的教学目标更具体，也更容易被学生所把握。以某语法的教学为例，在开展大学英语教学之前，教师借助微课所带来的便捷性，将制作好的微视频发送给学生，为学生提供课前预习的内容，学生可以充分利用自主时间完成预习，而在课堂之上教师确定教学目标，学生对教学目标的定位精准，在相互交流中实现大学英语教学目标生态化，不单单传递技能，还能够实现情感态度以及价值观的有效引导。

（2）大学英语教学资源生态化。教学资源是支撑大学英语生态化教学课堂构建的核心所在，强调资源本身的适用性。基于微课应用视角下，大学英语教学资源得到一定程度的补充，但如何实现教师和学生对于大学英语教学资源应用的增值，则需要制定教学资源生态化策略。在教师层面，教师应该充分意识到现代教育资源对于大学英语教学的促进和推动作用。以微课为例，在将微课应用到大学英语教学当中，资源的获取与来源为教材框架和网络资源，以教材框架内容和教学大纲为核心，以网络资源作为补充内容，使得微课的知识点表达更明确、更具体、更全面。不断去学习和接触全新的微课制作和设计知识，更好地在有限的时间范围内设计出更具体的教学知识点，最终为教学资源的增值使用提供条件；在学生层面，在利用和使用微课程资源时，要增强自身的主动性，利用碎片化的时间完成对微课程知识的整理与优化。

（3）大学英语教学环境生态化。相较于传统的大学英语教学环境，微课的应用打破了传统大班授课的生态失衡的问题，提出了一个具备普适性的解决方案。微课教学模式本就具备普适性的特点，借助网络和移动终端，则可以完成微视频的传递，开展微课程。在微视频当中，涉及的内容可以是大学英语教学当中的语法内容、口语表达内容等，这些英语内容本身具备较强的灵活性，学生可以结合自身的需求来获得信息。以传统的大学英语课堂教学为例，学生在课堂之上的学习多是一种被动接受的状态，无法与教师本身有一个良好的互动过程，从而导致很多疑问没能够第一时间得到解决，在课后同样也会不具备解决条件。在这种情况下，微课程的应用效果显著，学生能够得到“一对一”的课程辅导，且针对性更强，打破了传统教学环境的生态失衡问题，为大学英语环境的生态化打下基础。

（4）大学英语教学系统生态化。大学英语教学系统生态化是保证教育生态化持续发挥效用的关键，也是有效协调上述各基础资源生态化的关键。为满足大学英语教学系统生态化要求，需要从多层面着手：其一，学校层面。学校应该积极鼓励微课在大学英语教学当中的应用，并提供相应的资源倾斜，使得微课可以更好地发挥出应有的价值和作用，促进新时代产生的新教学生态因子更好适应新的课堂生态化环境；其二，教师本身应该对微课使用有较强的认知度，通过自我学习和参与培训的方式，在微课制作、微课应用等多方面开展专项训练，确保微课的制作和设计符合大学英语教学要求，协调好大学英语教学系统，满足教学系统的生态化要求。大学英语教学系统生态化，要协调好新旧教学生态因子更替产生的影响和变化，为大学英语教学课堂生态化均衡发展探索新路径。

第六章 翻转课堂融入大学英语生态课堂教学研究

第一节 翻转课堂的理论及教学生态研究

一、翻转课堂的理论分析

近年来，越来越多的国外学校使用翻转课堂教学模式，这是一种很流行的教学模式，它是通过拥有的资讯形成的新型教学模式。这种模式旨在充分利用课堂时间，实现个性化学习，推动学生自主学习能力和合作学习意识的发展，并逐渐发展为教育教学改革的一股新浪潮。通过翻转课堂体现了教育的民主化、信息化。教育信息化是教育发展的重点，而翻转课堂是信息技术和课程的结合，已经成为教学改革关注的焦点。它在我国的实现是有一定的基础的：①与我国教学理论与实践相结合，达到了有效教学的目的，适应了我国长期以来着力突破课堂教学“少慢差费”的弊端，追求“多快好省”的高效课堂的发展方向；②翻转课堂的引进及其兴起，不仅符合了我国课程改革深化发展的内在要求，与我国现有的教学实践探索也具有内在统一性。

（一）翻转课堂的认知

翻转课堂是由英语“Flipped Class Model”翻译过来的术语，被教育界称为“翻转课堂式”教学模式。它与传统的教学模式完全不同，传统的教学模式是以教师讲课——布置作业——回家练习的传统顺序完成。而翻转课堂与传统的教学模式形成一个鲜明的对比，翻转课堂是“先学后教”理念的技术化，使其执行性极大提高，消除了传统教育过程中教学内容的强制性和思维过程的依赖性，重点在于把知识转化为自己的东西，真正做到了“以学生为中心”。

翻转课堂，又称“反转课堂、颠倒课堂”，传统模式下的“教师讲课，学生练习”的方式与翻转课堂特有的“课前学生自学，上课共同练习”的方式正好相反，因此被称为翻转课堂。从教学组织的角度来说，翻转课堂就是将知识分段，翻转课堂的目的就是将知识片段化，教师制作教学微视频，学生在课前观看微视频，并随时对疑难知识点进行讲解，课中师生之间还可以利用互动来充分对知识吸收，课后微视频还可以起到复习巩固的作用。国内外学者对翻转课堂的解读体现在宏观和微观两个角度。从宏观来看，是对翻转课堂理论的定义，也就是翻转课堂对知识传授、内化的翻转；从微观角度来看，翻转课堂是过程内涵。

国内部分高校也相继开始了翻转课堂的实验研究。翻转课堂是“先学后教”理念的技术化使其执行性极大提高，消除了传统教育过程中教学内容的强制性和思维过程的依赖性，重点在于把知识转化为自己的东西，真正做到了“以学生为中心”。

（二）翻转课堂的特点

（1）教学内容特点。第一，短小精悍的教学视频。在应用广泛的互联网时代，除了萨尔曼·可汗推出的数学辅导视频，亚伦·萨姆斯和乔纳森·伯尔曼对化学知识难点也推出了一系列的教学视频，短小精悍成为相同的特点。几分钟的视频时间占据了主导地位，十几分钟的视频已经成为较长视频。一个视频对应一个特定的问题，针对性比较强，更是利于方便查找；视频长度符合学生身心发展特征，能巧妙地控制在学生注意力集中的时间段范围内；具有暂停、回放等多种快捷功能，有利于学生自我控制、自主学习。第二，清晰明确的教学信息。萨尔曼·可汗的教学视频可直接听到可汗书写时的画外音，视频中还可以看到他的手不断地写出讲解中的数学符号，直到填满整个屏幕。而传统教学录像中在学生自主学习的情况下随意出现教师的头像以及教室里摆放的各种物品都会分散到学生的注意力。第三，重新建构学习流程。一般情况下，学生的学习过程大概包括两个阶段：第一阶段是通过教师与学生、学生与学生之间产生互动来实现的“信息传递”。“信息传递”是教师提供了视频，还可以进行在线辅导，学生则是在课前完成学习。第二个阶段是在课后由学生自己来完成实现的“吸收内化”。“吸收内化”就是利用学生和教师之间相互交流在课堂中完成的，教师在课前就能够知道学生遇到的难点，所以在课堂上的辅导就更有目的性，同时同学之间的交流与帮助更能使“吸收内化”得以实现。在缺少教师指导和同学互帮的情况下，“吸收内化”阶段会使学生产生挫败感，丧失自己对学习的动力。翻转课堂则能重新架构学生的整个学习过程。

（2）可自主安排学习时间。学生可以根据自己的时间来安排学习，也可在“碎片时间”观看视频。随着现代信息技术的不断发展，学生完全可以掌握自己的学习进程，可以根据自己的学习状况来选择哪里需要反复观看，哪里不需要看；学生还可利用交流平台问同学或者教师问题；因此学生就是知识的主动建构者，传统的教学中很难做到这种及时性和适切性。

（3）翻转课堂的教学环境。正是由于现代信息技术的不断进步与发展，创新的教学模式才能得以实现。传统课堂只是利用粉笔、黑板、PPT 等教学工具形成的教学环境，而翻转课堂却利用了全面的学习管理系统整合了线下课堂与网络空间。这个学习管理系统对教师和学生都有很大的作用，教师可以利用它组织和展示各种教学资源，对学生的学习情况也有所了解，这样辅导起来更有针对性；学生可以利用它与同学一起学习，互相帮助，完成学习任务。

（4）翻转课堂的“混合式学习”。欧洲国家的许多学者普遍认为，翻转课堂是一种全新的“混合式学习方式”，是增加师生之间互动以及学生个性化学习的一种新型手段，对课堂教学模式产生了重大变革。事实上，翻转课堂的初衷就是课前看视频听讲解、课堂做作业或讨论这两种学习方式的混合，面对面传统的课堂教学与在线教学方式结合起来的混合式学习模式。

（5）翻转课堂实现个性化教学。翻转课堂拥有自己的教学模式，它把群体教学与个别教学结合到一起，它认同每个人的发展速度都是不同的，以及教学的步骤也是不同的。每个学生所具有的潜力是不同的，拥有的智力也是不同的，因此每个人的发展方向也不同。同种条件下，同样的学习内容，有的学生能够完成得既快又好，但是有的学生却要花费很长的时间和很多精力去学习。传统的课堂教学希望所有学生都能在同种条件下，都完成相同的学习内容，这是不可能实现的，没有想到不同的学生对学习要求的标准也是不同的。然而在翻转课堂的教学中，学生不仅可以主动地掌握自己的学习进度，体现异步的特点，还可以根据学生提出的问题进行研究讨论，教师再根据每个学生的情况对其进行指导，这从根本上也符合异步教学所强调的“教学内容问题化、学生学习个体化、教师指导异步化和教学活动过程化”的基本特点。这样看来，翻转课堂具有的异步性的特点能够提升学生学习的主动性和学习效率。

（三）翻转课堂与传统课程

翻转课堂是一种新型教育模式，所以还没有严格的教学意义上的定义，国内外诸多学者大多采用描述性定义来阐释翻转课堂。翻转课堂包含两种教育技术：课堂内教育技术，学生可以组建交流群组进行学习；课堂外教育技术，学生可以利用计算机网络进行学习。这个定义不同于之前对翻转课堂的宽泛定义，缩小了它的内涵范围，将课外不利用的视频教学排除在外，因此，这个定义更加严谨和有针对性。另外，翻转课堂就是指把“教师白天授课，学生回家自主做作业”的教学结构作为一种新兴教学模式翻转过来，构建“学生白天在教室完成知识吸收与掌握的知识内化过程，晚上回家学习新知识”的教学结构。以上定义也得到了国内学者的普遍认同。

翻转课堂不只是拥有大量的在线视频，这些只是它最基本的东西。只有在线视频资源还不能实现教学目标，学生还是要自己主动地学习，并且教师要对学生指导和帮助，学生与教师之间、学生与学生之间要多多进行交流，这样才能互相帮助，共同进步，学生能够更好地把知识转化为自己的东西，更好地运用，这就是与传统课堂的不同之处，实现了对传统课堂的“翻转”（表6-1）。

表6-1　翻转课堂与传统课堂的对比

教学环节		传统课堂	翻转课堂
课前	目的	学习课堂教学内容	学生掌握课堂基本知识，完成基本的学习要求；教师通过在线测试掌握学生的学习情况，有针对性地实施教学过程
	方式	自行阅读课堂材料	观看微视频及阅读微课堂材料
	指导		教师通过互联网在线指导
	反馈		教师通过在线测试即时了解学生的学习效果
课中	目的	帮助学生学习课程内容	解决学生课前所产生的问题，引导学生拓展所学问题，完成知识的内化
	内容	课程内容	解决学生预习后出现的问题，实现学生对所学内容的深层理解和拓展
	方式	讲授为主	教师答疑和讲授、学生之间协作学习
课后	目的	巩固理解学习内容	引导学生对所学内容进行总结、反思与拓展，进一步对知识进行内化
	方式	学生独立完成	学生独立或协作完成
	指导		教师通过互联网在线指导
	反馈		教师通过在线测试即时了解学生的学习效果
学习平台			网络教学平台，进行学习资源、教学视频的发作，以及在线测试和教师与学生之间的沟通交流

二、翻转课堂教学及其运用

（一）翻转课堂教学的方法

（1）课前教学内容的选择和制作。在进行教学设计时，应当充分考虑教学目的与视频的契合度，教师可以选择已有的视频资源在翻转课堂上运用教学，这样可以节约时间与经历，很多理科类公共课程、世界名校公开课、中国国家精品课程、微课网等都为教师提供了寻找与自己教学内容相关的优质教学资源。凭借原来教学视频的帮助，可以使一线教师节约时间，同时也避免了普通教师对于上镜有所压力，网络资源的共享帮助了教育资源充分的运用。在这基础之上，怎样利用教学视频抓住学生的眼球，怎样把视频制作质量提升，这都是翻转课堂所要面对的问题，可以利用以下方法提高教学视频质量：增强声音的感染力、重视幽默的运用、增加适当的注释等方法。

（2）智慧的课堂导引。翻转课堂相对于传统课堂来说，拥有自己独特的学习时间段，那就是后视频阶段，因此，学生已经掌握了知识点，第二天的课堂学习才更为重要，教师要根据学生不同的情况对其针对性地教育，这才是最理想的课堂：教师因材施教，学生有效学习。教师在课堂上讲得生动，吸引学生的注意力，才是对教师智慧与功底的考验。在上课之前，教师应思考学生观看视频时会提出哪些问题，做好备课。在上课时，教师应该把学生提出的问题快速地分类整理，参与或者组织大家一起解决问题，同时提出具有针对性、引领性、启发性、探究性的问题，让学生进行更深意义的讨论。在这个过程中，教师要观看学生的表情和话语，提取信息，因材施教。只有在教师与学生、学生与学生之间的密切互动中，有意义的学习活动才能持续推向纵深。

（3）课后拓展与升华。虽然学生利用课前自学、课中内化的方法掌握了课程的内容，但是他们并没有与现实相联系，仍然是独立的、不相关的、现实效用欠缺的惰性知识，而要把这些知识内容真正转变为学生自身的知识，一方面需要他们自己去理解和掌握这些知识，习得和掌握相应的操作技能或技巧；另一方面需要他们学会思考问题、理解问题。这就要求学生不仅要知道学什么，为什么学，更要掌握怎样学、怎样用。因为知识的学习不能仅停留在表面，更应透过现象看本质，辩证地进行学习，要善于将所学的新知识融入大脑已有的认知结构中，从而在已形成的认知体系中重新建构起新的有效联系，学会迁移学习，具体问题具体分析，根据变换的情境做出决策，然后解决问题。因此，教师在翻转课堂的教学实践中，要拓展知识点、设计新技能，在课后给学生布置下去，给学生提供真实情境中锻炼的机会；与此同时，要教会学生学会反思，锻炼他们学会课后反思，帮助他们养成自主反思的习惯，从而促进学生知识技能的进一步内化、拓展与升华。

（4）学习理论。随着网络时代的不断发展，游戏在学生中逐步成为流行，也正因为如此改变了人们对网游的排斥，但是国外在 20 世纪 80 年代利用游戏和教育界结合开始研究教育游戏，将网络游戏融合在教学设计中。最近十年左右，这种游戏化学习才在中国成为热门研究。

游戏化学习可以培养学生有目标存在感，借鉴游戏里的规则方法选择适合自己的发展方法、教学策略，借以达到在整个教学过程中将概念和规则和学习很好地结合。

（二）翻转课堂教学的模式

翻转课堂的教学模式是教师设立课程目标，并制订课程计划，包括课上内容、阅读内容和预备布置的作业等。教师在学习活动里充当设计者的角色，能够清晰地指导学生进行自学，引导学生明白该学习哪些内容，如何给学生布置微课或提供学习资料。让学生能够自主学习，在有难题或疑问时能够通过视频实现知识传递，提取学生学习的反馈信息；学生则在自主完成作业及教师提供的学习资料外，可随时通过网络平台记录下自己遇到的问题并通过视频反馈给教师。具体来说，可以分为以下步骤：

第一，课前练习，学生自主学习，完成教师布置的作业，通过课前练习来巩固自己的学习成果，起到强化训练的作用。

第二，在课前学习的基础上，教师通过教学视频来调查学生的学习进度情况，可适当提供参考资料，但难度最好不宜超过课前提供的学习任务，以便激发学生在学习过程中的成就感。

第三，要让学生明白不能只靠课前的努力，要通过互动学习引起学生的思考能力；同时，鼓励学生协作学习，互相讨论学习，针对学习中的难题能进行交流达到解决问题的目的。

第四，在师生间、学生与学生之间互助学习的基础上，设计展示的教学活动，通过解释和阐述的方式，加强学生对新知识的巩固与应用。

第五，在成果展示的同时教师应及时提出评价。教师引导学生反思自己的学习情况，并及时端正学习态度、采取有效的方法和策略等。

（三）翻转课堂教学的运用

在我国大力推行翻转课堂的实践过程中，依然要以我国本土的优秀文化理论为基础，在保留优质的教育理论的同时大力引进和学习国外高效的教学模式。从而实现真正意义上的中国化翻转课堂。翻转课堂具有美国社会的教育印记和文化背景，在实现中国化的过程中，一定要维护和保留我国传统教育文化中的优质成分，取其精华，去其糟粕，做到择善而从。因此，在将翻转课堂本土化时，首先应当正确认识翻转课堂这种教学模式。虽然翻转课堂在创立新意方面略胜一筹，但是它可以推动传统化教学模式这一说法并不合理，应该以不同课程的特点、不同科目的特征、各阶段教学的目标要求以及目前具有的教学条件为基础，把翻转课程适当地融入其中，最终实现翻转课堂的完美运用。

1. 翻转课堂教学运用的条件

考虑到我国现阶段的教育实际条件，粉笔和黑板仍然是我国学校教育中的主流教学工具，教学效果并没有很大的改善，假如完全抛弃传统的教学工具，当前的教育教学工作将无法正常运行。翻转课堂要想在我国教育教学中真正地应用，须具备以下两个最基本的条件：

第一，需要有大量完备的教学资料和视频为基础。目前这些视频资料通常都是各学科的教学者提前制作和录制的，如果资料过于单调或者用处不大的话，学生肯定对此没有足够的兴趣，更不用说提升教学成效了。所以，高质量的教学水平和高标准的视频制作是翻转课堂对教学者的主要要求，目前还是在趋于完善的过程中。

第二，自律性和意志性是翻转课堂对学生的首要要求，而学生自控力的提高不是短时间内就能形成的，它的提高需要多方面的共同努力，特别是与学生的年龄大小密切相关。在实际教学中，我们认为，假如翻转课堂真的应用到教学实践中，高校教育应该比中小学教育更容易一些，推广起来的难度也相应小一些，之所以会出现这种情况，是因为我国当前的高校教育更加注重学生的自主学习，而且随着年龄的增长，学生的自律能力会更强，大学的空余时间相对更多，硬件条件也相对更为先进，能够为翻转课堂的教育教学创造更好的条件。

2. 翻转课堂教学运用的途径

（1）转变教育观念。我国传统的教育模式特别强调“尊师重道”“为人师表”和教师在教育工作中的“传道、授业、解惑”作用，从而进一步强化了教师在教学中的监督、传授作用和对整个教学过程的主控地位，总之，是重教育轻学习，要实施好翻转课堂，必须改变“以教师为中心”的传统思想。西方的教育非常注重学生的主体地位，早在 19 世纪末 20 世纪初，美国著名教育学家杜威提出在教育学习过程中要“以活动为中心”“以儿童为中心”的教育思想；20 世纪中叶，布鲁纳提出“发现式学习”是让学生自发地进行学习活动。因此，西方的传统教育观念是“重学生轻教师”，同时也为构建主义所倡导的“以学生为主导”的理论提供了稳固的基础。而翻转式课程是把学生在课前的线上学习、课堂的面授相结合。在线学习是在教师的启发和协助下进行的；而面授教学是以教师教学为主，学生自主交流与探究为辅，从而提升学生的领悟能力。若想达到预期目标，就需要把两者相互结合，即传统化教学与数字媒体教学的有机结合，不但使教师的教学能力得到了展现，而且强化了学生在教育活动中的地位，同时也使学生在学习过程中更加积极主动。

更好地实施翻转课堂，教师的传统教育理念必须与时俱进。传统的教育观念是从意识形态上做出抽象和概括的最大化，与之相应的教学方式方法、学习模式都是教学理念的类属概念；教学理念和教育观念二者是相通的，具有同一性。例如，“以教师为核心”的教学理念，教育观念就是强调教与学活动；“以学生为中心”的教学理念，教育观念是强调混合式的教育思想，但并非二者的简单重叠，而是经过不断的改良，并且以最恰当的方式方法推行，才能凸显成效。所以，广大教学者转变教学理念和教学思想是积极有效开展翻转课堂的有力保证。

（2）加强对翻转课堂的系统研究。目前，翻转课堂在我国进行了有效的开展，并且颇受欢迎，但大都是一些简单的平台操作、模式构建等相关技术层面的问题；各地的教育机构也相继开展了不同类型的现场宣导会，基本上都是经验之谈、课堂操作与演示、平台操作以及实施的决心和方法等；部分学校之间照搬外国的课堂模式，遵照着进行效仿。现阶段更多的是一些学校、机构的领导和信息网络平台的参与者在大力推行翻转课程，能对翻转课堂进行系统科学的分析的人是少之又少。这很不利于翻转课堂在我国的发展。翻转课堂具有美国社会的教育印记和文化背景，尤其是固定的教学实践模式，虽然他的适应度很广泛，但是我们也不能漏掉其政治、经济环境所造成的影响。我们不能步入盲目效仿的误区。所以，若想实现真正意义的本土化翻转课堂，就要深入、透彻地探究它的建构之“源”、发展之“本”、成功之“道”，而不能单一做形式层面的效仿。此外，我们也要意识到解决翻转课堂的一系列难题并不简单，任重而道远。

（3）创新教育评价体系。近年来，我国教育理念和教学模式的深化改革有效证实了教育信息化工作发展迅速，要不断地得到创新，就要从本质出发，加快教向自学的转变，从单一的课堂学习为主向学习方式多样化转变，从知识传授为主向能力培养为主转变。加上信息技术在翻转课堂教学的不断成熟，值得等待的是，翻转课堂必将成为我国教育界的新一轮教学改革。但依据试验学校的调查进行分析后可以发现，课前要求学生观看的教学视频和 PPT 应用并不是翻转课堂学习方法的唯一条件，而是将课堂组织管理、教学视频和微课堂设计有机结合。所以，翻转课堂教学效率的提高既得益于教材的信息化整合，也得益于教学结构的合理调整和教学流程的有序编排，翻转课堂整体效能的增值得益于从理念到方法的综合性变革。从完整的角度看，翻转课堂是相对于传统教学而产生的一种全新授课安排。它针对教师“填鸭式”教学、学生难以养成主动思考的习惯，将传统课堂的 45 分钟精简到 15 分钟，更多的时间用于学生之间的交流、教师对学生的辅导、答疑和作业的完成，时间的支配上更加灵活，从而为学生更好地自主学习和翻转课堂的有效发挥创造了更好的条件。但翻转课堂并不能完全代替传统教师“传道”的角色，只是“传道”的具体形式、时机掌控、内容涉及上有所改变，因此它的核心思想是对“知识传授—内化”过程的合理调整。教师的个性化教学、情境化教育模式、针对性教学、整体性教育模式仍然占据非常重要的地位。因此，从这个角度讲，翻转课堂是对固有的传统教学模式的一次颠覆性改造。但是翻转课堂是否真正地适应中国的教育实际，还需要在实践中进行探索和检验。

想要翻转课堂真正实现中国化，必须积极探索新的教育评价体系。课件的制作、教学视频的录制、我国目前的教育评价体系都是影响翻转课堂教学模式发展的重要因素。特别是我国目前的教育评价体系，仍然存在着教学评价标准过于单一、方法过于简单、教学评价的技术相对落后等缺点，考试成绩仍然是对学生进行综合评价最主要的标准，学生的升学率仍然是学校工作评价的最重要指标，在这样的教学评价体系影响下，教师、学生、家长的期盼是考个好成绩，所以学校对翻转课堂的实践教学持犹豫和迟疑的态度，家长和学生对此持相对保守的立场也在情理之中。如何走出一条知识增长与能力发展协调并进的路子是我国教育工作的重中之重。

三、翻转课堂的教学生态研究

随着无线通信技术的飞速发展带来的移动互联网的普及，无线网络无所不在。互联网的泛在化和移动化特点颠覆了传统的学习方式。所有持有手机、计算机等移动科技工具的学习者可以在网络环境下充分利用碎片化、零碎的时间，实现随时随地获取任何学习资源的学习新常态。短小精悍、主题突出的微课满足了学习者泛在化、碎片化的学习要求。

随着泛在化、碎片化学习的实现，教学模式也亟须转变。传统教学习惯是教师课堂上传授教学内容，学生课下通过作业、讨论、实践等方式将授课知识内化吸收。翻转课堂就是将传统的教学习惯完全“翻转”“颠倒”。教师把原本在课堂之上讲授的若干个知识点分别录制成若干个5~10分钟的微课，把课上的授课内容转移到课下。学生在课下可以充分利用他们的碎片化时间，利用手机、计算机等便携式科技工具随时随地（泛在化）通过反复播放微课自主进行知识点的学习。学习完毕回到课堂之上，在教师的引导下，再通过课堂报告、分组讨论、师生问答、辩论、主题演讲、习题操练、测验等各种方式将微课中讲授的知识点内化吸收。这种课前完成知识传授，课堂之上内化知识的教学方式就是翻转课堂。

基于微课的翻转课堂是一种以学习任务为焦点、以学生为中心的学习新方式。翻转课堂教学要求学生改变对教师的依赖，不再做被动的信息接受者。学生们可以自主地、主动地根据自己的时间、学习状态、学习需求等灵活机动地进行学习。翻转课堂教学提升了课堂的教、学效率和效果，增强了学生的自主学习能力、合作学习的意识和学习兴趣，使得整个教学生态系统高效、良性循环，进而提高了教学生态系统的生态效益。

（一）以学生为中心，学生自主掌控学习

从信息传递的角度，双向有效的信息传递才可以维持教、学活动的正常进行，维持课堂生态系统的稳定。在传统教学模式下，学生们过分依赖教师的知识灌输，拒绝思考，拒

绝互动，思辨能力退化。尤其是在50人以上、教学模式单一的大班课堂之上，对于长达一个半小时的授课内容，被动接受知识的学生很容易出现注意力不集中、课堂学习效率较低的情况。

翻转课堂后，学生可以自主安排自己的时间，在最佳学习状态中进行微课播放学习。这样不仅避免了学生由于事假缺席而跟不上传统课堂的教学进度，还通过自主学习而学会对自己负责，学习态度变得积极。由于微课能永久保存且可以反复观看，学生可以根据自己的学习情况自主决定微课的播放次数，可以暂停微课进行思考、查阅资料以及做笔记，从而保证学习质量。此外，课堂之外舒适的学习环境和放松的心态可以消除学生的学习焦虑、激发学习动机、增强学习自信心。再加上微课具有知识碎片化、麻雀虽小五脏俱全的特点，学生们自主进行微课学习的学习效率更高且更具个性化。

（二）教学环境更加优质

生态因子指的是对生物有影响的各种环境因子。生态因子分为生物因子和非生物因子。生物因子间形成互利共生、捕食、寄生、竞争等关系；非生物因子包括温度、光照等因素。课堂生态环境不仅包括教室环境——物理生态因子，还包括师生的精神、情感等心理环境——化学生态因子。教师和学生是最重要的课堂生态因子。生态因子之间相互影响相互制约。教学生态系统中生态因子间的良性互动，以及互利共生是实现生态平衡的条件之一。教学活动和教学效果也是在师生互动中实现的。因此，关注师生互动是关注教学环境很重要的方面，具体如下：

1. 教学中的互动大大增强。翻转课堂的教学优势之一就是增强了课堂之上师生之间、生生之间的互动性。以往的师生关系就是单纯的传递和接受的关系，学生怯于向教师发问甚至质疑。传统课堂的大量教学任务也缩短了教师与学生、学生与学生之间问答、讨论等互动的时间。翻转课堂之后，原先课堂上的教学任务被主题突出、知识点鲜明、短小精悍但有血有肉的微课取代。教师不再是课堂之上传道授业解惑、提供信息的唯一权威，而转变成为在课堂之上开展以学生为中心的各项活动的设计者和组织者，以及学生学习的辅导者和好伙伴。由于传统的授课内容以微课的方式转至课下进行学习，师生、生生在课堂之上面对面交流互动的机会和时间大大增加。学生有充分的时间向教师提问、回答教师的问题、与同学进行讨论和辩论、合作完成教师布置的各项任务等。教师也有充分的时间对学生发问、回答学生的问题、对学生的表现进行反馈、针对学生学习的重点和难点提供例如专题讲解等辅导。

2. 灵活的学习环境。翻转课堂之后，物理上的学习空间得到了改变。传统的接受新知识的学习环境是在课堂之上。翻转课堂教学中的学习者拥有更加灵活的学习环境。学习者可以在教室、寝室、食堂、校园里、公交车上等任何地点、任何时间利用手中的移动科技工具进行微课在线学习，或者将微课提前下载到移动科技工具中随时随地进行学习。教师也可以为学生创建更加灵活的学习空间，例如小组协作学习、外出调研、实验等，有助于学生吸收、内化知识。

3. 降低限制因子作用，提高教学效率。生物的存在和繁殖依赖于各种生态因子的综合作用。限制因子是限制生物生存和发展的关键性因子。生物对于大多数生态因子有一定的耐受极限。在课堂教学生态中，教师的理念、学生的态度、师生关系、班级规模、授课时长、评价机制等都是关乎教与学效果的限制因子。把这些限制因子转变成非限制因子，可以提高教与学的效率。

在翻转课堂教学生态系统中，授课内容以微课的形式由学生进行自主学习，缩短了课堂上冗长的教学任务的传授时长，从而保证了营养信息的有效传递。教师与学生之间的关系则更加融洽、和谐、平等。教师观念转变后，更乐于做一个教学中的参与者、倾听者和指导者。在翻转课堂教学中，教师采用各种学生喜欢的方式帮助学生去内化微课中讲到的知识。例如，大规模的教学班级可以在教师的精心设计下被分成若干个学习小组，通过小组合作学习去分析、讨论和解决问题。同龄人之间知识的交流与沟通不仅可以促进学生获取知识的热情，学习态度变得更加积极、主动，还使得学生能够在活跃、轻松、融洽的氛围中将知识进行有效的深度加工，进而全面消化教学内容。

评价体系在翻转课堂教学生态系统中也变得更为科学。传统教学模式下多以终结性评价方式为主。翻转课堂教学模式下可以采用以形成性评价为主、终结性评价为辅的多元评价体系。这种多元评价体系更加重视学生获取、内化知识的过程。由于翻转后的课堂已经完全成为以学生为主导的学习场地，教师可以通过课堂之上学生的参与度、合作性、教学任务的完成情况、学生的态度与情感等分别进行评价。再结合学生与学生之间、小组与小组之间进行的相互评价，最终形成一个多元的形成性评价体系。这种评价体系不仅激发了学生在课堂上积极参与、投入合作的热情，还提高了知识内化的效率。

（三）学习资源循环流动，实现教学相长

从物质循环的角度，教师、学生、教学的一切资源三者之间进行两两循环。在翻转课堂生态系统中，最重要的物质资源就是微课。教师是微课的设计、录制以及制作者。把教学任务中的每一个知识点都录制成一堂时长 5~10 分钟、深入浅出的微课，对教师的教学设计能力、知识构建、语言表达能力、精神面貌、情绪等都有极高的要求。教师无疑会在微课录制的过程中得到锻炼和提升。教师在与学生的共同探讨与切磋中得到启发，从而进行再度思考，经过深度查阅资料后，再次优化微课教学内容与设计，在实现资源的有效循

环中，教学相长。

综上所述，确保学生积极有效地进行课前自主学习，并同时创造出吸引学生的课堂教学模式是翻转课堂的成功之所在。从生态学的角度，基于微课的翻转课堂这一教学新模式延伸了课堂生态环境，改变了生态主体的角色和意识，革新了教学内容的获取方式，有效平衡了课堂教学环境中的各个生态因子，实现了教学生态主体和教学生态环境的和谐共生，呈现出教学生态系统动态平衡的状态。

第二节　大学英语翻转课堂的生态构建

从生态学视阈下来构建大学英语翻转课堂，要注重对翻转课堂各生态主体与课堂环境的融合与促进，营造动态的、和谐的生态课堂氛围，促进各生态要素良性可持续发展。作为微观的教育生态系统，大学英语翻转课堂教学要兼顾生态系统的整体性，要对各个子系统进行构建，避免某一系统或环节缺失而带来对整个课堂生态的破坏。

一、从课堂生态环境的物理环境构建大学英语翻转课堂

从课堂生态环境的物理整体入手，要完善大学英语课堂教学的现实环境。如课堂生态环境中包含班级规模的调整、教室内部环境的布置、学生座位层次的排序、课堂教学中英语辅助教学设施的完善等。这些课堂生态环境，需要与大学英语学科专业发展特点，以及英语教学社会性等因素相渗透，要能够突显二语学习者在英语知识、能力建构中的积极作用。对于英语教室的科学布置，通过完善大学英语教学多媒体设施，有助于增强学习者的心理趋动性。如在教室墙壁张贴与英语相关的挂图、英语格言，结合墙壁书柜陈列不同的英语报纸、英语书刊，利用多媒体技术播放英语视频、英语歌曲等，要比单纯性的英语普通教室更能激发学习者的学习热情，促进学习者快速进入英语学习状态。

另外，在英语多媒体教室设施购置上，可以将投影机、多媒体电脑、英语音视频素材、无线网络、移动终端等系统进行融合施教，成为翻转课堂生态构建的重要物理环境。借助于多媒体信息技术，对班级学生进行合理的分组，从班级规模人数控制上来提升英语教学效能。特别是小班化课堂，师生之间交互性增强，每个学生能够从教师的关注中参与到课堂教学活动中，并在师生交互、生生交互中提升自我的语言会话、口语交际能力；在座位排序上，结合不同学生英语学习行为、兴趣、态度的差异性，灵活设置不同的座位排序，来激发学生的学习积极性，拉近师生之间、生生之间的语言沟通距离，增进学生间的互动性和交际性。当然，翻转课堂物理环境还包括英语课堂语言环境的营造。

由此可见，英语学习的关键在于学用结合，而用英语的最有效途径就是听说训练。针对高职学生英语口语、会话能力较弱问题，要鼓励学生多训练、多给学生提供发言、讲话的机会，积极营造使用英语来交际的环境，结合课堂教学任务、创设不同情境的真实语境，让学生能够从语言口语交流中，逐渐养成学习英语、使用英语的习惯，让学生能够主动开口使用英语来锻炼口语交际能力，获得学以致用的效果。

二、在翻转课堂生态教学中构建师生主体关系

翻转课堂打破传统英语课堂教学的知识讲授模式，将课外自学作为翻转课堂延伸知识学习的有效途径，特别是在多媒体信息技术环境下，借助于教师录制的微视频、微课件来鼓励学生自主学习，并利用课堂教学活动来强化师生交互，针对自学中的问题展开探讨、交流，加深对知识点的巩固，促进学生对知识的内化，实现英语知识与能力的迁移。可见，对于大学英语翻转课堂的生态构建，教师、学生作为生态课堂系统中的两大主体因子，双方都以对方作为基础和前提来完成课堂实施。教师的角色转变为课堂组织者、学生学习的指导者，学生成为课堂的主角，要通过对教学活动的参与来实现知识的内化与建构。

在翻转课堂生态教学中，师生关系需要在信任中来构建。良好的师生信任关系是开展师生互动教学的前提，而构建信任关系，一方面教师要相信学生，要充分放手让学生自己去尝试、自己去实践；另一方面，教师要不断加强学习，特别是对于教学理念、教学方法、教学创新，要通过充电学习来完善自我知识结构、提升英语教学综合素质，以丰富的教学能力、充满魅力的人格形象来获得学生的信服，增强学生对教师的信任感。同时，生生之间的协同关系是实现翻转课堂生态教学的必要条件，每个学生不能是孤立的学习个体，每个学生作为生态课堂教学的重要因子，要能够从整体观、系统化协同互助中，保障学生之间的信息交流与协同互动。要发挥学生之间的交互功能，将英语学习与英语实践运用相融合，要通过语音、词汇、语调、语法、语篇、语义、语感等知识性内容与学生之间的协同合作相联系，来实现对英语知识的巩固与运用，帮助学生在英语学习中提升语言应用能力。

三、以教学方法创新构建生态化翻转课堂

大学英语翻转课堂生态化构建，离不开教学方法的创新，特别是翻转课堂将学生的自学和课外学习作为课堂教学的重要延伸，学生在课外学习中，从教学视频资源中来预习相关知识，并通过课堂生态教学环境来完成知识的对话、交流、探讨、合作，教师作为课堂教学组织与促进者，要发挥学生自学、教师辅导教学的作用，变换教学方法，强化课堂师

生间的互动。

另外，翻转课堂要拓宽课堂教学的广度和深度，要激发学生在课堂教学中的参与度，要把学习时间、思考空间尽可能留给学生，让学生在知识的理解、分析、思考、交流中有所收获。为此，在翻转课堂生态构建中，要对教学方法进行创新，要尊重学生的差异性，针对班级学生英语水平的不同，灵活优化教学方法，因材施教，做到教学任务的分层实施。其次要强调“三结合”理念，将教师的引领与学生的参与相结合，将个别自主训练与小组活动相结合，将语言输入与输出相结合。

在教师引导下，要注重学生的个体需求，强调学生的主体性，对于学习任务要由学生自主来完成；要关注学生的知识局限，要做到学生自学、教师跟进、指导、监督的及时性，要从学习者语言习得实践，鼓励学生通过自身努力来内化词汇、语音、语法、语篇、翻译等能力。当然，语言知识的掌握与语言的运用能力并非正相关，认知心理学将知识划分为陈述性、程序性两类，对于陈述性知识，主要表现为“是什么、为什么、怎么样”；而对于后者，则强调个体对知识本身能解决怎样的问题，或者是怎么做。这些问题需要通过作业形式、操作方式来获得体现。换言之，对于学生而言，从陈述性知识阶段上升到程序性知识阶段，需要通过对所学知识进行激活、强化，从语言意义与形式的关联上来建构。

四、以音视频素材资源库完善翻转课堂的生态构建

翻转课堂的生态构建需要完善英语教学资源库，特别是基于教材的英语视频，以及与大学英语相关的英语报刊、网络资源等。通过开发多元化英语音视频资源库，来满足不同学生层次的学习需求，特别是在英语口语训练、英语阅读教学、英语词汇及语义表达上，要强化翻转课堂视频素材、课件资源的系统性、全面性，帮助学生从中获得英语知识的习得与训练。另外对于口语与书面语的使用，要结合课程资源来进行区别，增进学生的理解和应用。

大学英语翻转课堂生态构建还处于探索阶段，要结合大学生学科专业及未来岗位方向，最大化地激发学生在课下进行自主学习和训练，挖掘学生的英语潜能，提升英语学习兴趣。同时，注重课堂生态环境的构建，要发挥翻转课堂生态各因子（教师、学生、环境要素、英语资源库）之间的关联度，发挥信息技术的介入导向功能，不断促进和维护英语翻转课堂的生态平衡。

第三节 生态视阈下大学英语翻转课堂模式构建及其创新

一、生态学视阈下大学英语翻转课堂模式构建

生态学是研究有机体或有机群体与其周围环境的关系的科学。生态课堂的中心是学习环境，而翻转课堂相较于传统课堂而言，多样性和灵活性能使学生获得平衡的语言学习环境。

在教育生态学视阈中，生态因子指任何对翻转课堂中的学生和教师产生影响的因素。英语教学受到很多限制因子影响，如班级规模、教室大小、教育手段、作业量、时间分配等，同时，学生个体能力、自我效能感、学习态度、人际交往能力等也影响着教育能否实现生态平衡。目前传统的大学英语教学仍采用单一的教学方式，教师仍采用传统的教学方法，教师在课堂上的主导性过大，不利于学生自主性学习。同时，课堂评价体制单一，没有充分利用形成性评价、多元化评价模式来刺激学生的学习动机。

从英语教学整体层面出发，构建一个关联的、动态的、平衡的生态英语翻转教学课堂。在课前，提供给学生相关微课视频，让学生对英语课堂学习内容产生浓厚兴趣；在课堂讲授过程中，实行小组汇报与讨论，坚定学生文化信念。通过翻转课堂模式，运用图片、视频、音频等多媒体手段，优化课堂环境。从教育者角度来看，实现多元化评价机制，帮助学生树立学习信心，构建出平衡的生态课堂。

二、生态化视阈下大学英语翻转课堂创新模式

随着信息化时代的发展，传统的课堂模式难以应付人们渴望快速获取大量知识的学习需求。与此同时，一种新兴的翻转课堂教学模式顺应时代的发展，切实利用信息化技术进行教学。然而，这种新型教学模式也对我国现有的教育体制提出挑战，如教师角色的转换、教材资源的转变、评价体系的不健全、教学环境的不完善等问题相继出现。为了解决翻转课堂中所面临的难题，协调好教师、学生、教材、课堂环境等之间的和谐关系是至关重要的，而这些正是组成课堂生态系统不可缺少的因子。因此，构建生态化的大学英语翻转课堂创新模式势在必行。

（一）建立大学英语和谐生态翻转课堂的理念

教育生态学是依据生态学发展原理，特别是生态系统、自然平衡、协调进化等原理研

究各种教育现象与成因，进而掌握并指导教育发展的趋势和方向。总的来说，教育生态学是研究教育与整体的生态环境（社会的、精神的、自然的）之间的相互关系的科学。生态化的大学英语翻转课堂创新模式与教育生态学理念有着密切联系，两者都注重生态系统原理在教育领域的应用，故生态化的大学英语翻转课堂模式可利用教育生态学的理念，将原理应用到课堂模式中去。

生态系统是由生物群落和非生物环境两部分构成。相对于自然生态系统，教育生态课堂则是由教学主体和生态环境两部分构成。教育生态课堂的教学主体包括教师和学生，学生是中心，教师引导学生自主学习。课堂生态环境包括物理环境、社交环境和标准环境。所谓物理环境是指教室的装潢、课桌椅的摆放方式以及多媒体等教学设备等。教室的装潢是否富有文化气息、课桌椅的摆放是否方便学生自由讨论，以及多媒体等教学设备是否先进，都会对教育生态课堂的形成有一定影响。而课堂生态环境的社交环境则是指师生关系，教师和学生的地位应该是平等的，他们之间是以学生为中心的“共生”关系。不同于传统课堂，教师不是课堂的主导者，而是课堂的引导者，引导和帮助学生在课堂中自主讨论和解决课前知识学习所遇到的问题。教师在传道授业之时，还要兼顾学生的情感，师生之间要有情感交流，让学生感受到关心和平等。标准环境指的是学习氛围。教师要根据学生特点和大学英语这门课的特点来灵活设计课堂活动，以调动学生的学习积极性，营造良好的学习氛围。

教育生态课堂主要分为两个功能，分别为内在和外在功能。其中内在功能主要表现为培养人才。将生态化理念应用到课堂中去的主要目的，是调动课堂这个“生态系统”中的每一个积极因子，其中学生作为主体，不仅要意识到自己对整个系统的作用，并且要积极主动地接触并接纳“生态系统”中的其他积极因子，比如任课教师、相关学习材料。学生需要调整自己的心态，去适应其他因子带来的改变或者冲击。在适应的过程中需要调试，不管物质环境还是学生个人心理素质和压力承受能力，都会有相应的调动，从而达到锻炼学生适应和承受能力的目的，学生能够树立自己的适应和抗压机制，而这种适应能力也将帮助学生日后更好地融入社会，更快地适应工作环境和社会环境。外在功能则表现为帮助人们树立共同的价值观，因为有了“生态系统”这个观念，人们在相互协调、相互制衡的过程中会产生共同的原则和目标，这样有利于“生态系统”中的每个因子的功能得到最大发挥，共同原则和目标的设立有利于让“生态系统”的主体，不管是教师还是学生，建立共同的价值观。

（二）大学英语翻转课堂面临的问题

1. 对学生的挑战。首先，根深蒂固的传统课堂思想是学生缺乏自主学习能力的重要因素之一。在传统课堂上，教师掌控了课堂，学生是接受式地学习。在这种学习环境中，学生自主学习意识淡薄，久而久之便养成了被动学习的习惯。而在翻转课堂实践中，部分学生由于缺乏自觉性，课前不预习、不观看视频或阅读指定教材，课后不复习、不总结或反思自己，因此不能适应翻转课堂的教学模式，甚至觉得毫无益处。其次，翻转课堂能否提高学生学习兴趣和学习动机因人而异。尽管翻转课堂的教学形式较有趣新颖，一定程度上能够增加学生的关注度，但是学习水平不同的学生对于这一教学模式的接受度与认同度也是不同的，例如学习水平较弱且不适应翻转课堂的学生，其学习兴趣和动机可能并没有显著提高。

2. 对教师的挑战。翻转课堂对教师教学能力有新的要求与挑战。第一，翻转课堂与现代网络信息技术息息相关，要求教师具备一定的信息素养，掌握制作视频的技术。第二，翻转课堂促进了师生角色的翻转，课堂上以学生为主体。因此，如何以学生为中心，统筹兼顾，设计出切实可行的教学目标、课程大纲、教学内容、教学方法、课堂活动等对教师而言无疑是一个巨大的挑战。第三，教师能否转变自身观念、打破长期形成的教学习惯、接受新的教学模式与教学理念、充分发挥学生在课堂上的主体作用、具备良好的沟通能力和引导能力以及敏锐的思维能力和应变能力等，都是需要进一步解决的问题。

3. 评价体系有待健全。目前，我国现有的教育评价体系仍然是把考试成绩作为衡量学生学习效果的重要标准，然而这种传统的评价机制与翻转课堂并不完全相匹配。在翻转课堂上，大部分时间是用于组织课堂活动，调动学生参与课堂的积极性，培养他们的表达能力和合作能力等。很显然，现有的评价体系关注的仅仅只是学习成绩，并不能反映出学生的课堂表现与学习情况，也无法有效调动学生学习的积极性。

4. 翻转课堂教学环境仍须改善。课堂生态观下的教学环境是一个由多种不同要素构成的复杂系统。然而，许多高校的教学资源分配不均，翻转课堂所需的教学设备设施也并不完善。另外，师生关系与班级学习氛围也会对教学活动的顺利进行产生深远影响。如何建立平等和谐的师生关系、营造积极良好的学习氛围都是实现翻转课堂中不容忽视的因素。

（三）构建和谐生态翻转课堂的相应措施

1. 排除限制因子的影响，充分发挥生态因子的能动作用。教学生态系统中存在着多种限制因子，例如自然因子、社会因子等，各种因子之间密切联系，相互影响。然而，这些生态因子并非都是积极的，有些因子会直接或间接地影响整个生态系统。因此，排除限制因子的影响，对构建生态化的和谐翻转课堂有着重要意义。在翻转课堂上，学生是最重要的生态组成因子，作为学习主体，应当加强自觉性，自主学习，积极思考；教师作为课堂教学的主体，应当以学生需求为根本，时刻关心学生的学习情况，善于研究限制学生发展的因子，促进与学生之间的课堂互动，进而增强课堂活力。因而，作为翻转课堂的生态因子，学生和教师要充分学习和理解教育生态学中的限制因子定律，排除限制因子的影响，充分挖掘学生的潜能，最大限度发挥学生这生态因子的创造性和主动性，提高课堂效率。

2. 平衡生态教学中的生态链，构建和谐师生关系。课堂教学是一种微观的生态系统，只有保持教学因子之间的生态平衡，才能最大限度提高课堂教学效果。从教育生态学来分析，课堂教学中的生态链是教学目标、课程大纲、教学内容、课堂教学、教学管理、质量评估，每一环节中的每个因子都是重要的，缺少其中一环整条生态链就会崩溃，因此每一环都应重视。教师作为课堂教学主体，应充分理解生态链法则，关注每一环节，平衡生态教学中的生态链，大力提高课堂教学效果。其次，良好的教学氛围，需要课堂主体的相互协调与合作，需要构建和谐的师生关系。因此，教师应当时刻关心学生的学习和心理健康状况，与学生多沟通交流，加强与学生之间的联系，课堂上学生要与教师进行多频互动，主动思考，积极参与到课堂中，与教师共同分析解决课程难题，完成课程任务，从而最大限度提高课堂效率。

3. 发展生态化的教学评价方式。大学英语和谐生态翻转课堂的构建需要转变教学评价理念，发展生态化的教学评价方式。总的来说，即是实现教学评价多元化。首先，从传统单一的教师评价模式发展为多主体同时参与的评价模式。多主体同时参与的教学模式包括教师对学生的评价以及学生对自身的评价。教师对学生进行评价的内容标准要更细致，除了关注学生的期末成绩，还要关注学生平时在课堂上的表现、学生在课堂上的积极性和参与度、作业和作品的完成效果，等等。同时还应保证评价的公平公正性和有效性，教师可选择不同的评价策略，例如进行问卷调查、与学生进行谈话、开展小组相互评论等。

4. 创造合理的信息环境，建立创新性课堂教学环境。课堂可以看作一个生态系统，而课堂中有许许多多的因素会影响课堂的效率。因此，应当充分发挥限制因子的能动作用，建立创新性的课堂教学环境。教育生态课堂要从改变课堂中的物理环境开始，例如，将课桌摆放成马蹄形或者扇形，在教室摆放具有观赏价值的盆栽，选择浅色的窗帘，等等，这些转变都提高了课堂的新鲜度，在一定程度上有效缓解学生的学习和心理压力，学生更容易进行互动交流；要注重教学设备维修与投资，教学设备例如投影仪能让教师更方便地展示教学内容；在大学英语课堂的规模和教学速度上，要遵循最适度原则和耐度定律，量力而行。因此大学英语教学要科学设定班级规模、授课难易程度、课堂容量等，追求达到最适度的状态，最大限度提高教学效率。

综上所述，作为一种颠覆传统课堂的新型教学模式，翻转课堂顺应了信息时代的潮流，但随着其积极的教学实践与探索，必会出现各种新的问题与挑战。因此，应该从教育生态学的视角出发，分析大学英语翻转课堂在我国实施的现状问题，进而提出具有生态化意义的建议。21 世纪是生态学的世纪，将教育生态学理念与大学英语翻转课堂相结合是科学的、符合客观规律的，这不仅有助于我们建立和谐生态的大学英语翻转课堂，提高教学质量，还能为我国当前大学英语教学改革注入新的活力。

第七章 生态课堂融入大学英语课堂教学研究

第一节 生态教学论视阈下的大学英语课堂教学氛围

在课堂生态中，其中的“生”可以指生命即生命教育，也可以指学生；“态”指的是形态、样貌。从总体而言，课堂生态指的是学生和教师的教学活动和教学环境，这个系统是由教师、学生和课堂氛围构成的，课堂活动是联系这三个方面的纽带。课堂生态存在着人与人、人与环境的多维复杂关系，不同要素之间相互影响、相互制约，才能形成和谐生态的课堂。任何学科的课堂活动，都是在各个要素的相互协调下，运用各种教学方法，通过一定的教学模式组织起来的教学活动。首先，教师、学生与种种教学设备作为课堂主体，按照规律进行组合，从而使学生的知识结构和认知能力发生变化；其次，课堂中的每个因素都有其作用，不管是多媒体设备、教材，还是其他的教学因素，都需要物尽其用，共同构成课堂文化生态的整体性。

生态型课堂对于学科教学有着重要的促进作用，这种作用主要集中在学生学习兴趣的培养和学习习惯的养成等方面。生态型大学英语课堂，其目标便是在培养学生英语学习能力和英语水平的基础上，让学生拥有终身学习的能力。这需要教师通过各种形式创建一个和谐型、生态型的课堂氛围，将学生的能力充分调动，帮助学生拥有独立自主的、自由开放的、合作与探究学习的课堂生态氛围，从而提高大学英语课堂教学的质量和水平。课堂氛围在大学英语的生态型课堂构建中有着重要的作用。活跃课堂氛围，是发挥生态型课堂作用的重要手段。

一、大学英语课堂生态化教学氛围的缺失

（一）传统教学模式仍然根深蒂固

从目前的大学英语课堂教学情况看，传统的教学模式和教学方法仍然根深蒂固。首

先，在课型上，仍然以精读课教学为主，通过语法和课文讲解的方式让学生进行英语学习；其次，在上课步骤上，依然是以教师为中心，在尊重教师权威的基础上，学生在课堂是充当“听者”的角色。学生的学习方法和学习态度都不尽如人意。据陈青松、许罗迈所做的问卷调查，我国大学生在开展英语学习活动时（英语学习活动包括课前预习、课后复习、记忆单词、练口语、课外阅读和做课外听力练习等）都表现较差，这与没有正确先进的教学模式有着直接的关系。

（二）不能恰当使用多媒体教学工具

对于教师来说，使用多媒体教学工具的主要目的是利用多媒体手段的灵活性，尤其是丰富的素材，让学生学习到更多的知识。我们发现在传统的课堂当中，由于教师思维活动的活跃性，许多教学内容都是教师在课堂上所产生的。运用多媒体进行教学后，教师的这种“灵机一动”则受到了限制。使用多媒体教学教师需要将大量精力投入到多媒体的操作当中，这样便很难对学生的学习状态进行观察。

（三）缺乏科学的课堂教学评估手段

终结性评价仍然是现在大学英语教学最重要的评价手段。随着教学的发展，这种评价方式的负面效果开始逐渐显现。在课堂教学当中，教师往往注重自身的教学活动，未能对学生在课堂中的表现进行及时性评价，也未能将学生的课堂表现纳入整个课程评价系统当中。学生很难通过自己的课堂活动了解自身的学习状况，这不利于保持学生的英语学习兴趣。这种评价体系也影响了大学英语教师探索和改革课堂教学的积极性。

总体而言，当前的大学英语课堂还不是一个生态型课堂，其课堂氛围还有着巨大的可塑空间。

二、生态型大学英语课堂氛围的构建对策

（一）改变传统的课堂教学观念

首先要改变课堂生态主体的地位。教师要尊重学生的学习主体性地位，鼓励学生树立主人翁意识，并为学生创建学习的平台。具体来说，教师需要在课堂当中改变传统的教学模式，创造良好的学习氛围，帮助学生培养所需的学习技能和学习态度，让学生从根本上了解自身在学习当中的地位和作用。

（二）合理利用多媒体网络资源

多媒体教学资源有着素材丰富、形式多样等特点，而英语学习也需要从多个方面去努

力。课堂教学对学生英语学习的最大帮助，便是为学生提供真实的语言交际活动平台。计算机和多媒体资料的运用，能够通过构建更加灵活的学习氛围，优化学生的学习方式。在网络和多媒体的支持下，教学活动可以不受时间和空间的限制，让学生了解不同时间、不同地点的学习内容，为学生营造出一个适合其个性发展的语言教学氛围，形成主动性教学模式。

（三）激发和保持学习兴趣和动力

教师在课堂活动当中，需要通过合理的活动安排和氛围创设，激发和保持学生的学习兴趣和学习动力。首先，教师要遵循“一切有利于英语学习”的原则，结合不同学习者的学习特点，让他们在愉快、放松、自然、有效的语言环境和交际环境中进行英语的学习。与此同时，要以鼓励性教学为主，培养学生英语学习的“成就感”，让学生感受到学习所取得的成就和进步，从而带着极大的热情融入整个课堂氛围当中。

（四）培养学生良好的学习习惯

在课堂教学活动中，学生的学习策略和学习技能应该得到提升。这需要教师在教学活动当中采取多样性的课型和评价手段，强化学生的思维能力和学习技能。在课堂当中，教师的一切活动都要以学生为基点，通过师生互动，教学相长，共同进行体验研究型教学。长此以往，学生能够从根本上改变自己的学习策略和思维方式，提高自身的综合素质，增强学习自信心。

（五）科学评估课堂教学效果

对课堂教与学的效果，要采用及时性评价和终结性评价相结合的方式。首先在教学过程当中，教师要将学生反映的种种问题及时进行反馈，并对学生的课堂表现进行情感性评价，重视课堂当中学生的自我评价和相互评价。在评价内容上，既要评价学生掌握知识的情况，也要评价学生的协作能力、探究能力。

从教育生态学角度来观察，现在的大学英语课堂还存在一定的问题。提出构建大学英语生态型课堂氛围，就是强调在教学英语基础知识的基础上，还要注重培养学生的自主学习能力、探究性学习能力和协作性学习能力。从更加长远的角度来说，构建生态型大学英语课堂氛围，可以帮助更多的大学生提升自己英语学习的能力。

第二节 生态课堂模式下大学英语教师角色的转变

大学英语课堂教学的生态主体是教师与学生，这两类生态主体不但各自内部关系错综复杂，而且彼此之间也相辅相成、有机联系。平衡和谐的生态课堂不仅要关注教师的知识传授，更要关注学生的学习与成长，关注“全人”的发展。

在传统的大学英语课堂教学改革实践中，常常会出现改革流于形式的现象。“强权式”的师生关系一直是大学英语课堂教学中的主流，它极大地压抑了学生的积极性、主动性和创造性，完全背离了教育生态发展的基本原则与规律。因此如想让大学英语的课堂教学回归原生状态，必须对主流影响因子进行改革，而作为“强势”方的教师则首先要成为改革的典范。因为就教师自身而言，应对其所使用的课堂教学理念进行透彻的理解与把握，并且这种理解与把握还要外化为教师在课堂教学中的行为举止，即教师的角色。“角色”一词最早源于戏剧，指舞台上的演员根据剧本需求来扮演某一特定人物。在现实社会中，角色主要用来指个人在社会关系位置上的行为模式。把角色的概念引入大学英语的课堂教学中，目的是用其来研究与分析课堂教学中教师与学生的言行、举止、地位及相互之间的关系，以便更好地发挥两种角色的不同功能。

传统的教育观认为，在大学英语课堂教学中，教师是领导者，是文化知识的灌输者，是绝对的权威；学生是被领导者和接受知识的“容器”，处于绝对服从的地位。而生态化课堂则以生态思维的方式重构课堂教学理念，师生平等相待、和谐相处是其最基本的特征。生态课堂模式下的大学英语教学生态系统是以学生为本、关注学生可持续发展的，生态课堂中的师生关系摒除传统的主、客体之间的关系，强调师生是和谐相融、互惠共生的，这种师生关系的终极指向是达到师生的共同、全面、健康发展。为了实现此教学目标，必须对教师自身角色进行重新定位，并在此基础上建立新型的师生关系。长期以来，教师被奉为是传道、授业、解惑者，但在大学英语生态课堂的教学模式中，如何让教师的这种元角色得到真正回归主要有以下方面：

第一，教师应是课堂教学活动的组织者和学生学习和价值的引导者。课堂教学是大学英语教学的主要渠道，教师的主导作用贯穿于课堂教学的始终。在组织大学英语课堂教学活动时，教师要根据教学目标和教学要求，根据学生的实际水平和需求，精心设计课堂教学的结构，组织安排丰富多彩的课堂教学活动与内容，帮助学生顺利完成教学任务。另外，教师又是学生学习和价值的引导者。当学生学习遇到困难时，教师相对于学生而言具有知识与经验上的优势，当学生学习遇到困难时，教师要引导学生正确理解学习的意义与价值，鼓励学生敢于面对困难、正视挑战，培养学生树立积极向上的学习观。当学生对生活、理想、人生、社会等基本概念和重大问题的理解导向出现偏差时，教师要充分尊重学生的自由意志和人格尊严，引导学生明白解决问题的关键所在，培养学生自己解决问题的能力。

第二，教师又是异域文化的传播者。语言是人类社会文明发展到一定阶段的产物，文化的传承与发扬光大主要是通过语言才得以实现的。随着社会信息化、全球化的迅速发展，国家与国家之间的交往日益密切，英语作为非常重要的国际语言担负着越来越重要的交流使命。这对大学英语的课堂教学提出了新的要求与挑战，即不但要培养学生实际的语言应用能力，还要培养学生的文化内涵与素养及恰当地使用语言进行跨文化交际的能力，进而提高学生的整体素质与综合能力。因此，语言教学不能只是简单的语言知识与技能的教学，还应为学生开启一扇文化之窗，通过这扇窗，学生能够更好地了解世界不同国家和民族的历史、文化、风土、人情等，这样有利于学生借鉴与吸收外国优秀文化资源，丰富和提高自身的文化素养。

第三，教师还要成为大学英语课堂教学的反思者。在如今的大学英语课堂教学中，反思能力是一个生态型大学英语教师所应该具备的一项基本技能，它包括对课堂教学设计、教学目标、教学过程、教学行为、教学效果等的反思。这种教学反思，不是简单的教学步骤的回顾与教学经验的小结，而是对整个大学英语课堂教学的全过程进行追思，并能发现问题、正视问题，直至最终解决问题。只有大学英语教师不断地对自己的课堂教学进行反思与评估，分析其中的或缺之处，提出改进方案，大学英语教师才能不断努力成为“生态型”教师。

综上所述，在生态课堂模式下教师角色的转变并不是要改变教师的本质使命，而是为了更好地顺应大学英语教学改革的要求，更好地为学生服务，让以人为本，以学生为中心的教学模式落到实处，使课堂生态得到真正回归。在这种情况下，大学英语教师的传统作用虽然减轻了，但职责并没有减少，反而要付出更多更大的努力，接受更新的挑战。因此，大学英语教师必须牢牢把握生态课堂的内涵，切实找准位置，扮演正确的大学英语课堂教学的生态角色。

第三节　生态教学模式在大学英语教学中的应用研究

基于生态学中的生态位核心概念，教育工作者逐步在教学中探索与尝试将生态学逻辑与理念科学地运用到实践教学中，以期能够构建仿生态学的交互、共生、竞争等元素为核心内容的新型教学模式与框架，从而有效地提升课堂教学效果与教学质量。而生态化教学模式在大学英语教学中的应用具有明显的优势，可以有效地激发学生的学习兴趣与积极性，而且还可以拓展大学生英语教学的教学途径与丰富教学资源，为现代大学英语教学提供新的发展路径。因此，加强生态化教学模式在大学英语教学中的应用研究，对于大学英语教学发展、创新有着深远的影响。

一、生态化教学模式的组成元素

教育领域并没有对于生态化教学模式做出明确且详细的定义，生态化教学模式是教育专家及学者通过将生态化相关理念科学地融合到教学中，对于传统课堂教学模式进行改革创新，通过多种元素之间的相互作用从而形成的一种新型教学模式，并称之为生态化教学模式，这种教学模式是未来教学发展的重要趋势与目标之一。

生态化教学模式是由多种元素共同构建的一种教学框架与模式，其组成主要包含四种元素：第一，交互性元素。即生态学中交流与转换的概念，而在生态化教学模式中主要体现为一方面是学生之间、教师之间的沟通、交流、合作；另一方面是个体与集体之间的融合性。第二，共生性元素。在生态化中是指不同的个体之间相互作用，相互联系，而在生态化教学模式中是指处于课堂环境中师生之间、同学之间的学习合作以及互动。第三，竞争性元素。即生态化中个体之间的处于同一环境中的竞争生存的一种表现。而在生态化教学模式中是指学生之间不断相互鼓励、激励，逐步实现自我超越的一种学习目标与教学目的。第四，仿生性元素。即生态化中不同有机主体之间的相互模仿行为。在生态化教学模式中是指学生之间相互学习、相互模仿实现互补的一种学习方式。基于这四种组成元素的作用下，才能构建科学完整的生态化教学模式。

二、生态化教学模式在大学英语教学中的应用现状

生态化教学模式在课堂教学中的应用必须要求课堂教学中明确学生的主体地位，教师为教学的指导者与引导者，通过借助高校完善的教学体系基础，构建民主、自由、开放的课堂教学模式，这样才能有效地推动生态化教学模式的有效应用，有效地激发学生的学习兴趣，调动学生的学习主观能动性，从而有效提升课堂教学效果与质量。但是，目前由于受传统教学思维、市场经济转型发展、高校扩招等诸多因素的影响与制约，致使我国大学英语课堂教学中存在较多的问题与不足，主要体现为教师无法及时转变教学思维与观念，仍然坚持以传统的方式开展课堂教学，这样以教师为主导的教学模式无论是教学方式、教学内容，还是教学目标都是由教师独立设计与决定的，学生在课堂学习过程中只能被动地接受相关知识。长此以往，不仅会造成学生学习积极性与学习热情下降，而且还会导致教

学失衡现象的发生，学生的学习主观能动性受到严重的制约，严重影响着学生自我价值的转化与实现，不利于学生的自我成长与发展。基于这种教学模式与环境，不仅不利于学生学习兴趣、学习习惯以及自我学习能力的培养，而且还在一定程度上制约着师生之间的沟通与交流，很难形成平等、民主、和谐、自由的课堂教学环境。

可见，大学英语教学的这些问题与不足严重制约着高校英语课堂教学的创新与发展，如何有效地将生态化教学模式应用到大学生英语教学中，不仅是目前解决大学英语课堂教学存在问题与不足的重要途径之一，更是推动大学英语课堂教学改革创新的重要驱动力。因此，高校教育管理者要积极转变教学思维与观念，加强生态化教学模式在大学英语教学中的应用研究。

三、生态化教学模式在大学英语教学中的应用对策

（一）科学整合与优化生态化的教学资源

科学整合与优化生态化教学资源，不仅是实现生态化教学模式在大学英语教学中应用的重要基础，更是实现教师、学生以及学习环境形成统一和谐关系的重要的因素之一。因此，要通过整合与优化教学资源，使得教学资源更加符合学生的成长与学习需求同时更具有实用性与实践性。具体可以通过以下几方面实施：

首先，注重英语学习内容的实用性。教育管理者以及教学设计者要注重相关教学内容的完善与健全，从多角度多层次为学生提供相关知识教学内容，从而为学习者提供更具有实用性的学习内容与学习资料。其次，英语学习资源的契合度是关键。大学英语教师要对学生的实际学习情况、学习水平、学习能力以及学习需求有全面的掌握，这样才能更加科学有效地为学生制定符合其实际情况的学习内容，不仅可以有效地提升英语学习资源的契合度，而且还是开展生态化教学模式的重要前提条件。最后，要注重相关学习资源的接受性。具体而言，就是要增强英语学习内容的趣味性与可接受性，有效激发学生的学习兴趣，提升学习热情，从而促使学生更加积极主动地参与到学习中，更好地完成学习任务与目标。此外，不仅要通过以上几点进行相关教学内容的整合与优化，还要对于传统教学内容进行合理的简化，有效地降低学习难度，引导学生逐步形成良好的自主学习能力与习惯。通过科学地对英语教学资源进行整合与优化，为生态化教学模式的应用奠定良好的基础，推动其在大学英语教学中的有效应用。

（二）注重英语生态化教学环境的构建

注重大学英语生态化教学环境的构建，不仅是推动生态化教学模式在大学英语教学中

应用的重要途径之一，更是推动大学英语教学改革创新的重要内在驱动力之一。所以，高校教育管理者要注重大学英语教学的生态化教学环境的构建，要明确学生的教学主体地位，发挥教师的引导者与指导者作用，构建良好的师生课堂关系与和谐的教学氛围，有效提升教学效果与质量。同时，在实践教学中，通过教师合理地设置相关教学问题，引导学生独立思考、独立研究、执行解决问题等，实现教学的平衡发展，实现和谐的生态氛围。但是，这样的生态化教学环境不仅需要教学管理者的共同努力，还需要注重培养学生的学习主动性、创造性以及独立性，具体表现为以下方面：

首先，主动性。主动性是生态化教学模式中必备的因素。主动性即学生在学习过程中逐步强化自我认知，发现自身的不足与学习误区，厘清不同知识之间的关系与盲区，强化自主学习能力的一个重要过程。同时，教师要根据相关教学知识合理地构建学习环境与学习氛围，引导学生能够积极探索知识的内涵，增强学生对于英语知识的理解与掌握，实现学生自我学习能力与习惯的培养与提高。

其次，创造性。即学生通过系统完善的英语知识学习后对于英语知识的应用能力。如果学生可以熟练正确地使用所学英语知识完成一些英文素材的创作或者日常交际问题的解决，则表明学生已经对于相关英语知识与英语应用能力有了全面的掌握，这也是一种自我学习能力提高的一种表现。同时，教师还要以此为基础加强学生其他方面能力的培养，从而更好地完成学生创造性的培养，有效提升学生学习的活跃性与积极性。

最后，独立性。即学生的独立思考能力，教师可以通过构建良好的外部学习环境，创新教学方法，逐步帮助学生、培养学生建立独立思考的意识与能力，实现学习能力的全面提升。由此，通过学校、教师、学生的共同努力，科学有效构建良好的大学英语生态化教学环境，从而推动生态化教学模式在大学英语教学的全面有序应用。

（三）完善生态化教学模式的教学评价体系

生态化教学模式的教学评价体系，不仅是大学英语教学的重要组成部分，更是对于推动生态化教学模式的有序开展以及教学质量与效果提升有着重要的作用。因此，在实践教学过程中，相关教学工作者要以传统的评价体系为基础，注重对于英语学科成绩的评价方式进行创新改革，不仅要将课堂学习成绩、课堂表现等融入英语成绩的考核中，还要适当地增加日常测验、课后作业等相关学习成绩在英语总成绩中的占比。此外，评价方式还要注重多元化发展，改变传统的单纯以教师为主体的考评方式，要鼓励学生积极参与到评价中，积极开展教师评价、学生互评、学生自评等多种方式的评价，从而使得教学评价更加多元化、客观化、公正化发展，使得学生的自我认知、自我学习能力等全面地发展与提升。同时，还可以帮助教师及时地获取与掌握学生的学习情况，科学地对相关教学计划进行调整与规划，切实提升英语教学水平与实效性。可见，完善生态化教学模式的教学评价体系也是生态化教学模式在大学英语教学中应用的重要因素之一。

综上所述，面对经济全球化发展对于英语专业人才提出的新要求与新标准，高校英语教学工作者要对生态化教学模式的作用与优势有全面的认识，同时大学英语教学工作者要结合目前高校英语教学现状，加强生态化教学模式的应用研究，从而有效地激发学生的学习积极性，培养学生自主学习能力的全面提升，构建公开、公正、和谐、自由、平衡发展的课堂教学，有效提升英语教学质量与效率，推动大学英语教学的全面发展，为社会发展与经济建设培养更多的高素质人才。

结束语

生态学教育是在对教育事业的不断探索中总结出来的、适合我国当代教育的发展现状的一种教学模式，同时也符合当代大学生的学习习惯；生态学教育是指教育和生态的有机结合，达到一种生态均衡的状态，将生态学运用到大学英语教学当中，为英语教学提供理论基础，运用生态学的原理和方法，剖析生态失衡的深层次原因，提出了优化措施，构建了大学英语教学模式；实施生态化的教学实践，将信息化和生态化相结合，通过相关教学模式实现教师和学生的协同发展，创建了大学英语教学生态平衡，从而缓解大学英语教学中的教学问题。本书就我国当代大学英语的学习现状，以及如何将生态学教育模式与大学英语教学相融合进行分析，力求培养出国际化英语实用人才。

参考文献

［1］蔡秀婷，陈秀昆，郭丹琪，等. 生态化的大学英语翻转课堂创新模式研究［J］. 海外英语，2018（08）：57-58.

［2］曹颖. 生态学视阈下翻转课堂教学生态研究［J］. 中国成人教育，2016（17）：110-112.

［3］陈莉萍. 大学英语教学研究［M］. 广东：世界图书出版广东有限公司，2015.

［4］程晓堂. 英语教材分析与设计［M］. 北京：外语教育与研究出版社，2012.

［5］范智宏. 大学英语教学的生态环境分析及其优化［J］. 海外英语，2017（16）：81-82+90.

［6］冯莉. 大学英语语法教学理论与实践［M］. 长春：吉林出版社集团有限责任公司，2009.

［7］郭万群. 大学英语多模态课堂教学研究［M］. 上海：上海交通大学出版社，2015.

［8］何齐. 当代教育新理念［M］. 北京：高等教育出版社，2016.

［9］胡郑辉. 英语学习策略［M］. 厦门：厦门大学出版社，2016.

［10］黄次栋. 英语语言学［M］. 上海：上海译文出版社，2017.

［11］李森，王牧华，张家军. 课堂生态论：和谐与创造［M］. 北京：人民教育出版社，2017.

［12］李圣轩，滑彦立. 大学英语课堂生态失衡现象及对策探讨［J］. 佳木斯职业学院学报，2016（01）：367+369.

［13］梁文. 微课环境在大学英语教学中的应用与思考［J］. 黑龙江高教研究，2016（2）：162-164.

［14］刘升，盛庆全. 英语语法微课的教学设计［J］. 教学与管理（理论版），2018（4）：106-108.

［15］刘万辉. 微课教学设计［M］. 北京：高度教育出版社，2015.

［16］刘艳君. 基于生态教学论的大学英语课堂教学氛围构建［J］. 重庆科技学院学报（社会科学版），2013（03）：198–199.

［17］鲁子问. 英语教学论（第2版）［M］. 上海：华东师范大学出版社，2009.

［18］罗毅，蔡慧萍，英语课堂教学策略与研究方法［M］. 武汉：华中科技大学出版社，2011.

［19］年晓萍. 生态课堂模式下大学英语教师角色的转变［J］. 牡丹江大学学报，2013，22（05）：132–133.

［20］石军辉. 多种英语教学法教学探究——评《英语教学法教程：理论与实践》［J］. 高教探索，2018（12）：130.

［21］王翠英，孟坤. 大学英语生态课堂与生态教学模式构建研究［M］. 西安：西安交通大学出版社. 2017.

［22］王天舒. 大学英语：教学模式改革的问题与对策初探［M］. 北京：民族出版社，2014.

［23］文秋芳. 英语口语测试与教学［M］. 上海：上海外语教育研究出版社，2015.

［24］武琳. 大学英语教学模式与课程建设研究［M］. 长春：吉林大学出版社，2016.

［25］武琳. 英语教学模式与课程建设研究［M］. 长春：吉林大学出版社. 2016.

［26］肖小聪. 教育生态视阈下的大学英语课堂优化探索［J］. 湖北广播电视大学学报，2009，29（11）：138–139.

［27］闫蒙钢. 生态教育的探索之旅［M］. 芜湖：安徽师范大学出版社，2013.

［28］张鑫，英语教学的理论与实践［M］. 北京：知识版权出版社，2012.

［29］赵娟. 大学英语教学研究［M］. 成都：西南财经大学出版社，2017.

［30］郑树棠. 新视野大学英语［M］. 北京：外语教学与研究出版社，2015.

［31］周圆. 教育生态学视域中大学英语翻转课堂模式构建［J］. 现代交际，2020（01）：35+34.